● 指定数量

品　名	性　質	指定数量		
特殊引火物		50 l	ジエチルエーテル、二硫化炭素 アセトアルデヒド、酸化プロピレン	
第1石油類	非水溶性	200 l	ガソリン、ベンゼン、トルエン、酢酸エチル	
	水溶性	400 l	アセトン	
アルコール類		400 l	メタノール（メチルアルコール） エタノール（エチルアルコール） イソプロピルアルコール（2-プロパノール）	
第2石油類	非水溶性	1 000 l	灯油、軽油、キシレン、n-ブチルアルコール	
	水溶性	2 000 l	酢酸	
第3石油類	非水溶性	2 000 l	重油、クレオソート油、ニトロベンゼン	
	水溶性	4 000 l	エチレングリコール、グリセリン	
第4石油類		6 000 l	ギヤー油、シリンダー油	
動植物油類		10 000 l	アマニ油、ナタネ油	

● 第4類以外の危険物の指定数量（重要品名のみ）

類	品　名	物品名	指定数量
第2類	硫化りん（三硫化りん）、赤りん、硫黄		100 kg
	鉄粉		500 kg
	引火性個体	固形アルコール	1 000 kg
第3類	カリウム、アルミニウム アルキルアルミニウム		10 kg
	黄りん		20 kg
第6類	過酸化水素、硝酸 等		300 kg

ホントに
よく出る

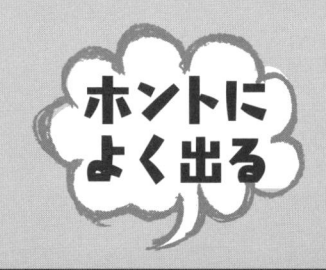

乙4類危険物試験
問題集

鈴木幸男 [著]

Ohmsha

本書を発行するにあたって、内容に誤りのないようできる限りの注意を払いましたが、本書の内容を適用した結果生じたこと、また、適用できなかった結果について、著者、出版社とも一切の責任を負いませんのでご了承ください。

本書は、「著作権法」によって、著作権等の権利が保護されている著作物です。本書の複製権・翻訳権・上映権・譲渡権・公衆送信権（送信可能化権を含む）は著作権者が保有しています．本書の全部または一部につき、無断で転載、複写複製、電子的装置への入力等をされると、著作権等の権利侵害となる場合があります。また、代行業者等の第三者によるスキャンやデジタル化は、たとえ個人や家庭内での利用であっても著作権法上認められておりませんので、ご注意ください。

本書の無断複写は、著作権法上の制限事項を除き、禁じられています。本書の複写複製を希望される場合は、そのつど事前に下記へ連絡して許諾を得てください。

出版者著作権管理機構
（電話 03-5244-5088, FAX 03-5244-5089, e-mail: info@jcopy.or.jp）

JCOPY ＜出版者著作権管理機構 委託出版物＞

読者の皆様方へ

1　最近の試験問題の特徴

私は危険物講習を 20 数年間勤めている現役の講師です。講習のかたわら各地で行われる試験を年 15 回程受け、試験問題を全部覚えて対策問題を作成しています。最近、受験して感じることは、

① 同じ問題が少なくなった→7～8 年前には、燃焼の三要素（物理・化学）の問題で 20 回受験して同じ問題が 7 回出たことがありましたが、最近は多くて 2～3 回程度です。法令等他の科目にも同じようなことが見受けられます。
② このため、同じ項目で幅が広くなったり深くなったり、以前にはなかった初めての問題が多々見受けられます。特に物理・化学にそれが顕著です。

2　物理・化学と性質の苦手な方は、問題を関連づけて理解する

危険物講習会を通じて感じることは、物理・化学と性質が苦手な方が多いことです。このような現状を鑑み、受験勉強の効果や効率を高めていただくために、危険物施設での実務を含めて物理・化学や性質で大切な事柄は、次の 2 点が最重要と考えて関連づけて理解をすることをお勧めします。

① 火災を起こさない技術と知識を身につける。
② 火災が起こったら、直ちに消火できる技術と知識を身につける。

火災を起こさない技術と知識を身につける、効果的な受験勉強の仕方

1. 燃焼の三要素（下記の☆印）が揃わないと火災を起こらないことを理解する。

☆点火源→静電気（火災の主たる点火源）の発生・帯電による危険性について知る。
　　　　　自然発火に関係する「分解熱、酸化熱等」について理解する。
☆可燃物→ガソリンをはじめ第 4 類危険物の特徴・性状を理解する。
  - 第 4 類は蒸発燃焼し、引火点の低いものほど危険性が高い。
  - 燃焼に関係する「発火点、燃焼範囲、燃焼の難易、自然発火」について理解する。
☆酸素供給源→「空気」と「第 1 類、第 6 類から出る酸素」の 2 種類があることを理解する。

2. 液比重や蒸発比重が火災の発生や拡大に影響することを理解する。
  - 第 4 類の危険物の蒸気は空気の数倍重いので、地面を這って遠く離れた場所で静電気の火花等により発火することがある（蒸気も静電気も目に見えないので、注意がおろそかになり頻繁に火災が起こっているので、試験には関連問題がよく出る）。

- 液比重は水より軽いものが多いので、水で消火すると消えないばかりか火災が拡大する。

火災が起こったら、直ちに消火できる技術と知識を身につける勉強の仕方

1. 燃焼と消火の三要素の関連を知る。

   第4類には、「酸素供給源を断つ窒息消火」と「燃焼を化学的に抑制する（負触媒作用）消火」が最適であると同時に、それができる消火器（消火剤）について理解する。

2. 火災に対して消火（初期消火）が効果的にできるように、適応消火器の種類を知る。

   ポイントは次の2点です。
   - 非水溶性の危険物→ガソリン等の初期消火には、粉末（ABC）消火器が適している。第4類の危険物が大量に燃えているときは、泡消火剤が最適である。
   - 水溶性の危険物　→水に溶けるアルコール等には、一般の泡消火器は使用できないので水溶性液体用泡消火剤が最適であることを理解する。同時に試験に出る水溶性危険物の名前を覚える。

   このような勉強の仕方で、物理・化学と性質はバッチリです。

関連する科目・項目について理解していく受験勉強の仕方を実践すれば、本書は貴方を乙種第4類危険物取扱者へと導いてくれるでしょう。

2012年1月

著者しるす

目 次

第1章 合格への指針
1. 危険物取扱者乙種第4類試験の概要 …………………… 2
2. 合格の秘訣 ………………………………………………… 2
3. 最新の出題傾向 …………………………………………… 4
4. 本書の効果的な使い方 …………………………………… 7

第2章 基本テスト
1. 危険物に関する法令 ……………………………………… 12
2. 基礎的な物理学・化学 …………………………………… 39
3. 性質・火災予防・消火の方法 …………………………… 57

第3章 実力テスト
実力テスト（第1回）………………………………………… 76
実力テスト（第2回）………………………………………… 103
実力テスト（第3回）………………………………………… 130
実力テスト（第4回）………………………………………… 153
実力テスト（第5回）………………………………………… 175
実力テスト（第6回）………………………………………… 200
実力テスト（第7回）………………………………………… 222
実力テスト（第8回）………………………………………… 242

出題分野早見表 ……………………………………………… 264

第1章

合格への指針

1. 危険物取扱者乙種第4類試験の概要

（1） 受験資格

受験資格の制限はないので、すべての人が受験できます。

（2） 試験科目

〈出題数と合格点〉

科　目	出題数	合格に必要な正解数
危険物に関する法令	15	9（60％）
基礎的な物理学及び基礎的な化学	10	6（60％）
危険物の性質並びにその火災予防及び消火の方法	10	6（60％）

* 合格には、科目ごとにそれぞれ60％以上の正解が必要です。合計点で60％以上であっても1科目が60％を切っている場合は、合格できません。

（3） 試験時間

2時間（拘束35分間）

（4） その他

五肢択一式、計算機（電卓）は使用不可です。

"正しいもの" "誤っているもの" のいずれを選ぶにしても、五肢択一式は山勘で答えを出すのは難しいです。しかし、"なぜ" その答えになるかを理解すれば、関連する他の問題についても解答できる場合が多いので、勉強の仕方が大切となります。

2. 合格の秘訣

筆者の担当している危険物講習会には、1日講習会、2日講習会及び3日講習会の3種類のパターンがあります。各講習会の直後に乙4類の国家試験が行われます。

一番受講生が多いのは3日講習会です。受講生の成長パターンを見ると、1日目は点数が悪くても2日目、3日目と模擬テストの点数が徐々に上がって合格されるタイプの方と、逆に初めは点数が良くても3日目になると点数が下がり、パニック状態になって不合格になる方の例が多く見受けられます。

ある講習会での2名の受講生AさんとBさんの実例を紹介します。二人ともまじめで熱心に受講されたことに変わりはありませんが、Aさんは言われたことをキッチリと実行するタイプ、Bさんは自分のやり方を押し通すタイプでした。

1日目の終了時に行った模擬テストでは、10点満点のうちAさんは2点、Bさんは8点。Aさんには、明日は必ず点数が上がるから悲観しないようにと伝え、朝から受講してきたように五肢択一式の5つの項目のすべてについて、正しいものは○を、誤っている

ものには×をすることと、ガソリンの引火点や燃焼範囲の問題など数値が問われる問題は、必ず横にその数値を記入することを確認し合いました。

Bさんにも同様の確認をしましたが、模擬テストが合格点だったこともあり、Bさんの問題への取り組み方は"正しいもの""誤っているもの"に関係なく、答えになる項1個に○印をするだけ、引火点等の数値も記入しませんでした。

2日目の模擬テストでは、Aさんは昨日より少し上がって5点、Bさんは9点の合格点。Aさんには効果が徐々に出ていることと、明日も同じように問題に取り組んでいくことを確認しました。Bさんには合格点を取っているが、3日目は問題が多くなるので、混乱するといけないからと、Aさんのように問題のすべてに○×を付けるように指導しました。

3日目は朝から乙4類試験と同じ35問の模擬テスト問題を繰り返し行いました。Aさんは2回目の模擬テストで合格点を取り、3回目からは連続して満点に近い点数だったため、「この調子でいけば、明日の試験は大丈夫、絶対に合格する」と伝えました。一方、Bさんは初めこそ合格点を取っていましたが、2回目、3回目と点数が徐々に下がりはじめ、口から出る言葉は「パニックになって、問題がよく分からない」。結果は言うまでもなくAさんは合格され、Bさんは残念ながら不合格となりました。

【Aさんの問題の取り組み方】

① 各問題は1項から5項までのすべての選択肢に目を通し、「正しい場合は○」、「誤っている場合は×」印を付ける。

事例として次の問題を参考にしてください。

【問1】自動車ガソリンの性状について、次のうち誤っているものはどれか。
○1. 水面に流れたものは広がりやすい。
○2. 流動摩擦等により静電気が発生しやすい。
○3. 引火点は－40℃以下である。
○4. 揮発性物質である。
×5. 燃焼範囲は33～47 vol%である。

誤っているものを選ぶ問1の問題は、×印が1個で○印が4個となり、5項が答えになります。

各問題を最後までキッチリと読み全項目に○×印を付けると、次のようなメリットがあります。

- 問題の読み間違いによる誤解答がなくなる。
- 問題を正しく覚えられる。
- 勘違いによるミスが少なくなる。

② 物理・化学や性質では、数値を記入する。

- ガソリンの引火点の問題が出れば、問題用紙の余白に－40℃と必ず記入する。

- ガソリンの燃焼範囲は 33 ～ 47 vol% であると出れば、×印をして 1.4 ～ 7.6% と記入する。
- エタノール（エチルアルコール）の引火点は常温（20℃）よりも低いと出れば、○印をして 13℃ と記入する。

3. 最新の出題傾向

（1） 最近の1年間の出題傾向分析

　約 200 の収蔵試験問題のうち、近時点の1年間の科目別分析では、過去2年以内に作成された新しい問題と過去に出題されていない問題（新規の問題）が合わせて 75% を占めています。5年前の分析と比較すると、新規の問題が 24% から 13% へと約半分になり、2年以内の新しい問題と古い問題が少しずつ増えています。新規の問題が少なくなったことは、試験が易しくなったと感じるかも知れませんが、しかし、2年以内の新しい問題が増えています。このことより、最新の問題が掲載されている「本書」のような問題集が必要となるでしょう。

	法令	物理・化学	性質	合計	5年前の分析
2年以内の新しい問題	60%	56%	73%	62%	56%
過去に出題されていない問題	15%	16%	8%	13%	24%
上記以外の古い問題	25%	28%	19%	25%	20%

（2） 科目別に毎回出題されている項目

　法令、物理・化学および性質の各科目で、ほぼ毎回出題される項目は次表の通りです。法令と性質は、毎回に出題される問題の項目が7～8割分かっており、的を絞って勉強することが可能です。しかし、物理・化学では、4割程度しか分からないので、過去の問題や予想問題を幅広く勉強しておく必要があるといえます。また、性質は物理・化学に次いで難しいとされていましたが、前述の出題傾向分析からも分かるように、過去に出題されていない新規の問題が 8% と少なく、ほぼ毎回出題される項目が8項目と増えているので、2年以内の新しい問題をキッチリとやっておけば合格点が取れると考えます。

科目	試験での出題数	ほぼ毎回出題される項目	5年前の分析
法令	15	**11**	12
物理・化学	10	**4～5**	4
性質	10	**8**	6～7

（3） 科目別の問題の内容

各科目で、大切な項目として挙げたものが下記の一覧表です。出題率の高い項目を確実に覚えよう！　同じ項目でも問題によって出題スタイル、内容は異なります。よく出題されるタイプの問題は、各項目ごとに3～5種類程度あります。1種類では万全とはいえませんが、**第2章の**「**基本テスト**」では各項目のうち最も代表的な問題を1題選び、解説を行っています。下記の各表にそれぞれの項目に該当する「基本テスト」の問題番号を記載しました。

① 法令で大切な項目（出題数の少ない項目は省略）

	法令項目	問題の内容（「基本テスト」の問題番号）	出題率〔％〕
1	消防法上の危険物	消防法上の危険物　　　　　（問1）	100
2	指定数量	指定数量とは　　　　　　　（問3）	100
3	製造所等の区分		15
4	各種申請手続き	製造所等の設備等の変更　　（問7）	105
5	危険物取扱者制度	危険物取扱者・他　（問11）（問12）	110
6	保安講習	受講の対象者・他　　　　　（問13）	65
7	危険物保安監督者	危険物保安監督者全般　　　（問10）	50
8	危険物施設保安員		15
9	危険物保安統括管理者・危険物保安監督者・その他		20
10	予防規程	予防規程の作成と認可　　　（問2）	55
11	定期点検	定期点検全般　　　　　　　（問9）	100
12	所有者・管理者等の責務		15
13	保安距離・保有空地	保安距離と建築物　　　　　（問4）	100
14	地下タンク貯蔵所		15
15	屋外貯蔵所		20
16	給油取扱所		20
17	消火設備	消火設備の区分　　　　　　（問5）	110
18	貯蔵・取扱いの基準	貯蔵・取扱いの基準　　　　（問15）	135
19	運搬の基準	運搬の基準　　　　　　　　（問14）	100
20	移送の基準	移動タンク貯蔵所に備え付けておく書類・他　　　　　　　　（問6）	55
21	法令違反に対する措置	使用停止命令に該当しない　（問8）	105

＊　1項の消防法上の危険物が100％とは、毎回出題されていることを意味しています。7項の危険物保安監督者は50％なので、2回に1回出題されています。
　　18項等100％を超えているものは、1回の試験で2問以上出題されています。また、5項のような場合は、2問を足して出した出題率となります。

② 物理・化学で大切な項目（出題数の少ない項目は省略）

	物理・化学項目	問題の内容 （「基本テスト」の問題番号）	出題率〔％〕
1	物質の三態		15
2	比重と密度	液比重と蒸気比重　　　　（問23）	0
3	沸騰と沸点		15
4	熱（比熱、熱容量等）		15
5	熱の移動（伝導・対流・放射）		15
6	静電気	静電気の発生と蓄積　　　（問21）	100
7	物理変化・化学変化	物理変化と化学変化の現象（問24）	45
8	単体・化合物・混合物	化合物と混合物　　　　　（問22）	55
9	化学反応式・熱化学・他		25
10	酸・塩基・pH		30
11	酸化・還元	酸化反応でないもの　　　（問25）	50
12	金属・イオン化傾向		15
13	有機化合物		40
14	燃焼の基礎知識	燃焼の定義　　　　　　　（問17）	95
15	完全燃焼・不完全燃焼		55
16	燃焼の仕方	第4類の危険物は蒸発燃焼（問16）	65
17	燃焼の難易	燃焼の難易に関係しない事項（問20）	70
18	引火点	引火点の定義　　　　　　（問18）	25
19	引火点と発火点		15
20	自然発火		35
21	燃焼・その他の総合問題		45
22	消火の基礎知識	各種消火剤の効果　　　　（問19）	100

＊　2項の比重と密度の出題率は0％で物理・化学での出題はありませんが、性質ではガソリンの液比重、蒸気比重と一番に多く出題され答えとなる最重要項目です。

③ 性質で大切な項目（出題数の少ない項目は省略）

	性質項目	問題の内容 （「基本テスト」の問題番号）	出題率〔％〕
1	危険物の類ごとの性質	類ごとに共通する特性　　（問26）	100
2	第4類に共通する特性	液比重・引火点・発火点　（問27）	100
3	第4類に共通する火災予防	換気は高所より低所　　　（問28）	85
4	事故事例	計量口からガソリンが噴出（問30）	75

	性質項目	問題の内容 (「基本テスト」の問題番号)	出題率〔%〕
5	第4類に共通する消火の方法	第4類に棒状の強化液・他 （問29）	140
6	特殊引火物	特殊引火物の特性 （問34）	85
7	第1石油類（ガソリン）	ガソリンの一般性状・他 （問31）	95
8	第1石油類（ベンゼン・トルエン）		25
9	第1石油類（アセトン）		20
10	アルコール類		45
11	第2石油類（灯油・軽油）	灯油・軽油の一般性状 （問33）	50
12	第2石油類（酢酸）		25
13	第3石油類（重油）	重油の一般性状 （問32）	45
14	動植物油類	動植物油類の特性 （問35）	45
15	第4類の危険物全般		20

4. 本書の効果的な使い方

（1） 構成
① 問題の内容
最近の出題傾向を参考にして作成した、最新の予想問題集です。

イ．基本テスト（試験1回分）
前述の最新の出題傾向を参考にして作成した基礎的な問題であると同時に、他の問題にも関連しているため全体に影響力のある問題となっています。また、基本テストは、危険物乙種第4類の試験を初めて受験する方にも、問題に早く慣れて覚えていただくために、問題と解説を交互に入れました。また、解説を丁寧に行うことによって、他の関連問題も解けるような内容としました。

ロ．実力テスト（試験8回分）
約200の収蔵試験問題の分析を基に作成したもので、最新のよく出題される問題と予想問題とで構成されています。

② 解説の内容
イ．ポイント、「ここが重要」
問題を解く鍵を端的にまとめ掲載しました。

ロ．解説
ほぼすべての問題の1～5項に対して、「"なぜ"正しいのか」、「"なぜ"誤っているのか」を、解答の項の次に記載の「キーレッスン」を使って解説をしています。
また、性質では、「簡便法」を使って比較的簡単に答えが出る手法を記載しました。
※ 実力テストの問題では、大半の問題が「基本テスト」の中の「キーレッスン」の

内容と関連付けて作成していますので、すべての問題の頭に「**p.1　問1　キーレッスン参照**」などの見出しを入れて、どのページのキーレッスンを見れば良いのかを分かりやすくしました。

　ハ．キーレッスン
　各科目ともに、次の目標を達成するために、キーレッスンを構成しました。
- 過去に出題された問題が解けるようになる。
- 今後出題の予想される問題が解けるようになる。

このため筆者が危険物講習会で使っている解説の手法を多用して、説明に使いました。また、試験問題では「誤っているものはどれか」という問題が半数近くありますが、市販の教科書、問題集には正しい選択肢に対する解説は多くなされているものの、誤っている選択肢についての解説は少ないのが実態です。本書では、主要でよく出題される項目ごとに、最新の出題傾向よりまとめた「このような文言は誤っている」等を記載しました。

なお、本書で使用した略号は次の通りです。
　法…………消防法
　法令………消防法、危険物の規制に関する政令又は危険物の規制に関する規則

（２）**効果的な使い方**
【問題に取り組む上での留意点】
- 1回の受験で合格を目指すためには、基本テスト及び実力テストの各科目で80％以上の得点を取ることが望ましいと考えます。80％以上の得点を取るために、次のことに留意して問題に取り組みましょう。
- 問題集は何度でも使うため答えを書かないようにし、巻末に「解答用紙」を用意しましたので、A4（130％）に拡大コピーして使ってください。
- 分からない問題は空欄で空けておき、すべての問題が解き終わった後に解説で確認して覚えるようにしてください。山勘で正解しても、本試験で間違っては意味がありません。

一番効率が上がる実施パターンは、次のとおりです。
　①　問題は3回以上行う
同じ問題を3回以上行えば、苦手な問題も自然に覚えられます。また、1回目に答えを出すのに1時間かかった問題も2回目は30分、3回目は20分と、どんどんと早くできるようになります。
　②　基本テストの問題を実施
危険物の基本問題なので、繰り返して何回でも行い解説等を含めて、確実に覚えるようにして下さい。

③ 実力テストの第1、2、3回の問題を実施
実力テストの第1回を実施→解説で答えの確認
→第2回を実施→解説で答えの確認
→第3回を実施→解説で答えの確認

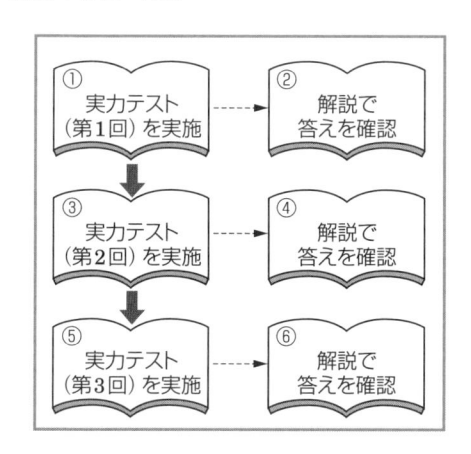

```
①                      ②
実力テスト     ----→   解説で
（第1回）を実施        答えを確認
    ↓
③                      ④
実力テスト     ----→   解説で
（第2回）を実施        答えを確認
    ↓
⑤                      ⑥
実力テスト     ----→   解説で
（第3回）を実施        答えを確認
```

→以降同じ内容で2回繰り返す。合計3回ずつ行って下さい。

④ 次いで、実力テストの第4、5、6回を上記と同じ内容で繰り返し行い、終了したら第7、8回を同様に行うようにしてください。

⑤ すべて終了したら、あなたは合格に一歩近付きました。自信をもって試験に臨んでください。

第 2 章

基本テスト

1. 危険物に関する法令

問1 〈消防法上の危険物〉

法に定める危険物について、次のうち正しいものはどれか。
1. 危険物は、その特性により特類及び第1類～第6類の7種類に分類されている。
2. 危険物は、それぞれの類ごとに甲種、乙種及び丙種の3つに分類されている。
3. 危険物は、類の数が増すに従って危険度も大きくなる。
4. 危険物の指定数量は、全国で同一である。
5. プロパン及び水素は、第4類の危険物に該当する。

ポイント 消防法上の危険物

① 消防法でいう「危険物」とは、「消防法別表第1の品名欄に掲げる物品」をいう。
② 危険物は常温（20℃）で固体又は液体であり、プロパン、水素ガス等の気体は危険物ではない。
③ 危険物の指定数量は、全国で同一である。また、指定数量未満の危険物については、それぞれの市町村の火災予防条例で基準が定められている。

解説

× 1. 危険物は、第1類から第6類の**6種類**に分類されており、特類はない。
× 2. 甲種、乙種及び丙種は、危険物取扱者免状の種類である。類ごとに甲、乙等の分類はない。
× 3. 危険物の類の大小と危険度は、関係がない。同じ類では、指定数量の小さい危険物の方が、大きい危険物より危険度が大きい。
○ 4. 危険物の指定数量は、全国で同一である。
× 5. プロパン及び水素は気体なので、消防法上の危険物ではない。

解答 **4**

キーレッスン 消防法上の危険物

1. 危険物の概要

〈消防法別表第1より抜粋（最近の出題傾向より）〉

類別	性質	品名
第1類	酸化性固体	塩素酸塩類、硝酸塩類、過マンガン酸塩類他
第2類	可燃性固体	硫化りん、赤りん、**硫黄**、鉄粉、マグネシウム、金属粉（アルミニウム粉、亜鉛粉）他

類 別	性 質	品 名
第3類	自然発火性及び禁水性	カリウム、**ナトリウム**、アルキルリチウム、黄りん他
第4類	引火性液体	**特殊引火物、第1石油類、アルコール類**他
第5類	自己反応性	有機過酸化物、硝酸エステル類、ニトロ化合物他
第6類	酸化性液体	**過酸化水素、硝酸**他
危険物でない物品：**プロパン、水素**、液体酸素、硫酸、クロルスルホン酸、ニッケル粉、銅粉、消石灰		

2. **消防法別表第1の備考**（消防法別表第1の備考より抜粋）
1. 特殊引火物とは、ジエチルエーテル、二硫化炭素その他1気圧において、発火点が100℃以下のもの又は引火点が−**20℃**以下で沸点が**40℃**以下のものをいう。
2. 第1石油類とは、アセトン、ガソリンその他1気圧において、引火点が**21℃未満**のものをいう。
3. アルコール類とは、**1分子を構成する**炭素の原子の数が**1個から3個**までの飽和1価アルコール（変性アルコールを含む）をいう（含有量が**60％未満**の水溶液を除く）。
4. 第2石油類とは、灯油、軽油その他1気圧において引火点が21℃以上70℃未満のものをいう。
5. 第3石油類とは、重油、クレオソート油その他1気圧において引火点が70℃以上200℃未満のものをいう。
6. 第4石油類とは、ギヤー油、シリンダー油その他1気圧において引火点が200℃以上250℃未満のものをいう。
7. 動植物油類とは、動物の脂肉等又は植物の種子若しくは果肉から抽出したものであって、1気圧において引火点が250℃未満のものをいう。

問2 〈予防規程〉
法令上、製造所等において定める予防規程について、次のうち誤っているものはどれか。
1. 予防規程を定める場合及び変更する場合は、市町村長等の認可を受けなければならない。
2. 予防規程は、当該製造所等の危険物保安監督者が作成し、認可を受けなければならない。
3. 予防規程に関して火災予防上必要があるときは、市町村長等が変更を命じることがある。

4. 予防規程は、地震発生時における施設及び設備に対する点検、応急措置等に関することを定めなければならない。
5. 予防規程は、災害とその他の非常の場合に取るべき措置に関することを定めなければならない。

ポイント 予防規程は製造所等の火災を予防するため**所有者等**（所有者、管理者又は占有者のこと）が作成し、**市町村長等の認可を受けなければならない**と定められている。また、経営者を始め、従業員すべてが守らなければならない規程である。

■解■説■
○ 1. 予防規程を作成又は変更する場合は、市町村長等の認可を受ける必要がある。
× 2. 予防規程は、危険物保安監督者ではなく所有者等（経営者等）が作成し認可を受けなければならないと定められている。
○ 3. 火災予防上必要があるときは、市町村長等が変更を命じることができる。
○ 4. 予防規程は、地震発生時における応急措置等を定めなければならない。
○ 5. 災害とその他の非常の場合に取るべき措置などを定めなければならない。

■解■答■2

キーレッスン 予防規程

1. 予防規程の作成と変更
① 予防規程を作成や変更したときは、市町村長等の認可が必要です。
② 市町村長等は火災予防のために、予防規程の変更を命じることができる。

2. 予防規程を定めなければならない製造所等→すべての製造所等に必要はない。
指定数量の倍数に規制のある危険物施設→5施設
● 製造所　● 一般取扱所　● 屋内貯蔵所　● 屋外貯蔵所　● 屋外タンク貯蔵所
指定数量に規制がなく、すべてに必要な危険物施設→2施設
● 給油取扱所　● 移送取扱所

3. 予防規程に定めるべき主な事項（重要項目を抜粋）
① 危険物保安監督者が旅行、疾病等によって職務を行うことができない場合に、その職務の代行者。
② 化学消防車の設置・自衛の消防組織に関すること。
　→自衛消防組織を定めていても、予防規程は必要である。
③ 危険物の保安に係わる作業に従事する者に対する保安教育に関すること。
④ 危険物施設の運転又は操作に関すること。
⑤ 災害その他の非常の場合に取るべき措置に関すること。

4. 最近の試験問題・他

＊ 予防規程に定められていない事項を求める問題が多い

① 製造所等において発生した<u>火災及び消火のために要した費用やその損害調査</u>に関すること。　　　　　　　　　　　　　　　　　　　　　　答：×

② 火災時の給水維持のための<u>公共用水道の制水弁を開閉する</u>ことに関すること。

答：×

問3　〈指定数量〉

法令上、指定数量の倍数の求め方として、次の文中の（　）内のA～Cに該当するもので、正しい組合せはどれか。

「別表第一に掲げる品名又は指定数量を異にする2以上の危険物を同一の場所で貯蔵し、又は取り扱う場合において、当該貯蔵又は取扱いに係わるそれぞれの危険物の（A）を当該危険物の（B）で除し、その（C）となるときは、当該場所は、指定数量以上の危険物を貯蔵し、又は取り扱っているものとみなす。」

	〈A〉	〈B〉	〈C〉
1.	数量	指定数量	商の最大のものが1以上
2.	指定数量	数量	商の和が1以上
3.	数量	指定数量	商の和が1以上
4.	数量	指定数量	商の最小のものが1以上
5.	指定数量	数量	商の最大のものが1以上

ポイント　後述のキーレッスン「2. 指定数量の計算 ②複数の危険物（A、B、C、D）を同一場所で貯蔵している場合」を使って解く。尚、文中の次の言葉に注意する。

<u>除　し</u>：割ると同じ意味。

<u>商の和</u>：それぞれの割り算の答えを足したもの（文中では、A、B、C、Dを足した<u>指定数量の倍数</u>である）。

■解■説

「別表第一に掲げる品名又は指定数量を異にする2以上の危険物を同一の場所で貯蔵し、又は取り扱う場合において、当該貯蔵又は取扱いに係わるそれぞれの危険物の（A：<u>数量</u>）を当該危険物の（B：<u>指定数量</u>）で<u>除し</u>、その（C：<u>商の和が1以上</u>）となるときは、当該場所は、指定数量以上の危険物を貯蔵し、又は取り扱っているものとみなす。」

	〈A〉	〈B〉	〈C〉
×1.	数量○	指定数量○	<u>商の最大のものが1以上</u>×
×2.	指定数量×	数量×	商の和が1以上○

1. 危険物に関する法令　　15

○	3.	数量○	指定数量○	商の和が1以上○
×	4.	数量○	指定数量○	商の最小のものが1以上×
×	5.	指定数量×	数量×	商の最大のものが1以上×

■解■答■3

キーレッスン 指定数量

1. 指定数量とは

危険物の危険性や性状により、品名（特殊引火物、第1石油類等）、性質（非水溶性、水溶性等）ごとに指定数量が定められている。

① 危険性の高い危険物は「指定数量を少なく」、危険性の低い危険物は「指定数量を多く」なるように定めている。また、危険物の指定数量は、全国同一である。

② 指定数量未満の危険物については、それぞれの市町村の火災予防条例で基準が定められている。

2. 指定数量の計算

① ガソリンのみを貯蔵している場合

$$指定数量の倍数 = \frac{ガソリンの貯蔵量〔l〕}{ガソリンの指定数量〔l〕}$$

※ 貯蔵量＝数量

◆指定数量の覚え方
　油種を「名前」、指定数量を「電話番号」で覚える
　　名　　前：と　い　あ　に　さ　よ　ど
　　電話番号：5　2　4 - 1　2　6　1

と	特殊引火物	5	50 l	ジエチルエーテル アセトアルデヒド
い	第1石油類 〈水溶性は2倍〉	2	**200 l** 〈400 l〉	**ガソリン、トルエン** 〈アセトン〉
あ	アルコール類	4	400 l	※メチルアルコール エチルアルコール
に	第2石油類 〈水溶性は2倍〉	1	**1 000 l** 〈2 000 l〉	**灯油、軽油** 〈酢酸〉
さ	第3石油類 〈水溶性は2倍〉	2	**2 000 l** 〈4 000 l〉	**重油、クレオソート油** 〈グリセリン〉
よ	第4石油類	6	6 000 l	ギヤー油、潤滑油等 シリンダー油
ど	動植物油類	1	10 000 l	アマニ油、なたね油

※　メチルアルコール（メタノール）　エチルアルコール（エタノール）

② 複数の危険物（A、B、C、D）を同一場所で貯蔵している場合

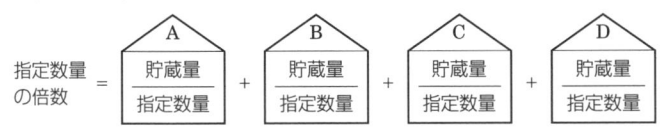

$$\text{指定数量の倍数} = \frac{\text{A の貯蔵量}}{\text{指定数量}} + \frac{\text{B の貯蔵量}}{\text{指定数量}} + \frac{\text{C の貯蔵量}}{\text{指定数量}} + \frac{\text{D の貯蔵量}}{\text{指定数量}}$$

問4 〈保安距離・保有空地〉

法令上、製造所等の中には特定の建築物等との間に一定の距離（保安距離）を保たなければならないものがあるが、その建築物等と保たなければならない距離との組合せで、次のうち正しいものはどれか。

1. 病　院 ……… 50 m 以上
2. 高等学校 …… 30 m 以上
3. 小学校 ……… 20 m 以上
4. 劇　場 ……… 15 m 以上
5. 使用電圧 7 000 V ～ 35 000 V の特別高圧架空電線 …… 水平距離 10 m 以上

ポイント

保安距離とは、製造所等の火災、爆発等が発生した場合付近の住宅、学校、病院等の保安対象物に対して、延焼防止や避難等のために一定の距離を定めたものである。

後述のキーレッスン「2. 保安対象物と保安距離」の①<u>学校（幼稚園～高校）</u>、<u>病院</u>、<u>公会堂等</u>……**30 m 以上**（学校と人の集まる公共の施設。学校に大学、短期大学は含まない）が、一番に大切な項目と距離である。

解説

× 1. 病院 ………… 50 m 以上 → 30 m 以上
○ 2. 高等学校 …… **30 m 以上**（幼稚園から高等学校までに保安距離が必要。大学、短期大学は必要なし。）
× 3. 小学校 ……… 20 m 以上 → 30 m 以上
× 4. 劇場 ………… 15 m 以上 → 30 m 以上
× 5. 使用電圧 7 000 V ～ 35 000 V の特別高圧架空電線 …… 水平距離 10 m 以上
　→ 3 m 以上

解　答　2

保安距離・保有空地

1. 保安距離・保有空地の必要な施設

* 12 ある危険物施設のうち、次の 6 施設に必要。

保安距離・保有空地の覚え方

『製造・一般・屋内・屋外・屋外タンク＋簡易タンク（保有空地のみ）』と覚える。

製造所等（危険物施設）	保安距離	保有空地
1. 製造所	○	○
2. 一般取扱所	○	○
3. 屋内貯蔵所	○	○
4. 屋外貯蔵所	○	○
5. 屋外タンク貯蔵所	○	○
6. 簡易タンク貯蔵所（屋外に設置）	×	○

2. 保安対象物と保安距離

① 学校（幼稚園～高校）、病院、公会堂等 …… **30 m 以上**（学校と人の集まる公共の施設。学校に大学、短期大学は含まない）

② 一般住宅（製造所の敷地外にあるもの） …… 10 m 以上

③ 重要文化財 …………………………………… **50 m 以上**

④ 特別高圧架空電線 7 000～35 000 V 以下 …… 3 m 以上→埋設電線は、必要なし。

⑤ 特別高圧架空電線 35 000 V 以上 …………… 5 m 以上

⑥ 高圧ガスの施設 ……………………………… 20 m 以上

問5 〈消火設備〉

法令上、消火設備は第 1 種から第 5 種までに区分されているが、第 3 種の消火設備に該当するものは、次のうちどれか。

1. 乾燥砂
2. 泡消火設備
3. 屋内消火栓設備
4. スプリンクラー設備
5. 泡を放射する大型消火器

ポイント 消火設備は、第1種～第5種に区分されている。

第1種消火設備	屋内消火栓設備、屋外消火栓設備
第2種消火設備	スプリンクラー設備
第3種消火設備	その他各種消火設備（泡消火設備等）
第4種消火設備	大型消火器
第5種消火設備	小型消火器、乾燥砂、膨張ひる石、水バケツ等

◆粉末消火設備を例として、3種・4種・5種の見分けかた

第1種消火設備は消火栓、第2種はスプリンクラー、第4種は大型消火器、第5種は小型消火器で、他の消火設備はすべて第3種消火設備となる。

第3種粉末消火設備	**大型、小型以外の**粉末消火設備	第4類等の危険物を取り扱う製造所等で使用
第4種粉末消火設備	粉末の**大型**消火器	ガソリンスタンド等で使用（重いので車輪付き）
第5種粉末消火設備	粉末の**小型**消火器	一般家庭、ガソリンスタンド等で使用

注意：5つに区分された消火設備のうち、第3種～第5種が大切な項目である。

■解■説■

- × 1. 乾燥砂→第5種消火設備（小型消火器以外の消火設備である。）
- ○ 2. 泡消火設備→第3種消火設備
- × 3. 屋内消火栓設備→消火栓なので、第1種消火設備
- × 4. スプリンクラー設備→第2種消火設備
- × 5. 泡を放射する大型消火器→大型なので、第4種消火設備

■解■答■2

キーレッスン 消火設備・警報設備

1. 所要単位等
① 所要単位とは、製造所等に対して、どのくらいの消火能力を有する消火設備が必要なのかを定める単位である。
　危険物は、指定数量の10倍を1所要単位とする。
② 製造所等の面積、指定数量等に関係なく、消火設備が定められている危険物施設
- 地下タンク貯蔵所→第5種の消火設備2個以上
- 移動タンク貯蔵所→自動車用消火器のうち、粉末消火器（3.5kg以上のもの）又

1. 危険物に関する法令　19

はその他の消火器を 2 個以上

2. 消火設備の設置方法

第 1 種から第 5 種までの消火設備の設置方法は、各消火設備ごとに定められている。（抜粋）第 5 種消火設備に関しては，給油取扱所等は別途定められている。

① 第 3 種の消火設備……放射能力に応じて有効に設ける
② 第 4 種の消火設備……防護対象物までの歩行距離が、**30 m 以下**
③ 第 5 種の消火設備……防護対象物までの歩行距離が、**20 m 以下**

3. 警報設備

① 警報設備は、指定数量が 10 倍以上の製造所等に必要（除く：移動タンク貯蔵所）。
② 警報設備の種類
- 自動火災報知設備　●非常ベル装置　●拡声装置　●警鐘
- 消防機関に報知できる電話

問6　〈移動タンク貯蔵所（タンクローリー）〉

法令上、移動タンク貯蔵所に備え付けておく書類に該当しないものは、次のうちどれか。

1. 完成検査済証
2. 定期点検の記録
3. 譲渡・引渡の届出書
4. 危険物保安監督者の選任・解任の届出書
5. 品名・数量又は指定数量の倍数変更の届出書

ポイント　移動タンク貯蔵所は、次の書類を備え付けておくことと定められている。

① 移動タンク貯蔵所に備え付けておく書類
1. 完成検査済証　2. 定期点検記録　3. 譲渡、引渡の届出書
4. 品名、数量又は指定数量の倍数の変更の届出書

② 備え付けておく必要のない書類（最近の出題傾向より）
1. 危険物保安監督者の選任、解任の届出書　2. 許可証（設置許可証）
3. 始業時、終業時の点検記録（定期点検記録ではない。）

■解■説■

○ 1. 完成検査済証
○ 2. 定期点検の記録
○ 3. 譲渡・引渡の届出書
× 4. 危険物保安監督者の選任・解任の届出書→移動タンク貯蔵所のみ危険物保安監

督者の選任の必要がないので、このような届出書を備え付ける必要はない。
○ 5. 品名・数量又は指定数量の倍数変更の届出書

■解■答■4

キーレッスン 移動タンク貯蔵所（タンクローリー）

1. 位置・構造・設備
① 車両の常置場所（常置場所を変更するときは、変更の許可が必要になる）。
　屋外……防火上安全な場所
　屋内……耐火構造又は不燃材料で造った建築物の1階（<u>地階や2階に設けることはできない</u>）。
② <u>タンクの容量 30 000 l 以下</u>：4 000 l 以下ごとに間仕切り板を設けること。
③ タンクの下部に排出口を設ける場合には、手動閉鎖装置及び自動閉鎖装置を設けること。
④ ガソリン、ベンゼン等の移動貯蔵タンクには、静電気を除去する接地導線を設けること。

2. 貯蔵の基準
＊ 移動タンク貯蔵所に備え付けておく書類。前述のポイントに記載。

3. 取扱いの基準
① 危険物を注入する際は、注入ホースを注入口に緊結する。
② <u>詰め替えできる危険物→引火点 40℃ 以上の第 4 類の危険物（灯油、軽油、重油等）</u>
③ 静電気による災害の発生するおそれのある危険物を移動貯蔵タンクに注入するときは、注入管の先端をタンクの底部につけるとともに接地して出し入れを行う。
④ <u>引火点 40℃ 未満の危険物を注入する場合は、エンジンを停止して行うこと</u>（ガソリン、ベンゼン等）。

問 7 〈各種申請手続き（変更許可）〉
　法令上、製造所等の位置、構造及び設備を変更する場合の手続きとして、次のうち正しいものはどれか。
1. 変更工事完了後、すみやかに市町村長等に届け出なければならない。
2. 変更工事完了の 10 日前までに、市町村長等に届け出なければならない。
3. 変更の計画を市町村長等に届け出てから、変更工事を開始しなければならない。
4. 市町村長等の変更許可を受けてから、変更の工事を開始しなければならない。
5. 変更工事を開始する 10 日前までに、市町村長等に届け出なければならない。

ポイント キーレッスンの各種申請手続きの種類一覧表か、「1. 許可」の項を使って解く。

〈製造所等を設置して使用開始するまでの手順〉
製造所等を設置（新しく造ること）又は変更（洗車機等を新機種に変更すること）するときは、工事着工前に市町村長等の許可を受ける必要がある。

■解■説■

× 1. 変更工事は、工事着工前に市町村長等の許可を受けることと定められているので誤っている。
× 2. 市町村長への届出は、製造所等の譲渡又は引渡など5つの事項に適用される。
× 3. 上記の1、2項を参照。
○ 4. 市町村長等の変更許可を受けてから、変更の工事を開始しなければならないと定められているので正しい。
× 5. 上記の1、2項を参照。

■解■答■4

キーレッスン 許可・承認・届出等の手続き

〈各種申請手続きの種類〉

手続事項		内容	申請先
1. 許可	①設置	製造所等を設置（ガソリンスタンド等を新しく造る等）	市町村長等
	②変更	製造所等の位置、構造又は設備の変更 （ガソリンスタンドの洗車機を新しい機種に換える等）	
2. 承認	①仮貯蔵 仮取扱い	指定数量以上の危険物を10日以内の期間、仮に貯蔵し取り扱う場合	消防長又は消防署長
	②仮使用	変更部分以外の全部又は一部を仮に使用する場合 （洗車機を新しい機種に替える工事で、工事する部分以外を仮に使用すること等をいう）	市町村長等
3. 認可	①作成 ②変更	予防規程を作成又は変更した場合	市町村長等
4. 届出	①製造所等の譲渡又は引渡　　　　　　（遅滞なく）		市町村長等
	②危険物の品名、数量又は指定数量の倍数の変更 　　　　　　　　　　　　　　　　　（10日前まで）		
	③製造所等の用途を廃止　　　　　　　（遅滞なく）		
	④危険物保安統括管理者を選任又は解任　（遅滞なく）		
	⑤危険物保安監督者を選任又は解任　　（遅滞なく）		

1. 許可
① 製造所等を設置して使用開始するまでの手順
製造所等を設置又は変更するときは、工事着工前に市町村長等の許可を受ける必要がある。
* 設置（変更）許可申請から使用開始までの手順

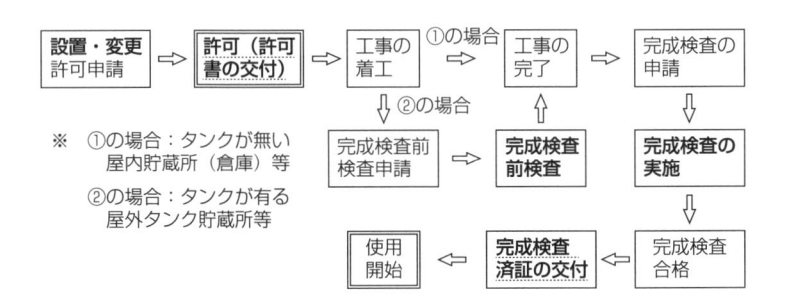

```
設置・変更     →  許可（許可  → 工事の  ①の場合→ 工事の  → 完成検査
許可申請         書の交付）     着工              完了     の申請
                              ↓②の場合                    ↓
                           完成検査前  → 完成検査   完成検査の
                           検査申請     前検査       実施
                                                      ↓
              使用      ←  完成検査   ←  完成検査
              開始        済証の交付      合格
```

※ ①の場合：タンクが無い屋内貯蔵所（倉庫）等
　 ②の場合：タンクが有る屋外タンク貯蔵所等

② タンク（地下タンク等）を有する場合→完成検査前検査を受ける必要がある。

2. 承認
① 仮貯蔵・仮取扱いとは？
所轄消防長又は消防署長の承認を受けて指定数量以上の危険物を、10日以内の期間、仮に貯蔵し、又は取り扱うことをいう。
② 仮使用とは？
製造所等の施設の一部について変更の工事を行う場合、変更の工事に係わる部分以外の全部又は一部を市町村長等の承認を受けて使用することをいう。

3. 認可
① 予防規程の作成・変更（所有者等が行う。）
予防規程の作成、変更は、市町村長等の認可を受けなければならない。

4. 届出
届出は5項目あるが、届け出る日時が重要なポイントである。
① 危険物の品名・数量又は指定数量の倍数の変更は「10日前までに」市町村長等に届け出て、他の4項目は「遅滞なく」届け出るように定められている。

問8　〈法令違反に対する措置〉

法令上、市町村長等が製造所等に使用停止命令を出す場合、その発令事由に該当しないものは、次のうちどれか。
1. 製造所等の変更工事に仮使用の承認を受けないで、工事以外の一部を使用した場

合。
2. 無許可で製造所等の位置・構造・設備を変更した場合。
3. 製造所等で危険物の取扱作業に従事している危険物取扱者が、免状の返納命令をうけた場合。
4. 定期点検を行わなければならない製造所等において、それを期限内に実施していない場合。
5. 危険物保安監督者を定めなければならない製造所等において、それを定めていない場合。

ポイント キーレッスンの「2. 許可の取り消し、又は使用停止命令」、「3. 使用停止命令」これら合計の **9項目以外はどれか**を問うている問題である。

また、「4. 許可の取り消し又は使用停止命令の対象外」からも、比較的容易に解答が見つかるはずである。（最近の出題傾向より）

■ 解 ■ 説

○1. 製造所等の変更工事に仮使用の承認を受けないで、工事以外の一部を使用した場合。→2の②項の違反なので、許可の取り消し、又は使用停止命令を受ける。
○2. 無許可で製造所等の位置・構造・設備を変更した場合。→2の①項の違反。
×3. 危険物取扱者が免状の返納命令をうけた場合は、危険物取扱者個人の違反なので、製造所等が許可の取り消しや使用停止命令を受けることはない。
○4. 定期点検を期限内に実施していない場合。→2の⑤項の違反。
○5. 危険物保安監督者を定めなければならない製造所等において、それを定めていない場合。→3の③項の違反なので、使用停止命令を受ける。
※ 許可の取り消し、又は使用停止命令を受ける場合を○印とした。

■ 解 ■ 答 ■ 3

キーレッスン 法令違反に対する措置

1. 義務違反と措置命令等

① 危険物の貯蔵・取扱基準遵守命令
- 製造所等においてする危険物の貯蔵又は取扱いが、技術上の基準に違反しているとき。

② 危険物施設の基準適合命令（<u>修理、改造又は移転の命令</u>）
- <u>製造所等の位置、構造、設備が技術上の基準に違反しているとき。</u>→所有者等権限がある者に対して、命令が出る。

③ 危険物保安統括管理者又は危険物保安監督者の解任命令
● 消防法に基づく命令の規定に違反したとき、又はその責務を怠っているとき。
④ 危険物施設の応急措置命令
● 危険物の流出その他の事故が発生したときに、応急の措置を講じていないとき。

2. 許可の取り消し、又は使用停止命令
① 製造所等の位置、構造、設備を**無許可**で変更したとき。
② **完成検査済証の交付前に使用**したとき、又は仮使用の承認を受けないで使用したとき。
③ 位置、構造、設備に係わる措置命令に違反したとき。
④ 政令で定める屋外タンク貯蔵所又は移送取扱所の保安の検査を受けないとき。
⑤ 定期点検の実施、記録の作成、保存がされていないとき。

3. 使用停止命令
① 危険物の貯蔵、取扱い基準の遵守命令に違反したとき。
② **危険物保安統括管理者を定めていない**、又は危険物の保安に関する業務を統括管理させていない。
③ **危険物保安監督者を定めていない**、又は保安の監督をさせていないとき。
④ 危険物保安統括管理者、危険物保安監督者の解任命令に違反したとき。

4. 許可の取り消し又は使用停止命令の対象外 （最近の出題傾向より）
① 危険物取扱者が**免状の返納命令**を受けた場合。
② 危険物取扱者が**保安講習**を受けていない場合。
③ 危険物取扱者が**免状の書換え**をしていない場合。
④ 危険物保安監督者を定めていたが、市町村長等への**届出**を怠った場合。
⑤ 危険物施設の譲渡等の届出を怠っていた場合。
⑥ 危険物の貯蔵及び取扱いを休止し、その**届出**を怠っていた場合。
⑦ 予防規程を定めていないとき。
⑧ 危険物施設保安員を定めなければならない製造所等で、それを定めていないとき。

問9 〈定期点検〉

法令上、製造所等の定期点検について、次のうち誤っているものはどれか。
1. すべての移動タンク貯蔵所は、定期点検を行わなければならない。
2. 定期点検の記録は、移動貯蔵タンクの漏れの点検及び屋外タンク貯蔵所の内部点検を除いて、3年間保存しなければならない。
3. 危険物取扱者でない者は、丙種危険物取扱者が立ち会えば、定期点検（規則で定

める漏れの点検及び固定式泡消火設備に関する点検を除く）を行うことができる。
4. 危険物施設保安員は、危険物取扱者の資格がなくても定期点検（規則で定める漏れの点検及び固定式泡消火設備に関する点検を除く）を行うことができる。
5. すべての給油取扱所は、定期点検を行わなければならない。

ポイント　一般の給油取扱所（ガソリンスタンド）は地下に専用タンクを設けているが、法令上、簡易タンク（地上に設置）のみの給油取扱所も存在する。この場合は、定期点検を行う必要がない。

■解■説■
○1. すべての移動タンク貯蔵所は、定期点検を行わなければならない。
○2. 定期点検の記録は、移動貯蔵タンクの漏れの点検（**10年間**）及び屋外タンク貯蔵所の内部点検（**26又は30年間**）を除いて、**3年間**保存しなければならない。
○3. 丙種危険物取扱者は、定期点検のみ立ち会いができるので正しい。
○4. 危険物施設保安員は、危険物取扱者の資格がなくても定期点検（規則で定める漏れの点検及び固定式泡消火設備に関する点検を除く）を行うことができる。
×5. 地下タンクの有る給油取扱所は、定期点検を行わなければならないが、<u>簡易タンクのみの給油取扱所は、定期点検を行う必要がない</u>ので誤っている。

■解■答■5

キーレッスン　定期点検

製造所等の所有者等は、その位置・構造及び設備が技術上の基準に適合しているか否かを定期的に点検し、その点検記録を作成し、一定の期間保存することが義務づけられている。

1. **定期点検の実施対象施設**（指定数量、地下タンクを有する等の規制が有る）
①製造所　②屋内貯蔵所　③屋外タンク貯蔵所　④<u>地下タンク貯蔵所</u>
⑤<u>移動タンク貯蔵所</u>　⑥屋外貯蔵所
⑦給油取扱所（地下タンクを有するもの。）
⑧移送取扱所　⑨一般取扱所
   * 定期点検の対象外は、次の3施設である。
   ●屋内タンク貯蔵所　●簡易タンク貯蔵所　●販売取扱所
   * 実施対象施設は9施設であるが、ほとんどの問題が<u>移動タンク貯蔵所と地下タンクを有する施設が答えとなる場合が多い</u>。（最近の出題傾向より）

定期点検は年1回以上実施すること。点検記録簿は3年間保存しなければならない

定期点検実施者

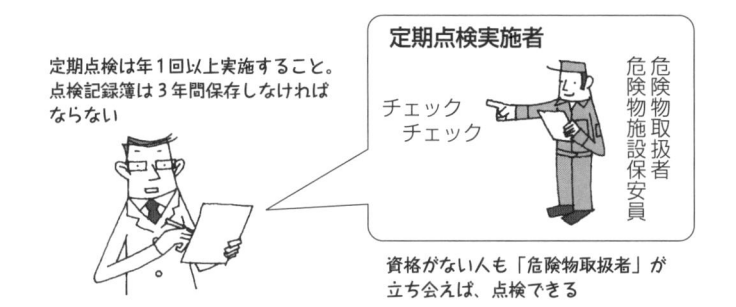

危険物取扱者
危険物施設保安員

チェック チェック

資格がない人も「危険物取扱者」が立ち会えば、点検できる

2. 点検実施者
① 危険物取扱者（甲種、乙種、丙種）
② 危険物施設保安員（定期点検の点検はできるが、立ち会いはできない。）
③ 危険物取扱者以外の者は、甲種、乙種、丙種いずれかの危険物取扱者の立会いがあればできる。
＊ 点検に市町村長等の立ち会いの必要はない。

3. 点検時期・点検の記録・その他
① 点検時期　　　　→1年に1回以上
② 点検記録の保存期間→3年間保存
③ 点検記録事項　　　→●点検をした製造所等の名称　●点検の方法及び結果
　　　　　　　　　　　●点検を行った者、立ち会った者の氏名　●点検年月日
＊ 点検結果を市町村長等に報告する義務はない。

4. 地下貯蔵タンク・地下埋設配管の漏れの点検
① 点検実施者→危険物取扱者又は危険物施設保安員で「点検の方法に関する知識及び技能を有する者」＝漏れの点検に関する技術講習修了者。
　注意：危険物取扱者以外の者でも、「点検の方法に関する知識及び技能を有する者」であれば、危険物取扱者の立ち会いを受ければ点検ができる。
② 点検時期→設置の完成検査済証の交付を受けた日、又は前回の漏れの点検を行った日から1年を超えない日までの期間内に1回以上（一定の条件を満たすものにあっては、3年に1回以上）。

5. 移動タンク貯蔵所の漏れ・水圧試験に係わる点検
① 実施対象　→すべて実施する。
② 点検実施者→上記4項の①と同じ。
③ 点検時期　→設置の完成検査済証の交付を受けた日、又は前回の漏れの点検を行った日から5年を超えない日までの期間内に1回以上。
④ 点検記録の保存期間→漏れの点検に係わる点検記録は10年間保存。

問10 〈危険物保安監督者〉

法令上、危険物保安監督者について、次のうち誤っているものはどれか。

1. 危険物保安監督者は、危険物取扱作業にあたる危険物取扱者に対しても、保安監督上必要な指示を与えなければならない。
2. 危険物保安監督者は、危険物の取扱作業に関して保安の監督をする場合には、誠実にその職務を行わなければならない。
3. 製造所等において危険物取扱者以外の者は、危険物保安監督者が立ち会わない限り、危険物を取り扱うことはできない。
4. 危険物保安監督者を定めたとき、又は解任したときは、市町村長等に届け出なければならない。
5. 選任の要件である6か月以上の実務経験は、製造所等における実務経験に限定されるものである。

ポイント 製造所等で危険物取扱者以外の者が危険物を取り扱う場合は、甲種か乙種危険物取扱者(免状に指定された類)の立ち会いが必要であると定められている。キーレッスン「2. 危険物保安監督者の業務(抜粋)」を活用しよう!

解説
- ○ 1. 危険物保安監督者は、保安監督上必要な指示を与えなければならない。
- ○ 2. 危険物の取扱作業に関して保安の監督をする場合には、誠実にその職務を行わなければならないと定められている。
- × 3. 危険物取扱者以外の者への立ち会いは、甲種か乙種危険物取扱者(免状に指定の類)であればできる。危険物保安監督者に限定されていないので誤っている。
- ○ 4. 危険物保安監督者を定めたとき、又は解任したときは、市町村長等に届け出なければならないと定められている。
- ○ 5. 6か月以上の実務経験は、製造所等における実務経験に限定されている。

解答 3

キーレッスン 危険物保安監督者

政令に定める製造所等の**所有者等**は、危険物取扱者の中から**危険物保安監督者**を選任して、保安の監督をさせ、遅滞なくその旨を**市町村長等に届け出る**ように定められている。

1. 危険物保安監督者の資格
① **甲種又は乙種危険物取扱者**で、**6か月以上の実務経験**を有する者。乙種については、取り扱うことができる類(免状に指定された類)、**丙種は資格がない**。

2. 危険物保安監督者の業務（抜粋）

① 危険物の取扱作業が、貯蔵又は取扱いに関する技術上の基準、予防規定等に定める保安基準等に適合するように、<u>作業者に対し必要な指示を行う</u>こと。
② 危険物施設保安員を置く製造所等にあっては、<u>危険物施設保安員に必要な指示を</u>すること。
③ 火災等の災害防止のため、隣接の関係者との間に連絡を保つ。消防機関に連絡する等。

3. 危険物保安監督者の業務として誤っているもの

① 製造所の位置・構造・設備の変更、その他法に定める諸手続きに関すること。
　→危険物保安監督者の業務に定められていないので誤っている。
② 危険物施設保安員の指示に従って保安の監督をする。
　→保安の維持のため、**危険物施設保安員に指示をする**のが危険物保安監督者に定められた業務であるので、誤っている。

4. 危険物保安監督者の選任が必要な施設（参考：危険物施設保安員も記載）

① 政令で定める施設（危険物の品名、指定数量の倍数等の規定がある。）
● <u>移動タンク貯蔵所は</u>、危険物保安監督者の<u>選任の必要がない</u>。

〈危険物保安監督者・危険物施設保安員の必要な施設〉

	製造所等の名称	一般的な名称	危険物保安監督者	危険物施設保安員
1	製造所	原油を精製する製油所	○	○
2	屋内貯蔵所	危険物の貯蔵倉庫	○	×
3	屋外タンク貯蔵所	工業地帯の屋外のタンク	○	×
4	屋内タンク貯蔵所	雨を防ぐための屋内のタンク	○	×
5	地下タンク貯蔵所	暖房用重油の地下タンク	○	×
6	簡易タンク貯蔵所	昭和30年代のSSの計量機	○	×
7	**移動タンク貯蔵所**	タンクローリー	<u>×</u>	×
8	屋外貯蔵所	ドラム缶貯蔵の屋外の貯蔵所	○	×
9	給油取扱所	SS（ガソリンスタンド）	○	×
10	販売取扱所	塗料店等	○	×
11	移送取扱所	パイプライン施設	○	○
12	一般取扱所	灯油の店等	○	○

○：選任が必要な施設、×：選任が必要でない施設

② 危険物保安監督者を<u>必ず選任する必要がある施設</u>の覚えかた。
　品名や指定数量等に関係なく選任が必要な施設は次の5施設であり、大切なので覚えよう！（注意：一般取扱所には、一部選任の必要がない施設がある。）

『製造・一般・給油・移送で・外タンク』と覚える。
給油とは給油取扱所、外タンクとは屋外タンク貯蔵所である。
- 製造所
- 一般取扱所
- 給油取扱所
- 移送取扱所
- 屋外タンク貯蔵所

5. 危険物保安監督者への解任命令
① 市町村長等は、製造所等の所有者等に対し、危険物保安監督者の解任を命じることができる（危険物保安監督者が法に違反しても、直ちに解任を命ぜられることはない）。

6. 危険物保安統括管理者・危険物保安監督者等の権限、資格等

〈危険物保安統括管理者等の権限等〉

	権限・役職は	資格は	給油取扱所に必要か
危険物保安統括管理者	部長	×	×
危険物保安監督者	所長	甲種、乙種	○
危険物取扱者	中堅社員	甲、乙、丙	○
危険物施設保安員	新入社員	×	×

※ 権限・役職は、給油取扱所（ガソリンスタンド）を想定したもの。

問11 〈危険物取扱者〉

法令上、危険物取扱者について、次のうち誤っているものはどれか。

1. 危険物取扱者とは、危険物取扱者試験に合格し免状の交付を受けている者をいう。
2. 危険物の取扱作業に従事する危険物取扱者は、貯蔵又は取扱いの技術上の基準を遵守するとともに、当該危険物の保安の確保について細心の注意を払わなければならない。
3. 丙種危険物取扱者は、危険物保安監督者になることはできない。
4. 甲種危険物取扱者又は乙種危険物取扱者が、危険物の取扱作業の立ち会いをする場合は、取扱作業に従事する者が貯蔵又は取扱いの基準を遵守するように監督するとともに、必要に応じてこれらの者に指示を与えなければならない。
5. 危険物取扱者であれば、危険物取扱者以外の者による危険物の取扱作業に立ち会うことができる。

ポイント 危険物の取扱いは、危険物取扱者が行う。危険物取扱者以外の者（無資格者）が危険物を取り扱うときは、危険物取扱者が立ち会って行うが、**丙種は立ち会いができない**。

■解■説■

○ 1. 危険物取扱者とは、試験に合格し免状の交付を受けている者をいう。
○ 2. 危険物取扱者の責務（心構え）として危険取扱作業に従事するときは、貯蔵又は取扱いの技術上の基準を遵守するとともに、危険物の保安の確保について細心の注意を払わなければならないのは当然のことである。
○ 3. 危険物保安監督者の資格は、甲種及び乙種危険物取扱者と定められている。丙種は、危険物保安監督者になることができない。
○ 4. 甲種又は乙種危険物取扱者が立ち会いをする場合は、貯蔵又は取扱いの基準を遵守するように監督するとともに、必要に応じて指示を与えなければならない。
× 5. 危険物取扱者には甲種、乙種、丙種の3種類があるが、丙種は危険物取扱者以外の者による危険物の取扱作業に立ち会うことができない。

■解■答■ 5

キーレッスン 危険物取扱者

1. 危険物取扱者とは

① 危険物取扱者とは、危険物取扱者試験に合格し、都道府県知事から免状の交付を受けた者をいう。
② 危険物取扱者の免状は甲種、乙種、丙種の3種類があり、全国で有効である。
③ 危険物の取扱いは、危険物取扱者が行う。危険物取扱者以外の者は危険物取扱者が立ち会って行うが、丙種は立ち会いができない。

〈免状の種類と取扱作業の内容等〉

免状の種類	取扱作業	立ち会い	危険物保安監督者に選任される資格	定期点検
甲種	○ 全類（1〜6類）	○ 全類の立ち会い	○ 実務経験6か月以上	○ 点検の実施と立ち会い
乙種	○ 指定された類[注1]	○ 指定された類[注1]	○ 実務経験6か月以上	○ 点検の実施と立ち会い
丙種	○ 指定された危険物[注2]	× できない	× 資格なし	○ 点検の実施と立ち会い

注1 「指定された類」とは、免状に記載されている類をいう。
注2 「指定された危険物」とは、ガソリン、灯油、軽油、第3石油類（重油、潤滑油及び引火点が130℃以上のもの）、第4石油類及び動植物油類をいう。

2. 危険物取扱者の責務

① 危険物の貯蔵、取扱いの技術上の基準を遵守し、安全の確保について細心の注意を払うこと。
② 危険物取扱者（甲種、乙種）が危険物の取扱作業の立ち会いをする場合は、取

扱作業に従事する者が貯蔵又は取扱いの基準を遵守するように監督するとともに、必要に応じてこれらの者に指示を与えなければならない。

3. 最近の試験問題・他

① 危険物保安統括管理者を定める必要のある製造所等の危険物取扱者は、危険物保安統括管理者を定めなければならない。　　　　　　　　　　　　答：×
→<u>危険物保安統括管理者や危険物保安監督者、危険物施設保安員を選任（定める）</u>するのは、<u>所有者等なので誤っている</u>。

② 丙種危険物取扱者は、危険物施設保安員になることができない。　　答：×
→危険物施設保安員の資格については、特に定められていないので誤っている。

③ 一般取扱所（灯油の店等）で、丙種が灯油を容器に詰め替えた。　　答：○
→丙種は灯油の取扱いができるので正しい。

問12　〈危険物取扱者免状の交付・書換え等〉

法令上、免状の交付を受けている者が、免状を亡失し、滅失し、汚損し又は破損した場合の再交付の申請について、次のうち誤っているものはどれか。

1. 当該免状を交付した都道府県知事に申請することができる。
2. 当該免状の書換えをした都道府県知事に申請することができる。
3. 勤務地を管轄する都道府県知事に申請することができる。
4. 破損により免状の再交付を申請する場合は、当該免状を添えて申請しなければならない。
5. 免状を亡失してその再交付を受けた者は、亡失した免状を発見した場合は、これを10日以内に免状の再交付を受けた都道府県知事に提出しなければならない。

ポイント　再交付の申請について

<u>運転免許証</u>の更新や再交付の申請は、試験に合格した原簿を国が管理しているのでどこの都道府県であってもできる。しかし、<u>危険物の合格原簿</u>は、国ではなく危険物試験に合格した各都道府県で管理しているので、書換えや再交付の申請先に種々の制約が生じる。

申請先の覚え方としてのポイント

「交付地」原簿が有るので制約がなく、書換え、再交付等すべての申請ができる。

「書換え」本物の危険物取扱者免状を持参して行うので、原簿がない居住地や勤務地でも申請できる。書換えをした都道府県にも原簿が備わる。

「再交付」原簿がある都道府県でないとできない。居住地、勤務地では、他県への転勤等から原簿があるとは限らないのでできない。

■解■説
○1. 当該免状を交付した都道府県知事に申請することができる。
○2. 当該免状の書換えをした都道府県知事に申請することができる。
×3. 再交付の申請先は、交付又は書換えをした都道府県知事なので、勤務地は誤っている。上記ポイントの「再交付」の欄に記載のとおり、勤務地に危険物の合格原簿があるとは限らないので、再交付の申請はできない。
○4. 破損により免状の再交付を申請する場合は、当該免状を添えて申請しなければならないと定められている。
○5. 免状を亡失して再交付を受けた者は、亡失した免状を発見した場合は、これを10日以内に免状の再交付を受けた都道府県知事に提出しなければならない。
注意：5項は本問題では答えではないが、他の問題ではよく答えになる問題である。
　　危険物で大切な問題は、過去に何度も出て答えになったり、ならなかったりしている。このため問題をきっちりと読んで、正しければ○印を、誤っていれば×印を付ける繰り返しが、大切な問題を早く覚え合格の近道となる。

■解■答■3

キーレッスン 危険物取扱者免状の交付・書換え・他

〈危険物取扱者免状の交付等に関する概要〉

手続き	内容	申請先
交付	危険物取扱者試験に合格した者	都道府県知事
書換え	免状の記載事項に変更が生じたとき ・氏名（結婚等による） ・本籍地（都道府県名に変更が生じたとき） ・免状の写真が10年経過したとき等	交付地、居住地又は勤務地の都道府県知事
再交付	免状を亡失・滅失・汚損・破損等	交付又は書換えをした都道府県知事
	再交付後亡失した免状の発見時→10日以内に再交付を受けた都道府県知事に発見した免状を提出	

1. **免状の交付、書換え、再交付、返納等**
① 免状に関係する事項は、すべて都道府県知事が行う。
② 免状に貼付された写真が10年を経過したときは、免状の書換えをするように定められている。
③ 危険物取扱者が消防法令に違反しているときは、都道府県知事は免状の返納を命じることができる。

1. 危険物に関する法令　33

④ 免状の返納を命じられた者は、その日から起算して1年を経過しないと、新たに危険物取扱者試験に合格しても免状の交付を受けることができない。
⑤ 消防法に違反して罰金以上の刑に処せられた者は、その執行を終わり、又は執行を受けることがなくなった日から起算して2年を経過しないと、免状を受けることができない。

問13 〈保安講習〉

法令上、保安講習に関するA～Eの記述について、次のうち誤っている組合せはどれか。
A. 受講の対象者は、免状の交付を受けた都道府県だけでなく、他の都道府県で行われている講習を受講することができる。
B. 受講の対象者に、危険物保安統括管理者で危険物取扱者の免状を有していない者は含まれない。
C. 受講対象者は、5年以内に1回受講しなければならない。
D. 受講対象者に、危険物保安監督者は含まれない。
E. 受講対象者が受講しなかった場合には、免状の交付を受けた都道府県知事から免状の返納を命ぜられることがある。

1. AとB　2. BとC　3. CとD　4. DとE　5. AとE

ポイント　製造所等で危険物の取扱作業に従事している危険物取扱者は、都道府県知事が行う保安に関する講習を、3年以内を基本として受けなければならない。

■解■説■
○A. 受講の対象者は、全国どこの都道府県で行う保安講習であっても受講できる。
○B. どのような役職であれ、危険物取扱者の免状を有していない者は含まれない。
×C. 受講対象者は、5年ではなく3年以内に1回を基本として受講しなければならない。
×D. 危険物保安監督者は、甲種か乙種の危険物取扱者で、危険物の取扱作業に関して保安の監督をするのが業務なので、受講対象者に含まれる。
○E. 受講しなかった場合には、免状の返納を命ぜられることがある。

×1. AとB　×2. BとC　○3. CとD　×4. DとE　×5. AとE

■解■答■3

保安講習

1. **保安講習を受講する義務がある者**
   ① 危険物の取扱作業に従事している危険物取扱者（危険物免状の所持者）。
   ② <u>継続して従事している者は、前回の講習を受講した日以後における最初の4月1日から3年以内に1回受講すること</u>（甲種、乙種、丙種共に3年に1回）。
   ③ 危険物の取扱作業に従事していなかった者が、その後、従事した場合は、<u>従事した日から1年以内に受講すること</u>。
   ④ 従事することとなった日から起算して、過去2年以内に［1］免状の交付を受けている又は［2］講習を受けている場合には、<u>免状交付日又はその受講日以後における最初の4月1日から3年以内に受講すること</u>。
   ⑤ 全国どこの都道府県で行う保安講習であっても受講できる。
2. **保安講習を受講する義務のない者**
   ① 危険物の<u>取扱作業に従事していない危険物取扱者</u>（免状を所持していても、危険物の取扱作業に従事していなければ受講の義務はない）。
   ② 危険物の取扱作業に従事している無資格者。

問14 〈運搬の基準〉

法令上、危険物の運搬について、次のうち誤っているものはどれか。
1. 運搬容器は収納口を上方に向けて積載しなければならない。
2. 運搬容器及び包装の外部に危険物の品名、数量等を表示して積載しなければならない。
3. 危険物を運搬する容器は、摩擦や動揺を起こさないよう運搬しなければならない。
4. 特殊引火物を運搬する場合は、運搬容器を日光の直射から避けるため、遮光性のもので被覆しなければならない。
5. 指定数量の10倍以上の危険物を車両で運搬する場合は、出発地の所轄消防署長に届け出なければならない。

ポイント 危険物の運搬とは、車両等（トラック等）によって危険物を運ぶことをいい、<u>指定数量未満の危険物についても適用される</u>。また、運搬する量にかかわらず、出発地の所轄消防署長等に届け出なければならないという定めはない。

■解説■
○1. 運搬容器は、万が一の蓋の緩み等を考えて、収納口を上方に向けて積載しなければならないと定められている。

○ 2. 運搬容器及び包装の外部に危険物の品名、数量等を表示して積載しなければならないと定められている。
○ 3. 危険物を運搬する容器は、静電気の発生や蓄積を少なくするため、摩擦や動揺を起こさないよう運搬しなければならない。
○ 4. 特殊引火物（ジエチルエーテル等）を運搬する場合は、運搬容器を日光の直射から避けるため、遮光性のもので被覆しなければならないと定められている。
× 5. 指定数量に関係なく危険物を車両で運搬する場合に、出発地の所轄消防署長等に届け出る必要はない。

■解■答■5

キーレッスン　運搬の基準

1. 運搬容器
① 容器の材質は、鋼板、ガラス、プラスチック等が定められている→陶器は使用できない。
② 危険物は、危険性の程度に応じて、危険等級Ⅰなどの表示をすること。

〈危険等級〉（第4類のみを抜粋）

危険等級Ⅰ	第4類	特殊引火物（ジエチルエーテル、二硫化炭素等）
危険等級Ⅱ	第4類	第1石油類（ガソリン等）、アルコール類
危険等級Ⅲ	第4類	上記以外の危険物（灯油、軽油、重油等）

2. 積載方法
① 原則として危険物は、運搬容器に収納して運搬すること。
② 液体の危険物は98％以下の収納率（固体は95％以下）であって、かつ、55℃で漏れないこと。
③ 運搬容器の外部に危険物の品名等を表示して積載すること。
● 記入しなくてよいもの：消火方法、容器の材質（プラスチック、ポリエチレン製）等
④ 収納する危険物に応じた注意事項のポイント
● 第2類の引火性固体……火気厳禁
● 第4類すべて……………火気厳禁
● 第6類すべて……………可燃物接触注意
＊ 上記の3点を覚えれば、ほぼ正解できる。（最近の出題傾向より）
⑤ 運搬容器等が転落、落下、転倒、破損しないように積載すること。
⑥ 運搬容器は、収納口を上方に向けて積載すること。
⑦ 特殊引火物（ジエチルエーテル等）は、遮光性の被覆で覆うこと。

36　第2章　基本テスト

⑧ 危険物を収納した**容器の積み重ね高さは、3m**以下。
⑨ 同一車両で異なった類の危険物を運搬する場合に、混載禁止のものがある。
＊ 第4類は次表両端の**1、6類がダメ**で、その間の**2、3、5類がOK**である。

	第1類	第2類	第3類	第4類	第5類	第6類
第2類	×	―	×	○	○	×
第4類	×	○	○	―	○	×

○：混載OK
×：混載禁止

＊ この表は、指定数量の1/10以下の危険物については、適用しない。

3. 運搬方法
① 運搬容器に著しい摩擦、動揺が起きないように運搬すること。
② 指定数量以上の危険物を運搬する場合は、「危」の標識を掲げ「消火器」を備えること。
③ 運搬中災害が発生するおそれのある場合は、応急の措置をして、最寄の消防機関等に通報すること。
④ 危険物の運搬は、危険物取扱者でなくてもよい。

問15 〈貯蔵・取扱いの基準〉
法令上、製造所等における危険物の貯蔵及び取扱いの技術上の基準について、次のうち正しいものはどれか。
1. 危険物が残存しているおそれのある機械器具等を修理する場合は、危険物を完全に除去しなければならない。
2. 製造所等では火災予防のため、必要な場合も火気を使用してはならない。
3. 危険物のくず、かす等は、1週間に1回以上当該危険物に応じた安全な場所で適当な処置をすること。
4. 位置、構造及び設備の技術上の基準に適合する範囲内ならば、許可又は届出に係わる数量以上の危険物を、随時貯蔵し取り扱うことができる。
5. 廃油等を廃棄する場合は、焼却以外の方法で行うこと。

ポイント 製造所等において危険物を貯蔵し、又は取り扱う場合には数量の多少にかかわらず、法令に定める技術上の基準に従って行わなければならない。
下記キーレッスンの1～4を使って解答する。

■解■説
○1. 危険物が残存しているおそれのある機械器具等を修理する場合は、危険物を完全に除去しなければならないと定められている。

× 2. 製造所等ではみだりに火気を使用してはならないが、**必要な場合の制限はない**。
× 3. 危険物のくず、かす等は、**1週間ではなく1日に1回以上**当該危険物に応じた安全な場所で適当な処置をすることと定められている。
× 4. 位置、構造及び設備の技術上の基準に適合する範囲内であっても、**許可又は届出に係わる数量以上の危険物を、貯蔵し又は取り扱ってはならない**。
× 5. 廃油等を廃棄する場合は、安全な場所で見張人をつければ焼却ができる。
注意：この問題は、1～5項のすべてが答えになる大切な問題である。

■解■答■1

キーレッスン　貯蔵・取扱いの基準（抜粋）

1. **共通基準（第1類～第6類に共通）**
① 許可もしくは届け出された**数量等**を超える危険物、又は届け出された品名以外の危険物を貯蔵し又は取り扱わないこと。
② みだりに火気を使用したり、係員以外の者を出入りさせないこと。
③ 貯留設備又は油分離装置に溜まった危険物は、あふれないように随時くみ上げること。
④ 危険物のくず、かす等は**1日に1回以上廃棄**等の処置をすること。
⑤ 建築物等は、当該危険物の性質に応じた有効な遮光（光をさえぎる）又は換気を行うこと。
⑥ 危険物が残存している設備、機械器具、容器等を修理する場合は、**安全な場所で危険物を完全に除去**した後に行うこと。
⑦ 可燃性の液体、蒸気等が漏れたり滞留するおそれのある場所で、**火花を発する機械器具等を使用しない**こと。
⑧ 危険物を保護液中に保存する場合は、保護液から露出しないようにすること。

2. **類ごとの共通基準（抜粋）**
① 第1類から第6類のすべての類で、「**過熱**」を行ってはならない。

3. **貯蔵の基準（抜粋）**
① 貯蔵所においては、原則として危険物以外の物品を貯蔵しないこと。
② 類を異にする危険物は、原則として同一の貯蔵所で貯蔵しないこと。
③ 屋内貯蔵所においては、**危険物の温度が55℃を超えない**ようにすること。
④ 各タンクの計量口は、**使用時以外は閉鎖**しておくこと。
⑤ 防油堤の水抜口は、水抜きするとき以外は閉鎖しておくこと。

4. **廃棄の技術上の基準**
① **焼却する場合は安全な場所で安全な方法で行い、必ず見張人をつけること**。
② 危険物は、海中や水中に流出又は投下しないこと。

2. 基礎的な物理学・化学

問 16 〈燃焼の仕方〉

燃焼物と燃焼の仕方との組合せとして、次のうち誤っているものはどれか。

1. 木炭の燃焼…………表面燃焼
2. 灯油の燃焼…………蒸発燃焼
3. ガソリンの燃焼………蒸発燃焼
4. セルロイドの燃焼……内部（自己）燃焼
5. 重油の燃焼…………表面燃焼

ポイント　この形式の問題は、蒸発燃焼する第4類の液体の危険物がほぼ80％の確率で答えになっているので、次のように行うと間違いがなく確実に正解できる。

① まず、最初に液体を選ぶ。2項、3項、5項が第4類の危険物で液体である。
② 次に、燃焼の仕方の標記が蒸発燃焼かどうか確認する。
③ 同じ石油製品の灯油やガソリンが蒸発燃焼で、重油だけが表面燃焼と異なっている。よって、誤っているのは重油である。

■解■説■

○1. 木炭の燃焼…………表面燃焼
○2. 灯油の燃焼…………蒸発燃焼○
○3. ガソリンの燃焼………蒸発燃焼○
○4. セルロイドの燃焼……内部（自己）燃焼
×5. 重油の燃焼…………表面燃焼×

注意：5項が誤っているので、当然1〜4項は正しいはずです。危険物では、答えにならない項目もきっちりと読んで○印をすることが大切です。

　　　　　　　　　　　　　　　　　　　　　　　　　　　　■解■答■5

キーレッスン　燃焼の仕方

1. **気体の燃焼**
① **拡散燃焼**：可燃性ガスが連続的に供給され、空気と混合しながら燃焼すること。
　　例　都市ガス、プロパンガス等
② **予混合燃焼**：可燃性ガスと空気あるいは酸素とが、燃焼開始に先立ってあらかじめ混合され燃焼すること。

2. **液体の燃焼**
① **蒸発燃焼**：ガソリン等の可燃性の液体は、液面から蒸発する可燃性蒸気が空気

と混合し燃えている。これを蒸発燃焼という。

注意：液体の燃焼は、内部から燃える内部燃焼や液体の表面で燃える表面燃焼ではない。

　　例　アルコール類、ガソリン、灯油等の第4類危険物すべて。

蒸発燃焼○
表面燃焼×
内部燃焼×
ガソリン
ガソリンは蒸発して燃えるの？

3. 固体の燃焼

① 分解燃焼：可燃物が加熱されて熱分解し、その際発生する可燃性ガスが燃焼する。
　　例　木材、石炭、プラスチック等
② 表面燃焼：固体のまま表面で熱分解を起こさず、空気と接触した部分が燃焼する。
　　例　木炭、コークス等
③ 内部燃焼：分解燃焼のうち、その物質に含有する酸素によって燃焼する（自己燃焼ともいう）。
　　例　ニトロセルロース、セルロイド等
④ 蒸発燃焼：固体を熱した場合、熱分解を起こすことがなくそのまま蒸発してその蒸気が燃焼する。
　　例　硫黄、ナフタリン等

問17　〈燃焼の基礎知識〉

燃焼について、次の文中の下線を引いた箇所で誤っているものはどれか。
「物質が (A) 酸素と化合することを (B) 酸化といい、その結果できる化合物を (C) 酸化物という。物質によってはこの化合が急激に進行して (D) 著しく発熱し、しかも、(E) 必ず発煙を伴う。このことを特に燃焼という。」

1. (A)　2. (B)　3. (C)　4. (D)　5. (E)

燃焼の定義

燃焼とは、熱と光の発生を伴う酸化反応をいう。
炭素の燃焼（式）

$$\text{炭素} \quad \text{酸素} \quad \text{二酸化炭素（酸化物）}$$
$$C + O \longrightarrow CO_2$$

この化学式は、物質（炭素）が酸素と化合（酸化されて＝燃焼している）して二酸化炭素（酸化物）が生じている。

■解■説■

「物質が (A：○) 酸素と化合することを (B：○) 酸化といい、その結果できる化合物を (C：○) 酸化物という。物質によってはこの化合が急激に進行して (D：○) 著しく発熱し、しかも、(E：×) 必ず発煙（発煙ではなく、発光が正しい。）を伴う。このことを特に燃焼という。」

○1．(A)　○2．(B)　○3．(C)　○4．(D)　×5．(E)

■解■答■5

燃焼の基礎知識

1. 燃焼の定義

燃焼とは、熱と光りの発生を伴う酸化反応である。

2. 燃焼の三要素

燃焼の三要素は、①可燃物、②酸素供給源、③点火源（熱源）で、どれか一つでも欠けると燃焼しない。

① 可燃物→ガソリン、エタノール（エチルアルコール）等
② 酸素供給源→空気には約 21％の酸素が含まれており、一般的な酸素供給源である。しかし、酸素供給源は必ずしも空気とは限らない。第1類や第6類（硝酸等）の危険物は、熱などにより含有している酸素を放出して酸素供給源となる。また、第5類の危険物は自分自身が含有している酸素で燃焼する。
③ 点火源→静電気の火花、電気火花、衝撃火花、酸化熱等
※ グラインダーの火花は、鉄の微粒子が摩擦熱により高温となり発光したものである。
※ 気化熱、融解熱は点火源にならない。

2. 基礎的な物理学・化学　41

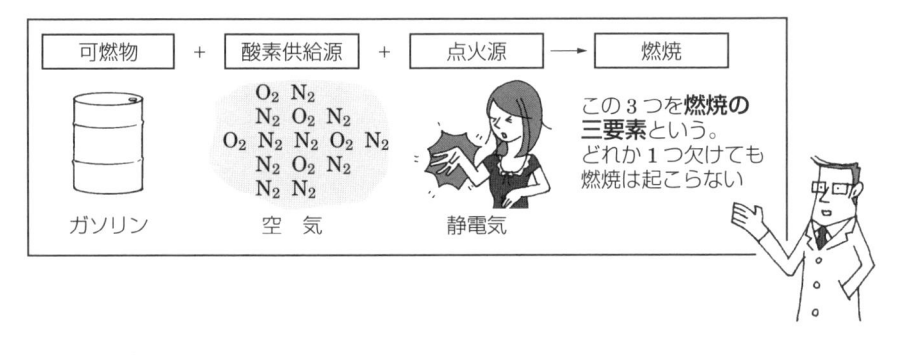

3. 酸素の性質
① 通常は無味、無臭であり、空気中に約 21 vol％含まれる。
② 酸素濃度が高くなると、可燃物（固体、液体、気体）の燃焼は激しくなる。
③ 酸素は燃えない。物質の燃焼を助ける支燃物である。
〈参考〉空気中に約 21 vol％含まれている酸素濃度が一般的に 14 ～ 15 vol％以下になれば、火は自然に消える。

4. 水素、窒素、二酸化炭素の性質
① 水素：可燃物
- 気体のなかでは、最も軽い。
- 可燃性で、無色無臭の気体である。

② 窒素：不燃物
- 空気中に約 78 vol％含まれているが、窒素は可燃物でも酸素供給源（支燃物）でもない。また、水に溶けて消火の際に有効な作用をすることもない。
- タンク等の置換ガスとして使われる。

③ 二酸化炭素：不燃物
- 気体は無色無臭で、空気の約 1.5 倍重い。また、一酸化炭素と比較して、水にかなり溶ける（試験では、「少し溶ける」も OK である）。
- 不燃性で、圧縮により容易に液化する。ヒートポンプ給湯器の冷媒として使われている。

5. 最近の試験問題・他
① 可燃物と不燃物
　　可燃物：一酸化炭素、硫化水素、二硫化炭素、硫黄、炭素
　　不燃物：窒素、二酸化炭素、ヘリウム、三酸化硫黄、五酸化二りん

問 18 〈引火点〉

引火点の説明として、次のうち正しいものはどれか。

1. 可燃物を空気中で加熱した場合、火源がなくても自ら燃え出す最低の温度をいう。
2. 発火点と同じものであるが、この可燃物が気体又は液体の場合は発火点といい、固体の場合は引火点という。
3. 可燃性蒸気の発生量が、燃焼範囲の上限値以上の蒸気を出すときの液体の最低温度をいう。
4. 可燃性液体が空気中で引火するのに、最低の濃度の蒸気を液面上に発生する最低の液温をいう。
5. 可燃物の燃焼温度は燃焼開始時において最も低く、時間の経過とともに高くなっていくが、その燃焼開始時の炎の温度をいう。

ポイント 引火点は、キーレッスン1項の引火点の定義-1、2をキッチリと覚えることが大切である。また、**引火点、発火点、燃焼点**の違いを理解すればバッチリである。

■解■説■

× 1. 可燃物を空気中で加熱した場合、火源がなくても自ら燃え出す最低の温度を引火点ではなく発火点という。
× 2. 引火点と発火点は全く異なるものであり、また、液体か固体かによって呼び方が変わるものではない。
× 3. 燃焼範囲の下限値は引火点というが、上限値以上の蒸気を出すときの液体の最低温度は、一般に引火点とはいわない。
○ 4. 可燃性液体が空気中で引火するのに、最低の濃度の蒸気を液面上に発生する最低の液温を引火点という。（引火点の定義-1である。）
× 5. 引火点は可燃性液体自体の温度であり、燃焼している炎の温度ではない。

■解■答■ 4

キーレッスン 引火点

1. **引火点の定義**
① 引火点とは、可燃性液体が空気中で引火するのに十分な濃度の蒸気を液面上に発生するときの最低の液温（最低の濃度の蒸気と同じ意味）をいう。（定義-1）
② 液面付近の蒸気濃度が、燃焼範囲の下限値（下限界）に達したときの液温が引火点である。（定義-2）
 ・ガソリンの場合は引火点の-40℃（以下）で、燃焼範囲1.4～7.6 vol%の下限値である1.4 vol%の蒸気を発生している。このとき点火源があれば引火する。

2. 引火点のポイント
① 引火点の温度は、気温ではなく危険物の液温である。
- ガソリンは液温が－40℃(以下)で引火するが、灯油は40℃以上(引火点40℃以上)でないと引火しない。
② 引火点が低いほど危険性は大きい
- ガソリン－40℃以下→危険性が大
- 灯油40℃以上→ガソリンに比べて危険性小

3. 引火点と発火点の違い

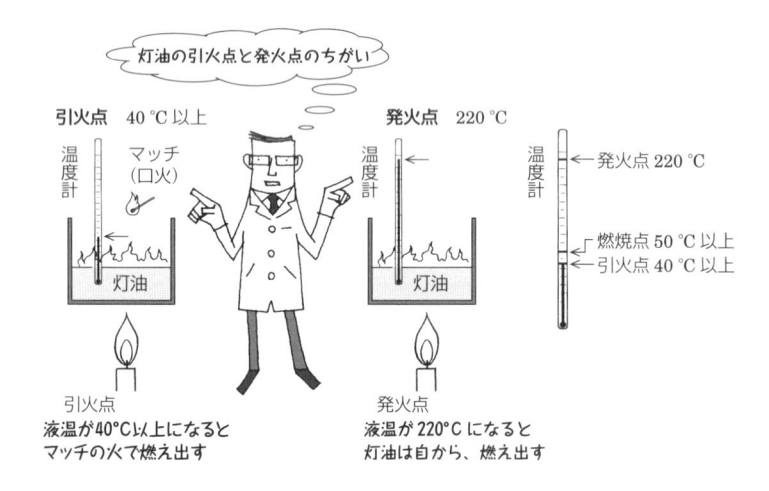

〈試験によく出る危険物の引火点〔℃〕〉

ジエチルエーテル	－45	アセトン	－20	軽油	45以上
ガソリン	－40以下	メタノール	11	重油	60～150
ベンゼン	－11	エタノール	13	ギヤー油	220
トルエン	4	灯油	40以上	シリンダー油	250

問19 〈消火の基礎知識〉

消火剤に関する説明で、次のうち誤っているものはどれか。
1. 二酸化炭素は安定な不燃性ガスで、空気より重い性質を利用した消火剤である。
2. 強化液消火剤は、再燃防止効果がある。
3. ハロゲン化物消火剤は、負触媒として働く効果がある。
4. りん酸塩類の消火粉末は、一般火災及び電気火災に適応するが、油火災には適応しない。
5. 水溶性液体用泡消火剤は、アルコール類の火災に適応する。

ポイント りん酸塩類の粉末（ABC）消火器の特徴

窒息作用、抑制作用（負触媒作用）により、普通火災（A火災）・油火災（B火災）・電気火災（C火災）に使用できる。

■解■説■
○ 1. 二酸化炭素は安定な不燃性ガスで、<u>空気より重い性質を利用した消火剤</u>である。
○ 2. 強化液消火剤は添加された薬剤の効果により、一度消火すると再び燃え出すことがない（再燃防止効果）。→水だけの消火では、再び燃え出すことがある。
○ 3. ハロゲン化物消火剤は車の触媒マフラーとは逆で、負触媒効果により燃焼を化学的に抑制して（火災を小さくして）消火することができる。
× 4. りん酸塩類の消火粉末は別名 ABC 消火器といい、一般火災（A火災）、油火災（B火災）及び電気火災（C火災）とすべての火災に適応する。
○ 5. 水溶性液体用泡消火剤は、アルコール類やアセトン等の水溶性液体の火災に適している。

■解■答■4

キーレッスン 消火の基礎知識

1. 燃焼と消火の関係

消火するには、<u>①可燃物、②酸素供給源、③点火源</u>のうち1つを取り除けばよい。

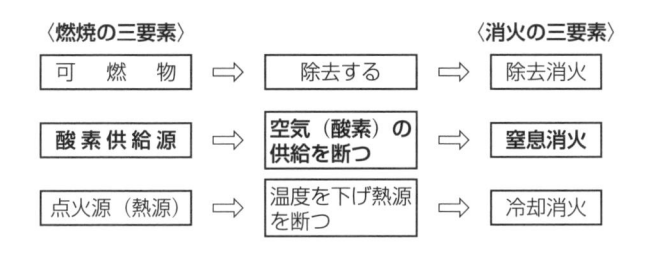

〈燃焼の三要素〉　　　　　　　　　　〈消火の三要素〉

可燃物	⇒	除去する	⇒	除去消火
酸素供給源	⇒	空気（酸素）の供給を断つ	⇒	窒息消火
点火源（熱源）	⇒	温度を下げ熱源を断つ	⇒	冷却消火

2. 消火の三要素

① 除去消火（除去効果）

燃焼の一要素である<u>可燃物を取り去って消火する</u>（点火源と酸素を同時に取るわけではない）。
- ガスの元栓を閉める。　● ローソクの火に息を吹きかけて消す。

② 窒息消化（窒息効果） →第4類に最適

燃焼の一要素である<u>酸素の供給を絶つことによって消火する方法</u>。
- アルコールランプに蓋をして消す。

2. 基礎的な物理学・化学　45

- <u>不燃性の泡、ハロゲン化物の蒸気、二酸化炭素、砂等で燃焼物を覆う。</u>
* 第4類の引火性液体には、最も効果のある方法である。
* 一般に空気中の酸素濃度が14～15％以下になれば、燃焼は停止する。
③ 冷却消火（冷却効果）
- 水や強化液（棒状）消火剤を用いて、燃焼物を冷却して消火する。
* 第4類の引火性液体には効果がないばかりか、水に危険物が浮いて火面が広がり危険性が増すので使えない。
④ 抑制作用（負触媒効果）→第4類に最適
- 油火災にハロゲン化物消火剤、粉末消火剤を用い、<u>抑制作用で消火する。</u>
* 抑制作用とは→車の排ガス中の有害物質は、触媒マフラーで燃焼を促進（触媒作用）して無害化しているが、これとは逆でハロゲン化物消火剤は、負触媒作用により燃焼を化学的に抑制（可燃物と酸素が結び付くのを抑える作用）して火災を小さくして消火している。

3. 消火剤（消火器）の種類と効果

（1）**水**
① <u>水は気化熱（蒸発熱）及び比熱が大きいので冷却効果が大きい。</u>
② <u>水は油火災・電気火災に使用できない</u>→油火災では油が水に浮き、火面を拡大する危険性がある。電気火災に棒状注水すると、感電する。
③ 水は蒸発すると約1700倍に膨張し、空気中の酸素と可燃性ガスを希釈する作用がある。

（2）**強化液**
① 水に炭酸カリウムを加えた濃厚な水溶液で、水の消火力を強化した消火剤である。
② 放射された薬剤の冷却作用により普通火災に適応し、<u>霧状に放射すれば抑制作用（負触媒作用）により油火災、電気火災にも適応する。</u>
③ <u>再燃防止作用があり、一度消火すると再び燃え出すことがない。</u>
④ 凍結温度が約－30℃なので、寒冷地でも使用できる。

（3）**泡**
① 燃焼物を泡で覆って、空気を遮断して窒息消火する。非水溶性（ガソリン等）の油火災には最適の消火剤である。
② 一般の泡消火剤
<u>一般の泡消火剤は、ガソリン、灯油などの消火には最適であるが、水溶性液体（アルコール類、アセトン、酢酸等）に触れると泡が溶けて消えるので消火効果がない。</u>
③ 水溶性液体用泡消火剤
<u>水溶性液体の消火には、水溶性液体用泡消火剤（耐アルコール泡消火剤）を使用する。</u>水に溶けるアルコール類、アセトン等の消火に適している。

④ 電気火災には、感電する危険があるので使用できない。

（4）**二酸化炭素**
① 二酸化炭素（炭酸ガス）は、<u>空気より重い</u>ので燃焼物を覆い窒息消火する。
② <u>室内では、人を退出させて使用する</u>→酸欠により窒息死のおそれがある。
③ <u>消火後の汚損が少ない。</u>→粉末消火剤や泡消火剤のように機器類を汚損しない。

（5）**ハロゲン化物**
① 放射されると蒸発し不燃性ガスとなって燃焼物を覆い、<u>窒息及び抑制作用（負触媒作用）により油火災及び電気火災に適応する。</u>
② ハロン1301等の消火器があり、薬剤としてふっ素や臭素が使われている。よう素は使われていない。

（6）**粉末**
① りん酸塩類の粉末（**ABC**）消火器
<u>窒息作用、抑制作用（負触媒作用）により、普通火災（**A**火災）・油火災（**B**火災）・電気火災（**C**火災）に使用できる。</u>
② 炭酸水素塩類の消火器
窒息作用、抑制作用により油火災・電気火災に使用でき、普通火災には使用できない。

4. 消火剤と適応火災のまとめ

		普通火災（A火災）	油火災（B火災）非水溶	油火災（B火災）水溶性	電気火災（C火災）	消火効果	消火薬剤
1. 棒状の水		○	×	×	×	冷却	水
2. 強化液消火剤	棒状	○	×	×	×	冷却・再燃防止	炭酸カリウム
	霧状	○	○	○	○	抑制	
3. 泡消火剤	一般	○	○	×	×	窒息・冷却	炭酸水素ナトリウム硫酸アルミニウム等
	水溶性液体用	−	−	○	−		−
4. 二酸化炭素消火剤		×	○	○	○	窒息	二酸化炭素
5. ハロゲン化物消火剤		×	○	○	○	窒息・抑制	ハロン1301等
6. 粉末消火剤（りん酸塩類）		×（○）	○	○	○	窒息・抑制	炭酸水素塩類（りん酸塩類等）

○印は使用できる　×印は使用できない

〈二酸化炭素消火器による窒息消化〉

問20 〈燃焼の難易〉

危険物の性質について、燃焼のしやすさに直接関係のないものは、次のうちどれか。
1. 引火点が低いこと。
2. 発火点が低いこと。
3. 酸素と結合しやすいこと。
4. 燃焼範囲が広いこと。
5. 気化熱が大きいこと。

ポイント 気化熱（蒸発熱）や比熱の大きい水は、冷却効果が大きいため消火に利用される。したがって、気化熱や比熱は、燃焼の難易に関係しない。

■解■説■
○1. 引火点が低いガソリン（−40℃以下）は、重油（60〜150℃）に比べて引火しやすく危険である。
○2. 発火点が低い二硫化炭素（90℃）は、ガソリン（約300℃）に比べて発火しやすく危険である。
○3. 酸素と結合しやすい第4類の危険物は、燃焼しやすく危険である。
○4. 燃焼範囲が広い特殊引火物のジエチルエーテルや二硫化炭素は、狭いガソリンや灯油に比べて危険性が大きい。
×5. 気化熱が一番大きい水は、燃焼しないので燃焼のしやすさに関係がない。

■解■答■5

キーレッスン　燃焼の難易

1. 燃焼しやすい条件
① 酸化されやすいものほど燃えやすい。
- マグネシウム、アルミニウム→酸化されやすく燃えやすい。
- 金、白金　　　　　　　　　→酸化されにくく燃えない。

② 空気との接触面積が大きいものほど燃えやすい。
- 丸太に比べて細かく割った薪や霧状の液体は、空気との接触面積が大きくなり燃えやすい。

③ 熱伝導率が小さいものほど燃えやすい。
- 熱伝導率が小さい→熱が伝わりにくいので、加熱された部分の温度が上がり燃えやすくなる。
- 熱伝導率が大きい→熱が伝わりやすいので、加熱部分の熱が逃げて温度が上がりにくく燃えない。

④ 発熱量（燃焼熱）が大きいものや、周囲の温度が高いものほど燃えやすい。
⑤ 乾燥している（水分の含有量が少ない）ものほど燃えやすい。
- 乾燥度が高い冬は、湿度が低く火災が起こりやすい。

⑥ 沸点が低い（蒸発しやすい＝揮発しやすい）ものほど危険である。
- 灯油より沸点の低いガソリンは、蒸発しやすく危険である。

⑦ 固体の可燃物は細かく砕くと燃えやすくなる。
- 細かく砕いた金属（アルミニウム粉等第2類の危険物）は、空気との接触面積が大きくなるのと見かけ上の熱伝導率が小さくなり燃えやすい。

⑧ 可燃性液体は、噴霧状（霧状）にすると燃えやすくなる。
＊　ガソリン等を噴霧状にしても、摩擦熱により液温が上昇することはない。

⑨ 酸素濃度が高くなれば、固体、液体、気体すべて燃焼は激しくなる。
- 酸素濃度を14～15%と薄くすると、燃焼は継続しなくなり消火できる。逆に高く（濃く）すると燃焼は激しくなり、危険性が増す。

2. 燃焼しにくい条件
① ハロゲン元素の燃焼への影響
- ハロゲン元素のうちふっ素や臭素は、消火器の薬剤として使われており、空気に混合されれば燃焼しにくくなる。

3. 燃焼の難易に関係しない事項
① 気化熱が大きい：液体では水の気化熱（蒸発熱）が一番大きいが、燃焼の難易に関係がない。
② 体膨張率：体膨張率の大小は、燃焼の難易に関係ない。

問 21 〈静電気〉

静電気について、次のうち誤っているものはどれか。
1. 静電気は、導電性の高いものほど蓄積しやすい。
2. 静電気は、物体の摩擦等によって発生する。
3. 静電気は、湿度が低いほど発生しやすく帯電する。
4. ナイロンなどの合成繊維の衣服は、木綿のものより静電気が発生しやすい。
5. 静電気による火災では、燃焼物に対応した消火方法をとる。

ポイント 電気の不導体（不良導体）や絶縁体（プラスチック、ガラス等＝電気が流れないもの）を摩擦すると、その物体に静電気が発生し帯電する。静電気が蓄積すると火花放電を起こし点火源となる。

■解■説■

× 1. 静電気は、導電性の高い金属や水溶性の危険物（アルコール等）には蓄積しにくい。
○ 2. 静電気は、物体（プラスチック、化繊等＝不導体）の摩擦等によって発生する。
○ 3. 湿度が低い冬季は、静電気が発生しやすく帯電しやすい。
○ 4. ナイロンなどの合成繊維の衣服は、木綿のものより静電気が発生しやすい。
○ 5. 静電気の火花放電が原因でガソリンが燃えた場合は、電気火災用ではなく油火災用の消火器を使う。

■解■答■ 1

キーレッスン 静電気

1. 静電気の発生と蓄積
① 静電気は、固体、液体、気体、人体等に発生し帯電する。
② 不導体（不良導体）や絶縁体のほうが静電気が発生しやすい。電気の流れない物質に発生し帯電する。
③ ガソリン等（非水溶性）は発生し、水溶性のアルコール等は発生しない。
④ 湿度が低い（乾燥している冬季等）ほど静電気が発生しやすく、蓄積しやすい。
⑤ ナイロンやポリエステル等の合成繊維や毛糸は、木綿より静電気が発生しやすい。
⑥ 流速が速い場合や流れが乱れると、静電気が発生しやすい。
⑦ 静電気が蓄積すると火花放電して点火源となる。
注意：静電気が蓄積しても分解や電気分解作用は起こらない。また、発熱や蒸発したりしない。
　　：ガソリン等の危険物が直射日光に長時間さらされたとしても、静電気は発生

しない。

静電気が 発生する 蓄積する	不導体、 不良導体、 絶縁体という	化繊＝合成繊維（ナイロン・ポリエステル等）・毛糸 ・ガラス・プラスチック ・ガソリン・灯油・軽油・ベンゼン等の第4類の非 水溶性危険物
静電気は 発生しにくい 蓄積しにくい	導体、 良導体という	鉄・銅・アルミニウム・銀・金などの金属や水等 エチルアルコール・アセトン（水に溶ける）等の 第4類の水溶性危険物

2. **静電気の防止策**

　　　　　〈正しい防止策〉　　　　　　　　　〈誤っている防止策〉
① ○流速を遅くして防止する（加圧しない） →×流速を早くして防止する（余計に静電気が発生して危険である）。
② ○接地（アース）して防止する →×絶縁して防止する（アース線を外す）。
③ ○湿度を高くして防止する（梅雨か夏） →×湿度を下げて防止する（空気が乾燥した冬の状態で余計に危険である）。

3. **伝導性（電気伝導性）・電気絶縁性と静電気の関係**

A. **伝導性（電気伝導性）**（最近の試験問題より）
① 静電気を防止するために、電気伝導性を大きくする。　　　　　　　　答：○
　→電気を流れやすくすれば、静電気が逃げて帯電がなくなり災害の防止になる。
② 銅等伝導性のものを使用　　　　　　　　　　　　　　　　　　　　答：○
　→給油ホースに銅線を巻き込んでアースする。

B. **電気絶縁性**（最近の試験問題より）
① 静電気を防止するために、電気絶縁性を大きくする。　　　　　　　　答：×
　→絶縁性を大きくすると、静電気が逃げにくくなるので、帯電して火花放電し火災が発生する等のおそれがある。
② ガソリンスタンドの従業員は
● ガソリンスタンドの従業員は、帯電防止服、帯電防止靴を着用する。　答：○
● 絶縁性の大きい靴を使用する。　　　　　　　　　　　　　　　　　　答：×
● 服や靴は、合成繊維の素材を使用する。　　　　　　　　　　　　　　答：×
→合成繊維の素材は、絶縁性が大きく静電気が発生し帯電しやすい。

問22 〈単体・化合物・混合物〉

化合物と混合物について、次のうち誤っているものはどれか。
1. 空気は、主に窒素と酸素の混合物。
2. ガソリンは、種々の炭化水素の化合物。
3. 食塩水は、水と塩化ナトリウムの混合物。
4. 水は、水素と酸素の化合物。
5. 二酸化炭素は、炭素と酸素の化合物。

ポイント　危険物はその分子式や構成元素を見ると、単体、化合物及び混合物に分けることができる。この種の問題では、95％の確率で石油製品（ガソリン、灯油等）、空気、食塩水等の混合物が答えになる場合が多い。（最近の出題傾向より）

■解■説■

○1. 空気は酸素と窒素の混合物である。（$O_2 + N_2$）
×2. ガソリンは、種々の炭化水素（炭素と水素からなる物質）の化合物ではなく混合物である。
○3. 食塩水は、水と塩化ナトリウムの混合物である。（$H_2O + NaCl$）
○4. 水は酸素と水素の化合物である。（H_2O）
○5. 二酸化炭素は、酸素と炭素の化合物である。（CO_2）

■解■答■2

キーレッスン　単体・化合物・混合物

1. **単体**→1種類の元素からできている物質
   酸素（O_2）、水素（H_2）、炭素（C）、**硫黄（S）**、窒素（N_2）、ナトリウム（Na）等
2. **化合物**→2種類以上の元素からできている物質
   水（H_2O）、塩化ナトリウム＝食塩（NaCl）、エチルアルコール（C_2H_5OH）、二酸化炭素（CO_2）、硝酸（HNO_3）等
3. **混合物**→2種類以上の物質が単に混じり合ったもの
   $O_2 + N_2$　　　　$NaCl + H_2O$
   空気（酸素＋窒素）や食塩水（食塩＋水）
   その他の混合物：ガソリン、灯油、軽油、重油等の石油（石油製品）

問 23 〈比重と密度〉

比重についての問題で、次のうち誤っているものはどれか。

1. 水の比重は、4℃のときが最も大きい。
2. 氷の比重は、1より小さい。
3. ガソリンが水に浮かぶのは、ガソリンが水に不溶で、かつ、比重が1より小さいからである。
4. 第4類の危険物の蒸気の比重は、1より小さいものが多い。
5. 物質の蒸気比重は、分子量の大小で判断できる。

ポイント

比重には、液体の比重（液比重）と気体の比重（蒸気比重）とがある。
第4類の危険物の比重（液比重を指す）は、1より小さい（標準の水より軽い）ものが多い。また、蒸気の比重（標準の空気は1）は、全部1以上で空気より重い。

解説

○ 1. 水の比重は4℃のときが最も大きく、0℃でも100℃でもそれより小さい。
○ 2. 氷は0℃以下なので、比重は必ず1より小さい。
○ 3. ガソリンが水に浮かぶのは、ガソリンが水に不溶で、かつ、比重が1より小さいからである（ガソリンを始め石油製品は、水に溶けない非水溶性危険物である）。
× 4. 第4類の危険物の蒸気の比重は、全部1より大きいので誤っている。
○ 5. 二酸化炭素（CO_2）の分子量は44であるが、この分子量の大小で蒸気比重（気体の比重）が重い、軽いの判断ができる。

解答 4

キーレッスン　比重と密度

1. 液体（固体）の比重

① 標準の水の比重は→ **1.0**（4℃のときが一番大きい。）
② 液比重が **0.75** のガソリンは、水の **0.75** 倍の重さ（水よりも軽いので浮く→非水溶性物質が条件）。
③ 比重が水より重いもの一覧（試験に関連するもの）

水に溶けない危険物		水に溶ける危険物	
二硫化炭素	**1.3**	酢酸	1.05
ニトロベンゼン	1.2	エチレングリコール	1.1
クロロベンゼン	1.1	グリセリン	1.3

④ 水の比重

0℃	0.999
4℃	**1.000**
20℃	0.998
100℃	0.958

2. 気体（蒸気）の比重
① 標準の空気の比重→1.0
② 蒸気比重（気体の比重）が3〜4のガソリンは、空気より重いので低いところに滞留し危険である。
③ 第4類の危険物の蒸気比重→すべて1以上で空気より重い。

3. 図による比重の概要

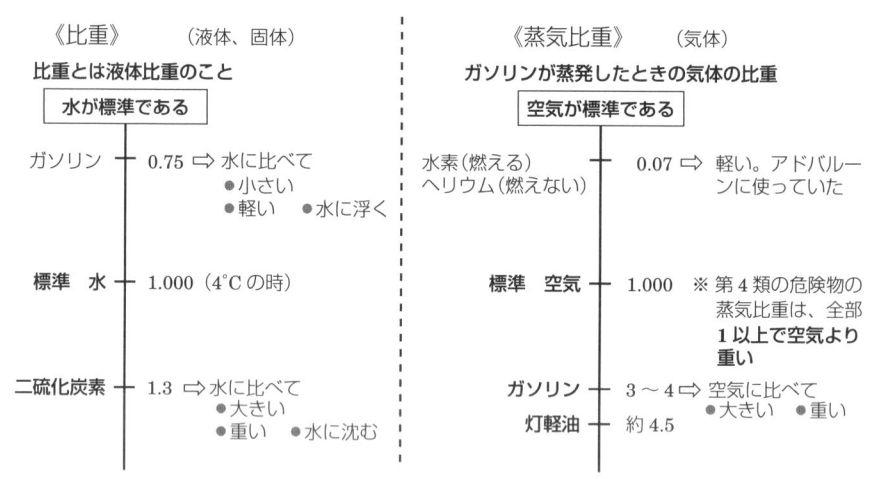

〈誤給油〉

燃料油の抜取り作業時には要注意。
蒸気は空気より重いので周辺は可燃性蒸気で一杯なんだ

ピット

《比重》　（液体、固体）
比重とは液体比重のこと
水が標準である

ガソリン	0.75 ⇨	水に比べて ●小さい ●軽い ●水に浮く
標準　水	1.000（4℃の時）	
二硫化炭素	1.3 ⇨	水に比べて ●大きい ●重い ●水に沈む

《蒸気比重》　（気体）
ガソリンが蒸発したときの気体の比重
空気が標準である

水素（燃える）ヘリウム（燃えない）	0.07 ⇨	軽い。アドバルーンに使っていた
標準　空気	1.000	※第4類の危険物の蒸気比重は、全部**1以上で空気より重い**
ガソリン	3〜4 ⇨	空気に比べて ●大きい ●重い
灯軽油	約4.5	

- ガソリンの蒸気は空気の3〜4倍重いので、地面に沿って低く遠くへ流れる。
- くぼみがあると滞留する。このため、低所の換気をして高所に排出する。

問24　　　　　　　　　　　　　　　　　　　〈物理変化・化学変化〉

次のA〜Eの変化で、化学変化はいくつあるか。
A. ドライアイスを放置したら小さくなった。
B. 鉄がさびて、ぼろぼろになった。
C. 紙が濃硫酸に触れて黒くなった。

D． 氷がとけて水になった。
　　E． ナフタリンが昇華した。
1． 1つ　　2． 2つ　　3． 3つ　　4． 4つ　　5． 5つ

ポイント　物質の三態の変化（気化、液化、融解、昇華等）は、すべて物理変化と覚えると答えが出る問題です。物質の三態は、「p.196 問 24 のキーレッスン」を確認しよう！

■解■説■
×A． ドライアイスを放置したら小さくなった。→物質の三態の変化で物理変化
○B． 鉄がさびて、ぼろぼろになった。→燃える、さびるは酸化なので、化学変化
○C． 紙が濃硫酸に触れて黒くなった。→化学変化
×D． 氷がとけて水になった。→融解は物質の三態の変化で物理変化
×E． ナフタリンが昇華した。→物質の三態の変化で物理変化
×1． 1つ　　○2． 2つ　　×3． 3つ　　×4． 4つ　　×5． 5つ

■解■答■2

キーレッスン　物理変化・化学変化

1. **物理変化**
形や大きさが変化するだけで、本質は変化しない。（元に戻りやすい変化）
① 物質の三態の変化→氷が融けて水になる。ドライアイスが昇華する。
② 原油を蒸留してガソリンや灯油、軽油を造る。
③ ガソリンが流動して静電気が発生した。
④ ニクロム線に電気を通じると赤熱する。
⑤ 弾性限界までバネが伸びきった。

2. **化学変化**
性質の異なるまったく別な物質になること。（元に戻りにくい変化）
① 木炭が燃焼して二酸化炭素ができた。（化合、酸化）
② ガソリンやアルコール等が燃焼して、二酸化炭素と水蒸気（水）が発生した。（化合、酸化）
③ 鉄が空気中でさびて、ぼろぼろになる。（化合、酸化）
④ 紙が濃硫酸に触れて黒くなる。
⑤ 乾性油（アマニ油、キリ油）が空気中で徐々に硬化した。（化合、酸化）
⑥ 塩酸と亜鉛を接触させたら水素が発生した。（化合）

2．基礎的な物理学・化学　　55

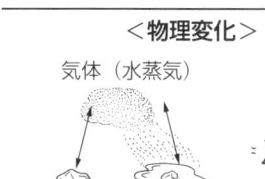

<物理変化>
気体（水蒸気）
固体（氷）　液体（水）
物質の三態
本質は変わらない

静電気

<化学変化>
二酸化炭素（CO$_2$）や水（H$_2$O）などへ変化
ガソリンの燃焼
性質が全く異なる物質になる

問25 〈酸化と還元〉
次のうち酸化反応でないものはどれか。
1. ガソリンが燃焼して、二酸化炭素と水蒸気になる。
2. ドライアイスが周囲から熱を奪い気体になる。
3. 鉄が空気中でさびて、ぼろぼろになる。
4. 炭素が不完全燃焼して、一酸化炭素になる。
5. 化合物から水素が奪われる。

ポイント　物質が燃えたりさびるのは、全部酸化（酸化反応）である。

■解■説■
○1. ガソリンが**燃焼**して、二酸化炭素と水蒸気になる。→ガソリンが燃焼しているので酸化である。
×2. ドライアイスが周囲から熱を奪い気体になる。→昇華した状態である。ドライアイスは、燃焼したりさびたりしないので酸化ではない。
○3. 鉄が空気中でさびて、ぼろぼろになる。→鉄がさびているので、酸化である。
○4. 炭素が**不完全燃焼**して、一酸化炭素になる。→不完全燃焼も酸化である。
○5. 化合物から水素が奪われる。→水素が奪われる反応は、酸化である。

　　　　　　　　　　　　　　　　　　　　　　　　　　　■解■答■2

キーレッスン　酸化と還元・他

1. 酸化→酸素が増える反応
① 物質が酸素と化合すること又は、水素化合物が水素を失うこと。
② 炭素が燃えて二酸化炭素になる。　C + O$_2$ ⟶ CO$_2$

木炭→一酸化炭素　　C + 1/2O$_2$ ⟶ CO
③　ガソリンが燃焼して二酸化炭素と水蒸気になる。
④　鉄を放置しておいたらさびた。
注意：物質が燃えたりさびるのは、全部酸化である。
2.　**還元→酸素が減る反応**
①　酸化物が酸素を失うこと又は、物質が水素と化合する反応。
二酸化炭素が赤熱した木炭に触れて一酸化炭素になった。

$$CO_2 + C \xrightarrow{酸化} CO + CO \quad (還元)$$

解説：二酸化炭素（CO$_2$）が一酸化炭素（CO）になる（酸素が1個少なくなる）反応は、還元（反応）である。

3.　**酸化と還元の同時性**
上記2.において、二酸化炭素（CO$_2$）は還元されて一酸化炭素（CO）になっているが、炭素（C）は酸化されて一酸化炭素になっている。
一般に一つの反応で、酸化と還元は同時に起こる。

3. 性質・火災予防・消火の方法

問26　〈危険物の類ごとの性質〉
危険物の類ごとの性状について、次のうち正しいものはどれか。
1.　第1類の危険物は、還元性の強い固体である。
2.　第2類の危険物は、酸化されやすい可燃性の固体である。
3.　第3類の危険物は、水と反応しない不燃性の液体である。
4.　第5類の危険物は、強い酸化性の固体である。
5.　第6類の危険物は、可燃性の固体である。

ポイント　第1類から第6類の概要を早く覚えることが大切である。
①　危険物概要の覚え方（キーレッスン「1.危険物の概要」表の点線を引いた部分を覚える。）
1固燃えない→第1類は固体で燃えないと読む。
ふりがなの様な読み方で、何度も読んで覚えよう！

> 1 固燃えない。2 固可燃性。3 固液体禁水、自然。
> 4 液引火で、5 自己固液。6 液酸化で燃えない硝酸。
>
> 固：固体　　液：液体　　　禁水：禁水性物質
> 自然：自然発火性物質　　　引火：引火性物質
> 自己：自己反応性物質　　　酸化：酸化性物質

2 固可燃性とは、第2類は固体で可燃性と読む。
5 自己固液とは、第5類は自己反応性物質で固体と液体があると読む。

■解■説■

× 1. 第1類の危険物は、還元性ではなく酸化性（強酸化剤）の固体である。
○ 2. 第2類の危険物は、酸化されやすい（燃焼しやすいと同じ意味）可燃性の固体である。
× 3. 第3類の危険物は、水と反応する禁水性物質が含まれており、固体、液体である。
× 4. 第5類の危険物は、自己反応性物質で、可燃物と酸素とが共存する固体と液体である。
× 5. 第6類の危険物は、不燃性で酸化性の液体である。

■解■答■2

キーレッスン　危険物の類ごとの性質

1. 危険物の概要

〈第1類～第6類の概要〉

類別	性質	性質の概要
第1類	酸化性固体（不燃性）	そのもの自体は燃えない。他の物質を酸化させる酸素を多量に含有しており、加熱、衝撃等により酸素を放出して激しい燃焼を起こさせる
第2類	可燃性固体	火炎により着火しやすい、又は比較的低温で引火しやすい可燃性固体である
第3類	自然発火性物質及び禁水性物質	固体又は液体。空気にさらされると自然に発火し、又は水と接触すると発火若しくは可燃性ガスを発生する
第4類	引火性液体	引火性を有する液体
第5類	自己反応性物質	固体又は液体。可燃物と酸素が共存し、加熱分解等により、比較的低い温度で多量の熱を発生し、又は爆発的に反応が進行する（内部燃焼する）

類別	性　質	性質の概要
第6類	酸化性液体 （不燃性）	酸化で燃えない硝酸。そのもの自体は燃焼しない液体で、混在する他の可燃物の燃焼を促進する性質を持っている（**強酸化性液体**）

注意：第1類〜第6類の概要の覚え方は、**まず第一に、不燃性の危険物が第1類と第6類にあると**覚えるのがポイントである。次いで、**答えによくなる第5類の特長を覚える。他に3類を覚えるのが大切である**（最近の出題傾向より）。

2. 最近の試験問題

① 引火性液体の燃焼は常に分解燃焼であるが、引火性固体の燃焼は主に表面燃焼である。　　　　　　　　　　　　　　　　　　　　　　　　　　　　　答：×
→両方とも蒸発燃焼である。

② 保護液として水、二硫化炭素、メチルアルコールを使用するものがある。　答：×
→保護液として水（二硫化炭素の保護液）は使うが、二硫化炭素（蒸気は有毒）やメチルアルコールを保護液として使用することはない。

③ 同一類の危険物の適応消火薬剤及び消火方法は、同じである。　　　　　答：×
→第4類のガソリン（非水溶性→泡消火剤）とアルコール類（水溶性→水溶性液体用泡消火剤）の適応消火薬剤及び消火方法は、異なる。

④ 不燃性の液体（第6類）及び固体（第1類）で、酸素を放出し燃焼を助けるものがある。　　　　　　　　　　　　　　　　　　　　　　　　　　　答：○

⑤ 危険物は1気圧、常温（20℃）において、気体、液体及び固体のものがある。
　　　　　　　　　　　　　　　　　　　　　　　　　　　　　　　　　答：×
→危険物は液体及び固体のみであり、気体の水素ガスやプロパンは、消防法上の危険物ではない。

⑥ 危険物には、単体（硫黄等）、化合物（アルコール等）及び混合物（ガソリン等）の3種類がある。　　　　　　　　　　　　　　　　　　　　　　　　答：○

⑦ 液体の危険物の比重は1より小さいが、固体の危険物の比重はすべて1より大きい。　　　　　　　　　　　　　　　　　　　　　　　　　　　　　　答：×
→液体、固体ともに比重は、1以上のものもあり1以下のものもあるので誤っている。

問 27 〈第 4 類に共通する特性〉

第 4 類の危険物の性状として、次のうち誤っているものはどれか。
1. 引火性の液体である。
2. 発火点は、ほとんどのものが 100℃ 以下である。
3. 引火の危険性は、引火点の低いものほど高い。
4. 液体の比重は、1 より小さいものが多い。
5. 非水溶性のものは、静電気が蓄積しやすい。

ポイント 発火点の特に低い危険物は、特殊引火物の二硫化炭素（90℃）である。石油製品を含め、他の危険物はすべて 100℃ 以上である。

■解■説■
○ 1. 第 4 類の危険物は、すべて引火性の液体である。
× 2. 発火点が 100℃ 以下のものは、二硫化炭素 90℃ のみである。
○ 3. 引火点が低いガソリン（−40℃ 以下）は、高いギヤー油（220℃）より引火の危険性は高い。→静電気の放電火花で、火災が起こりやすい。
○ 4. 液体の比重は、水より軽く 1 より小さいものが多い。
○ 5. 非水溶性のガソリン、灯油等は、水溶性のアルコール等より静電気が発生し、蓄積しやすい。

━━━━━ ■解■答■ 2

キーレッスン 第 4 類に共通する特性

1. **引火性の液体である**
① 第 4 類の危険物はすべて可燃物（可燃性）であり、常温（20℃）でほとんどのものが液状である。
② 沸点の低い危険物は可燃性蒸気が発生しやすく、引火点も低く危険性が高い。
  * ジエチルエーテル　　沸点：35℃　引火点：−45℃
③ 引火点の低い危険物は、引火しやすく危険である。
  * ガソリン　　引火点：−40℃ 以下で低く、厳冬の北海道（−25℃）でも引火する。
④ 引火点の低い危険物は、発火点も低いとは限らない。
  * 二硫化炭素　　　　引火点 −30℃ 以下　　発火点 90℃ で低い
    酸化プロピレン　　引火点 −37℃　　　　発火点 449℃ で高い
⑤ 引火点と燃焼点の関係
  * 一般に燃焼点は引火点より約 10℃ 程高い。

⑥ 燃焼範囲の広い危険物は、危険性が大きい。
* 二硫化炭素　　1.3～50.0 vol%　　アセトアルデヒド　4.0～60.0 vol%
　ガソリン　　　1.4～7.6 vol%（参考）
⑦ 燃焼範囲の下限値が低い危険物は、危険性が大きい。
* 二硫化炭素　　1.3～50.0 vol%　　軽油　1.0～6.0 vol%
⑧ 危険物が霧状の場合は、空気との接触面積が大きく燃えやすくなり危険性が増大する。

2. 発火点の低いものがある

① 発火点の低い危険物は、発火しやすく危険性が大きい。
* 二硫化炭素　　発火点：**90℃**　第4類で一番低く、発火しやすい。

3. 液比重は1より小さく、水に溶けないものが多い

① 液比重が1より小さく水より軽いものが多い。→火災時に水関係の消火器（棒状の水、棒状の強化液）を使用すると、消火できないばかりか消火液の上に燃えている危険物が浮いて火面が広がり危険性が増す。
* 水より重い危険物
　二硫化炭素 1.3　　クロロベンゼン、酢酸、グリセリン
② 水に溶けないものが多い。（非水溶性）
* 次の水に溶ける危険物を覚えるのがポイント。
　アセトアルデヒド、酸化プロピレン、アセトン、メタノール（メチルアルコール）、エタノール（エチルアルコール）、酢酸
③ 水溶性の危険物は、水で希釈して濃度を薄くすると蒸気圧は低くなる。また、引火点は高くなり引火しにくくなる。（最近の出題傾向より大切な項目）

ガソリンは水より軽い　　可燃性蒸気は空気より重い

4. 蒸気比重は1より大きい

① 蒸気比重はすべて**1より大きい（空気より重い）**。
　→蒸気はくぼみや低所に滞留し、又低いところへ流れる。
② このため、遠く離れた場所（特に風下側）にある火源により引火する危険性がある。
③ 石油製品の場合、蒸気比重が大きい危険物は液比重が大きく引火点が高い。
* ギヤー油：蒸気比重が大きい　　液比重0.90で大きい　　引火点220℃で高い

5. **静電気が発生しやすい**
① 第4類の危険物は、非水溶性（水に溶けない）で電気の不導体（絶縁体）であるものが多く、静電気が発生し蓄積（帯電）しやすい。静電気の放電火花により引火することがある。
＊ 静電気が発生しない（帯電しない）危険物→エタノール（エチルアルコール）、アセトン等の水溶性危険物。
② 給油ノズルの流速を遅くすると、静電気の発生は少なくなる。

6. **色・臭気・透明等**
① 無色・無臭の判断は？
● 無色無臭と出れば、すべて誤っている。
● 無色で刺激臭、果実臭等と具体的な言葉が出れば、すべて正しい。
② 無色透明の判断は？
● 無色透明と出れば、石油製品以外の危険物であれば、すべて正しい。

問28 〈第4類に共通する火災予防の方法〉
第4類危険物に共通する火災予防の方法として、次のうち不適切なものはどれか。
1. 危険物を取り扱う場所では、みだりに火気を使用しない。
2. 可燃性蒸気が滞留するおそれのある場所での電気機器は、防爆構造のものを使用する。
3. 危険物が入っている容器は、熱源を避けて貯蔵する。
4. 静電気による災害が発生するおそれのあるものの詰替え作業の際には、容器を電導性のよい床上に置くか、又は接地する。
5. 室内で取り扱うときは、低所よりも高所の換気を十分に行う。

ポイント 第4類の危険物の蒸気比重（空気＝1）は、全部1以上で空気より重く低所に滞留する特性がある。このため低所の換気をして、高所に排出することが大切なポイントである。

■解■説■
○1. 第4類の危険物は引火性の液体で引火点の低いものが多いので、危険物を取り扱う場所ではみだりに火気を使用しない。
○2. 可燃性蒸気が滞留するおそれのある場所での電気機器は、防爆構造のものを使用すると定められている。
○3. 危険物が入っている容器は、ヒーター等の熱源を避けて貯蔵する。

○ 4. ガソリン、灯油など静電気による災害が発生するおそれのあるものの詰替え作業では、静電気除去のため容器を電導性のよい床上に置くか、又は接地する。
× 5. 室内で取り扱う場合は、蒸気が重く低所に滞留するため、高所よりも低所の換気を十分に行う必要がある。

■ 解 ■ 答 ■ 5

第4類に共通する火災の予防

1. 蒸気を発生させない
① 炎、火花、高温体等との接近又は加熱を避けるとともに、みだりに蒸気を発生させない。高温体とは？→真っ赤に焼けた鉄の塊を想像して解答する。
② 二硫化炭素を水槽に入れ水没貯蔵する理由は？→**可燃性蒸気(有毒)**の発生を防ぐ。

2. 容器は密栓して冷所に貯蔵する
① 液温が上がると引火の危険性が生じるため冷所に貯蔵する。
② 密栓する場合は液漏れを防ぐために、容器の上部に十分な空間をとる。
③ 通気口つきの貯蔵容器
　使用 OK →第6類の過酸化水素のみ
　使用 NO →メチルエチルケトン、灯油等（通気口から可燃性の蒸気が漏れて危険性が増す。）

3. 可燃性蒸気の排出は高所へ
① 可燃性蒸気は空気より比重が重く低所に滞留することから、低所の蒸気を高所に排出する。

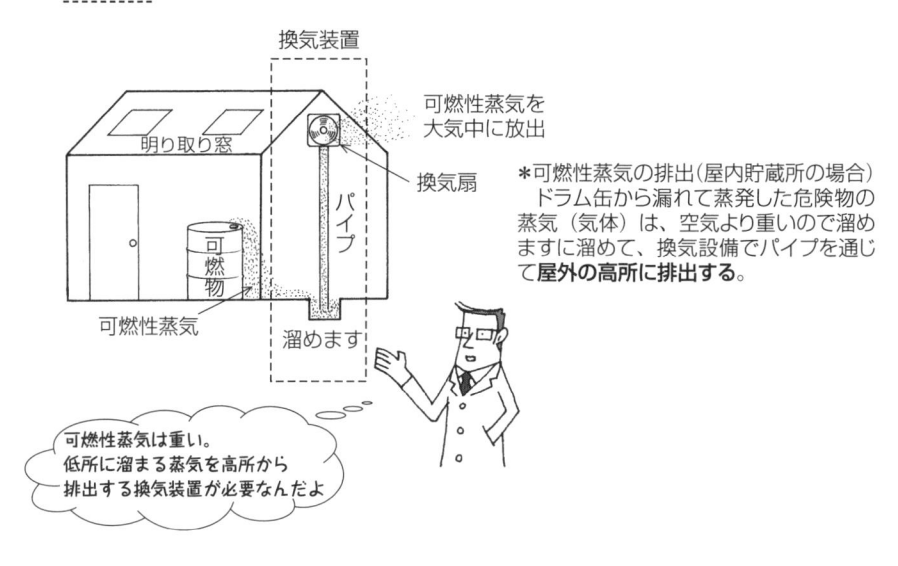

＊可燃性蒸気の排出(屋内貯蔵所の場合)
ドラム缶から漏れて蒸発した危険物の蒸気（気体）は、空気より重いので溜めますに溜めて、換気設備でパイプを通じて**屋外の高所に排出する。**

可燃性蒸気は重い。低所に溜まる蒸気を高所から排出する換気装置が必要なんだよ

3. 性質・火災予防・消火の方法

② 蒸気の滞留を防ぐため通風や換気を行う。→発生する蒸気を燃焼範囲の下限値以下にする。
③ 可燃性蒸気が滞留するおそれのある場所では、火花を発生する機械器具を使用しない。また、電気設備は、防爆構造のものを使用する。

4. 静電気の蓄積防止策
① 静電気が発生し帯電しやすいホース、配管、タンク、タンクローリー等は、<u>接地（アース）をして静電気の帯電を防止する（逃がす）</u>。
② 灯油等粘性の低い危険物は、静電気が発生しやすいので激しい動揺又は流動を避ける。
③ <u>湿度が低いと、静電気が発生し帯電する</u>おそれがあるので注意して取り扱う。

問29 〈第4類に共通する消火の方法〉

危険物とその火災に適応する消火方法の組合せのうち、適当でないものは次のうちどれか。
1. ガソリン………消火粉末（りん酸塩類の消火粉末）を放射する。
2. エタノール……棒状の強化液を放射する。
3. 軽油……………二酸化炭素を放射する。
4. 重油……………泡を放射する。
5. ギヤー油………霧状の強化液を放射する。

ポイント 水溶性液体の危険物（エタノール、アセトン等）の消火には、水溶性液体用泡消火剤が最適である。最近の問題では、次のような消火方法は誤っている。
　　×1. 棒状の強化液を放射する。
　　×2. 一般の泡消火剤を放射する。

■解■説■
○1. ガソリン………消火粉末（りん酸塩類の消火粉末＝ガソリンスタンドで使用のもの）は、窒息と抑制効果があり適している。
×2. エタノール……水溶性液体用泡消火剤が最も適している。
○3. 軽油……………二酸化炭素の放射は、窒息効果があり適している。
○4. 重油……………泡の放射は、窒息効果があり適している。
○5. ギヤー油………霧状の強化液の放射は、抑制効果があり適している。
　注意：エタノール（エチルアルコール）は水溶性の危険物であるが、ガソリンを始め他は石油製品で非水溶性の危険物である。

■解■答■2

第4類に共通する消火の方法

第4類危険物の消火には、空気の供給を遮断する窒息消火、燃焼を化学的に抑制する抑制作用（負触媒作用）による消火が効果的である。

1. **第4類に効果的な消火剤**
   ① 霧状の強化液　② 泡　③ ハロゲン化物　④ 二酸化炭素　⑤ 粉末

2. **第4類に不適当な消火剤**

   液比重が1より小さい（水より軽い）危険物の火災に注水すると、危険物が水に浮いて火災が拡大するので適当でない。

	棒 状	霧 状
水	×	×
強化液消火剤	×	○

   ※ 水と強化液の棒状は、第4類の消火には使用できない。
   棒状とは、ホースで水（消火剤）をかけること。

3. **水溶性危険物の消火**
   ① アルコール類やアセトン等の水溶性液体の消火に、一般の泡消火剤を用いても泡がアルコールに溶解され消えるので効果がない。
   →水溶性液体用泡消火剤を使用する。

   ◆水溶性危険物の覚え方（水溶性液体用泡消火剤が必要な危険物）
   ゴルフの　　プロは　　　汗をかく
   　①酸化プロピレン　②アセトアルデヒド
   　　　　　　　　　　③アセトン

   アルコール飲んで良い気分。
   ④メチルアルコール（メタノール）　＋　⑥酢酸
   ⑤エチルアルコール（エタノール）

4. **火災の区別と消火器の識別**
   ① 普通火災（木材、紙類、繊維等）　A 火災
   ② 油火災（第4類の引火性液体）　　B 火災
   ③ 電気火災（電線、モーター等）　　C 火災
   ④ 火災の区分と絵表示

   普通火災用　　　　　油火災用　　　　　電気火災用
   （A火災）　　　　　（B火災）　　　　（C火災）

初期消火…速やかに消火！

火災の種類にあった消火器を使おう！

- 普通火災用
- 油火災用
- 電気火災用

5. 消火剤と適応火災のまとめ

		普通火災（木材等）	油火災・第4類 非水溶	油火災・第4類 水溶性	電気火災（モーター等）
1. 棒状の水		○	×	×	×
2. 強化液消火剤	棒状	○	×	×	×
	霧状	○	○	○	○
3. 泡消火剤	一般の泡	○	○	×	×
	水溶性液体用泡	−	−	○	−
4. 二酸化炭素消火剤		×	○	○	○
5. ハロゲン化物消火剤		×	○	○	○
6. 粉末消火剤（りん酸塩類）		×（○）	○	○	○

○：使用できる　×：使用できない

問30 〈事故事例〉

次の事故事例を教訓とした今後の事故対策として、誤っているものはどれか。

「給油取扱所の計量口を有する地下専用タンクに、移動貯蔵タンクからガソリンを注入する際、作業者が誤って他のタンクの注入口に注入ホースを結合したため、この地下タンクの計量口からガソリンが噴出した。」

1. 注入開始前に、移動貯蔵タンクと注入する地下タンクの油量を確認する。
2. 注入ホースを結合する注入口に誤りがないことを確認する。
3. 地下専用タンクの注入管に過剰注入防止装置を設置する。
4. 地下専用タンクの計量口は注入中は必ず開放し、常にガソリンの注入量を確認する。
5. 注入作業は、給油取扱所と移動タンク貯蔵所の両方の危険物取扱者が立ち会い、誤りがないことを確認し実施する。

ポイント 最近の事故事例は、地下タンクの計量口からガソリンが噴出する関連問題が多い。**法令ではタンクの計量口は、計量するとき以外は閉鎖しておくことと定められている。**

※ 計量口：地下タンクの在庫を量る古いタイプの地下タンク計量装置

■解■説■
- ○ 1. 注入開始前に、移動貯蔵タンクと注入する地下タンクの油量を確認する。
- ○ 2. 注入ホースを結合する注入口に誤りがないことを確認する。
- ○ 3. 地下専用タンクの注入管に過剰注入防止装置を設置する。
- × 4. 法令では**タンクの計量口は、計量するとき以外は閉鎖しておくこと**と定められている。注入中に開放しておけば、オーバーフローしてガソリンが噴出するおそれがある。
- ○ 5. 注入作業は両方の危険物取扱者が立ち会い、誤りがないことを確認し実施する。

■解■答■4

問31 〈第1石油類（ガソリン）〉

自動車ガソリンの性状等について、次のうち誤っているものはどれか。
1. 電気の不良導体で流動等により静電気が発生しやすい。
2. 燃焼範囲は、おおむね 1〜8 vol% である。
3. 第6類の危険物と混触すると、発火する危険がある。
4. 蒸気を吸入すると、頭痛やめまい等を起こす。
5. 引火点は −20℃ 以下で発火点は約 150℃ である。

ポイント ガソリンの引火点は −40℃ 以下で、発火点は約 300℃ である。

■解■説■
- ○ 1. ガソリンは、電気の不良導体で流動等により静電気が発生しやすい。
- ○ 2. 燃焼範囲は、おおむね 1〜8 vol% である。

3. 性質・火災予防・消火の方法　67

○ 3. 第 6 類の過酸化水素や硝酸（酸化性液体＝酸素を放出する。）等と容器に入れて混ぜると、発火する危険がある。
○ 4. 蒸気を吸入すると、頭痛やめまい等を起こすことがある。
× 5. 引火点は－20℃以下ではなく－40℃以下で、発火点は約150℃ではなく約300℃である。

■解■答■5

第1石油類（ガソリン）

第1石油類とは、アセトン、ガソリンその他1気圧において引火点が21℃未満のものをいう。

1. ガソリン
① 自動車ガソリン（着色）、航空ガソリン（着色）、工業ガソリンに大別される。自動車ガソリンは、灯油や軽油との識別を容易にするためオレンジ色に着色してある。
② 水より軽く水に溶けない。アルコール、その他の有機溶剤によく溶ける。
③ 蒸気は空気の3～4倍重いので、低所に滞留しやすい。
④ 炭化水素の混合物。
⑤ 石油製品は非水溶性液体なので、静電気が発生しやすい。

〈ガソリンの一般性状〉

液比重	0.65～0.75	水（4℃で比重1）より軽い。水に浮く
蒸気比重	3～4	空気の3～4倍重い。低所に滞留する
沸点	40～220℃	低いので蒸発（揮発）しやすい
引火点	－40℃以下	引火点が低く、厳冬の北海道（－25℃）でも引火する危険性がある
発火点	約300℃	発火点は、灯油、軽油、重油と比較すると一番高い
燃焼範囲	1.4～7.6 vol%	蒸気濃度が、1.4～7.6 vol%の範囲内で燃焼する
非水溶性	水に溶けない	ガソリン、灯油、軽油などの石油製品は、すべて水に溶けない

注意：物理・化学に次いで性質の苦手な方が多いようである。**性質に強くなるポイントは、ガソリンの一般性状の表を見て数値を確認したときは必ずその数値を書くことである**。ガソリンの引火点、発火点など大切な数値は、何度でも出てくるので自然に覚えることができる。**これを行うと行わないとでは、最後に相当の差が出る**。ただし、2項のガソリンの燃焼範囲が「おおむね1～8％である」とおおよその数値しか書いてないものは、1.4～7.6と細かい数値を覚えなくても答えは出るようになっている。また、液比重や沸点は、細かい数値を覚えなくても必ず答えが出るようになっている。

問 32 〈第 3 石油類（重油）〉

重油の性質について、次のうち誤っているものはどれか。
1. 不純物として含まれている硫黄は、燃えると有害なガスになる。
2. 褐色又は暗褐色の液体である。
3. 水には溶けない。
4. 種類により引火点は若干異なる。
5. 発火点は 70 ～ 150℃ である。

ポイント 第 3 石油類とは、重油、クレオソート油その他 1 気圧において引火点が 70℃ 以上 200℃ 未満のものをいう（p.13 参照）。

■解■説■
○1. 不純物として含まれている硫黄は、燃えると有害な亜硫酸ガスになる。
○2. 重油は褐色又は暗褐色の液体である。
○3. 重油は非水溶性の石油製品であり、水には溶けない。
○4. A 重油の引火点は低く、C 重油は高い。
×5. 発火点ではなく、引火点が 60 ～ 150℃ である。

■解■答■5

キーレッスン　第 3 石油類（重油）

1. 重油
① 褐色又は暗褐色で粘性があり、揮発しにくい。
② 一般に水より軽い。水には溶けない。
③ 1 種（A 重油）、2 種（B 重油）及び 3 種（C 重油）に分類される。1 種と 2 種の引火点は、日本工業規格では 60℃ 以上と規定されている。
④ いったん燃えはじめると、液温が高くなっているので消火が困難な場合がある。
⑤ 不純物として含まれる硫黄が燃えると、有害な亜硫酸ガスとなる。

〈重油の一般性状〉

液比重	0.9 ～ 1.0	水（4℃ で比重 1）より軽い。水に浮く
引火点	60 ～ 150℃	A 重油は低く、C 重油は高い
発火点	250 ～ 380℃	引火点より必ず高い

問33 〈第2石油類（灯油・軽油）〉

灯油及び軽油に共通する性状として、次のA～Eで誤っている組合せはどれか。

A. 引火点は常温（20℃）より高い。
B. 発火点は100℃より低い。
C. 蒸気は空気より重い。
D. 水に溶けない。
E. 水より重い。

1. AB　2. BC　3. BE　4. CD　5. DE

ポイント

比重（液比重）が水より重いと出れば、すべての危険物で細かい数値を覚える必要はない（蒸気比重と間違わないように注意すること）。

1. 特殊引火物の二硫化炭素は→○
2. 他の危険物はすべて　　→×

p.151　問33「ここが重要」の簡便法を参照。
これでほぼ100%正解である（最近の出題傾向より）。
当然ですが、比重（液比重）が水より軽いと出れば、○×は逆になる。

■解■説

		〈灯油〉	〈軽油〉
○ A. 灯油、軽油の引火点は常温（20℃）より高い。	→	40℃以上	45℃以上
× B. 発火点は、100℃より低い。	→	220℃	220℃
○ C. 灯油、軽油の蒸気は、空気より重い。	→	重い	重い
○ D. 水に溶けない。	→	非水溶性	非水溶性
× E. 灯油、軽油の比重は、水より重い。	→	軽い	軽い

×1. AB　×2. BC　○3. BE　×4. CD　×5. DE

注意：灯油、軽油の数値などを記入すると間違うことがない。

■解■答■3

第2石油類（灯油、軽油）

第2石油類とは、灯油、軽油のほか、1気圧において引火点が21℃以上70℃未満のものをいう。

1. **灯油**
① 無色または淡黄色（淡紫黄色）の液体で、特有の臭いがある。
② 液温が引火点以上になると、ガソリンと同様の引火危険を生じる。

③ 霧状にしたり、布等に染み込んだものは、火がつきやすい。
（空気との接触面積が大きくなり、また見かけ上の熱伝導率が小さくなり危険性が増大する。）
④ ガソリンが混合されたものは、引火点が低くなり引火しやすい。

2. **軽油**
① 淡黄色または淡褐色の液体である（着色はしていない）。
② 霧状にしたり、布等に染み込んだものは、火がつきやすい。

〈灯油、軽油の一般性状〉

品　名	液比重	引火点〔℃〕	発火点〔℃〕	蒸気比重	水溶性
灯　油	約 0.8	40 以上	220	空気より重い	×
軽　油	約 0.85	45 以上	220	空気より重い	×

問 34 〈特殊引火物〉

特殊引火物について、次のうち誤っているものはどれか。
1. アセトアルデヒドは、非常に揮発しやすい。
2. ジエチルエーテルは、特有の甘い刺激性の臭気があり、アルコールによく溶ける。
3. 二硫化炭素は、無臭の液体で水に溶けやすく、また水より軽い。
4. 酸化プロピレンは、水、エタノールに溶ける。
5. 二硫化炭素は発火点が 100℃ 以下で、第 4 類の内では発火点が特に低い危険物の 1 つである。

ポイント　二硫化炭素は、特殊引火物の中で一番試験に出る危険物である。

特徴は
① 蒸気は有毒で、液比重は水より重く水に溶けないので水中に貯蔵（水没貯蔵）する。
② 発火点は、第 4 類では一番低く 90℃ である。

■ **解 説** ■
○ 1. アセトアルデヒドは、沸点が低く（20℃）非常に揮発（蒸発）しやすい。
○ 2. ジエチルエーテルは、特有の甘い刺激性の臭気があり、アルコールによく溶ける（無色無臭と出ればすべて×。甘い刺激性と具体的な臭気であれば○）。
× 3. 二硫化炭素は水に溶けない非水溶性の物品で、水より重い性質を利用して水没貯蔵する。また、一般には特有の不快臭がある。
○ 4. 酸化プロピレンは水溶性の物品で、水、エタノールによく溶ける。
○ 5. 二硫化炭素の発火点は 90℃ で、第 4 類では発火点が一番低い危険物である。

■ 解 ■ 答 ■ 3

特殊引火物

特殊引火物とは、ジエチルエーテル、二硫化炭素その他1気圧において発火点が100℃以下のもの、又は引火点が－20℃以下で沸点が40℃以下のものをいう。

1. ジエチルエーテル
① 無色透明の液体で、刺激性の臭気がある。
② 沸点が低いので蒸発（揮発）しやすく、蒸気は麻酔性がある。
③ 日光や空気に接触すると過酸化物を生じ、加熱、衝撃等により爆発の危険がある。

2. 二硫化炭素
① 液比重は水より重い。
② 可燃性蒸気（有毒）の発生を防ぐため水中で貯蔵（水没貯蔵）する。
③ 発火点は90℃で、危険性が大きい。→第4類危険物の中では最も低い。
④ 燃焼すると二酸化硫黄（有毒な亜硫酸ガス）と二酸化炭素を発生する。

3. アセトアルデヒド
① 無色透明の液体で、刺激性の臭気がある。
② 水によく溶けアルコール、ジエチルエーテルにもよく溶ける。
③ 貯蔵する場合は、安全のために不活性ガス（窒素等）を封入する。
④ 熱又は光で分解する性質がある。酸化すると酢酸になる。
⑤ 第1類の塩素酸ナトリウム等と反応して、燃焼することがある。

4. 酸化プロピレン〈別名プロピレンオキサイドともいう〉
① 水によく溶けアルコール、ジエチルエーテルにもよく溶ける。
② 重合する性質があり、その際に熱を発生し、火災、爆発の原因となる。
③ 貯蔵する場合は、安全のために不活性ガス（窒素等）を封入する。

5. 特殊引火物全般の注意点
① 沸点が低いため蒸発しやすく危険である。
② 引火点が低いため引火しやすく危険である。
③ 燃焼範囲がガソリンの約5倍以上あり、広くて危険である。

〈特殊引火物の一般性状〉

品名	液比重	沸点〔℃〕	引火点〔℃〕	発火点〔℃〕	燃焼範囲〔vol%〕	水溶性
ジエチルエーテル	0.7	35	－45	160	広くて危険	△
二硫化炭素	1.3	46	－30以下	90	広くて危険	×
アセトアルデヒド	0.8	21	－39	175	広くて危険	○
酸化プロピレン	0.8	35	－37	449	広くて危険	○

＊ 燃焼範囲は、「広くて危険」と覚えればすべて答えが出る。

問35 〈動植物油類〉

動植物油類の性状について、次のうち誤っているものはどれか。

1. 水に溶けない。
2. 燃えているときは、液温が非常に高くなっているので注水すると危険である。
3. 引火点は 300℃ 程度である。
4. 引火点以上に熱すると、引火危険が生じる。
5. 乾性油は、ぼろ布等に染み込ませ積み重ねておくと、自然発火することがある。

ポイント 動植物油では、①自然発火するのは乾性油、②引火点は **250℃ 未満**この2点を覚えておけば、ほぼ 90％の確率で解答できます（最近の出題傾向より）。

■解■説

○ 1. 非水溶性の物品なので、水に溶けない。
○ 2. 燃えているときは、液温が非常に高くなっているので注水すると危険である。
× 3. 動植物油類の引火点は 300℃ 程度ではなく、**200〜250℃** である。
○ 4. 引火点である 200℃ 以上に熱すると、点火源があれば引火する。
○ 5. アマニ油やキリ油等の乾性油は、ぼろ布等に染み込ませ積み重ねておくと、酸化反応による熱で温度が上がって自然発火することがある。

■解■答■3

キーレッスン　動植物油類

動植物油類とは、動物の脂肉等又は植物の種子もしくは果肉から抽出したもので、1気圧において引火点が **250℃ 未満**のものをいう。

区　分	よう素価	品　名
乾性油	130 以上	アマニ油、キリ油
半乾性油	100〜130	なたね油、大豆油
不乾性油	100 以下	ヤシ油、落花生油

1. **動植物油類全般**
① 引火点は 200〜250℃ である。
② 燃えているときは、液温が高くなっているので消火が困難な場合がある（注水すると危険である）。
③ よう素価の大きい乾性油は、自然発火しやすい。
④ アマニ油等の乾性油は、ぼろ布等に染み込んでいると自然発火しやすい。

第3章

実力テスト

実力テスト（第1回）

【危険物に関する法令】

問 1 法令上、危険物の品名（組成等を勘案して規則で定めるものを除く）について、次のうち誤っているものはどれか。

1. 1気圧において、発火点が200℃以下のもの又は引火点が0℃以下で沸点が40℃以下のものは、特殊引火物に該当する。
2. 1分子を構成する炭素の原子の数が1個～3個までの飽和1価アルコールは、アルコール類に該当する。
3. 1気圧において引火点が21℃未満のものは、第1石油類に該当する。
4. 1気圧において引火点が21℃以上70℃未満のものは、第2石油類に該当する。
5. 1気圧において引火点が70℃以上200℃未満のものは、第3石油類に該当する。

問 2 法令上、指定数量以上の危険物を製造所等以外の場所で、仮に貯蔵し、又は取扱うことができる場合及び期間は次のうちどれか。

1. 所轄消防長の承認を受けたときは、10日以内
2. 所轄消防署長の承認を受けたときは、14日以内
3. 都道府県知事の承認を受けたときは、10日以内
4. 市町村長等の承認を受けたときは、14日以内
5. 所轄消防団長の承認を受けたときは、10日以内

問 3 法令上、第4類の危険物の指定数量について、次のうち誤っているものはどれか。

1. 特殊引火物の指定数量は、第4類のなかでは一番少ない。
2. 第1石油類の水溶性とアルコール類の指定数量は同じである。
3. 第2石油類の水溶性と第3石油類の非水溶性の指定数量は、同じである。
4. 第1石油類、第2石油類及び第3石油類の指定数量は、各類とも水溶性は非水溶性の2倍である。
5. 第3石油類の水溶性と第4石油類の指定数量は同じである。

問 4 法令上、次の保安対象物と製造所等の外壁又はこれに相当する工作物の外側までの間の保安距離として、誤っているものはどれか。

ただし、不燃材料で造った防火上有効な塀の設置等ないものとし、かつ、規則で定める特例はないものとする。

1. 重要文化財として指定された五重の塔……70 m

2. 公会堂（収容人員1 000名）……………………30 m
3. 同一敷地内の寮………………………………5 m
4. 医療法に規定する病院………………………30 m
5. 学校教育法に規定する小学校………………20 m

問 5 法令上、次の消火設備の組合せのうち、誤っているものはいくつあるか。

A. スプリンクラー設備………………………第1種消火設備
B. 屋内消火栓設備……………………………第2種消火設備
C. 粉末消火設備………………………………第3種消火設備
D. 泡を放射する消火器で小型のもの……第4種消火設備
E. 膨張真珠岩…………………………………第5種消火設備

1. 1つ　　2. 2つ　　3. 3つ　　4. 4つ　　5. 5つ

問 6 法令上、給油取扱所に附帯する業務のための用途として、設けることができない建築物等の組合せはどれか。

A. 灯油又は軽油の詰め替えのために、給油取扱所に出入りする者を対象とした店舗。
B. 給油のために、給油取扱所に出入りするものを対象とした展示場。
C. 灯油又は軽油の詰め替えのために、給油取扱所に出入りする者を対象としたゲームセンター。
D. 自動車の点検・整備を行うために、給油取扱所に出入りする者を対象とした立体駐車場。
E. 自動車の洗浄のために、給油取扱所に出入りする者を対象としたレストラン。

1. AとB　　2. BとC　　3. CとD　　4. DとE　　5. AとE

問 7 法令上、製造所等の位置、構造、設備を変更しないで、品名、数量又は指定数量の倍数を変更しようとする場合、次のうち正しいものはどれか。

1. 変更した日から7日以内に、その旨を消防長又は消防署長に届け出なければならない。
2. 変更した日から10日以内に、その旨を消防長又は消防署長に届け出なければならない。
3. 変更しようとする日の10日前までに、その旨を消防長又は消防署長に届け出なければならない。
4. 変更した日から10日以内に、その旨を市町村長等に届け出なければならない。
5. 変更しようとする日の10日前までに、その旨を市町村長等に届け出なければなら

ない。

問 8 法令上、危険物保安監督者を定めなければならない製造所等で、所有者等に使用停止を命ずることができる事由として、次のうち正しい組合せはどれか。
A. 危険物保安監督者を定めないで製造所等を使用したとき。
B. 危険物保安監督者が、免状の返納命令を受けたとき。
C. 危険物保安監督者の解任命令に違反したとき。
D. 危険物保安監督者を定めていたが、市町村長等への届出を怠った場合。
1. AB　　2. AC　　3. BC　　4. BD　　5. CD

問 9 法令上、製造所等の定期点検について、次のうち誤っているものはどれか。

1. 丙種危険物取扱者は、点検をすることができない。
2. 製造所等の所有者、管理者又は占有者は、定期点検記録を作成し、これを保存しなければならない。
3. 点検は製造所等の位置、構造及び設備が技術上の基準に適合しているかを点検する。
4. 危険物施設保安員は、点検を行うことができる。
5. 乙種危険物取扱者は、点検を行うことができる。

問 10 法令上、次の文の（　）内のA～Cに該当する語句の組合せで、正しいものはどれか。
「（　A　）は、危険物取扱者が消防法令に違反して免状の（　B　）その日から起算して（　C　）を経過しない者には、危険物取扱者免状の交付を行わないことができる。」

　　　　〈A〉　　　　　　〈B〉　　　　　〈C〉
1. 都道府県知事　　返納をした　　　　1年
2. 市町村長　　　　返納を命じられた　2年
3. 市町村長　　　　返納をした　　　　2年
4. 都道府県知事　　返納をした　　　　2年
5. 都道府県知事　　返納を命じられた　1年

問 11 法令上、製造所等の所有者等が危険物施設保安員に行わせなければならない業務として、次のうち誤っているものはどれか。
1. 製造所等の計測装置、制御装置、安全装置等の機能を適正に保持するための保安管理を行わせること。

2. 製造所等の構造及び設備に異常を発見した場合は、危険物保安監督者その他関係ある者に連絡するとともに、状況を判断し適切な措置を講じさせること。
3. 危険物施設維持のために定期点検、臨時点検を実施し、記録を保存させること。
4. 火災が発生したとき又は火災発生の危険性が著しい場合は、危険物保安監督者と協力して、応急の措置を講じさせること。
5. 危険物保安監督者が事故等で職務を行うことができない場合は、危険物の取扱いの保安に関し、監督業務を行わせること。

問12 法令上、危険物の取扱作業の保安に関する講習について、次のうち誤っているものはどれか。
1. 危険物保安監督者は、受講の対象者となる。
2. 製造所等で危険物の取扱作業に従事している危険物取扱者は、受講の対象者となる。
3. 受講義務のある危険物取扱者が受講しなかったときは、免状返納命令の対象となる。
4. 免状の交付を受けた都道府県だけでなく、どこの都道府県で行われている講習であっても、受講することが可能である。
5. 受講義務のある危険物取扱者のうち、甲種及び乙種危険物取扱者は3年に1回、丙種危険物取扱者は5年に1回、それぞれ受講しなければならない。

問13 法令上、移動タンク貯蔵所による移送の基準に定められていないものは、次のうちどれか。
1. 危険物を移送するために乗車している危険物取扱者は、免状を携帯していなければならない。
2. 移動タンク貯蔵所には、完成検査済証及び定期点検の点検記録等を備え付けておかなければならない。
3. 危険物を移送するには、移送する危険物を取り扱うことができる危険物取扱者が乗車していなければならない。
4. 定期的に危険物を移送する場合は、移送経路その他必要な事項を出発地の消防署に届け出なければならない。
5. 消防吏員は、危険物の移送に伴う火災の防止のため特に必要と認める場合には、走行中の移動タンク貯蔵所を停止させ、乗車している危険物取扱者に対し、免状の提示を求めることができる。

問14 危険物を運搬する場合、運搬容器の外部に行う表示の項目として規則に定められていないものは、次のうちどれか。ただし、最大容量2.2l以下のものを除く。
1. 品名　2. 危険等級　3. 消火方法　4. 化学名　5. 数量

問 15 法令上、製造所等における危険物の貯蔵及び取扱いの技術上の基準について、次のうち正しいものはどれか。

1. 製造所等では、許可された危険物と同じ類、同じ数量であれば、品名については随時変更することができる。
2. 危険物のくず・かす等は、1週間に1回以上当該危険物の性質に応じて、安全な場所及び方法で廃棄すること。
3. 屋外貯蔵所においては危険物の容器は、類別ごとに0.2 m以上、品名別ごとに0.2 m以上、それぞれ間隔を置くこと。
4. 屋外貯蔵タンク、屋内貯蔵タンク、地下貯蔵タンク又は簡易貯蔵タンクの計量口は、計量するとき以外は閉鎖しておくこと。
5. 廃油等を廃棄する場合は、焼却以外の方法で行うこと。

【基礎的な物理学・化学】

問 16 燃焼等に関する一般的な説明として、次のうち誤っているものはどれか。

1. 酸素供給源は、必ずしも空気とは限らない。
2. 可燃物、酸素供給源及び点火源を燃焼の3要素という。
3. 二酸化炭素は可燃物ではない。
4. 気化熱や融解熱は、点火源になることがある。
5. 金属の衝撃火花や静電気の火花放電は、点火源になることがある。

問 17 次の自然発火に関する (A)～(E) に当てはまるものの組合せのうち、正しいものはどれか。

「自然発火とは、他から火源を与えないでも、物質が空気中で常温（20℃）において自然に（ A ）し、その熱が長期間蓄積されて、ついには（ B ）に達し、燃焼を起こす。自然発火性を有する物質の（ A ）の原因として（ C ）、（ D ）、吸着熱、重合熱、発酵熱などが考えられる。（ E ）の中には、不飽和性のため、空気中の酸素と結合しやすく、放熱が不十分なとき温度が上がり、自然発火を起こすものがある。」

	〈A〉	〈B〉	〈C〉	〈D〉	〈E〉
1.	発熱	引火点	分解熱	酸化熱	セルロイド
2.	酸化	発火点	燃焼熱	生成熱	セルロイド
3.	発熱	発火点	酸化熱	分解熱	動植物油
4.	酸化	燃焼点	燃焼熱	生成熱	セルロイド
5.	発熱	引火点	分解熱	酸化熱	動植物油

問 18 燃焼について、次のうち誤っているものはどれか。

1. 燃焼とは、熱と光の発生を伴う急激な酸化反応である。
2. 液体や固体の可燃物の燃焼は、燃焼熱により蒸発又は分解して気体が燃焼する。
3. 有機物の燃焼は、酸素の供給が不足すると一酸化炭素が発生し不完全燃焼する。
4. 可燃物は空気中で燃焼すると、より安定な酸化物に変化する。
5. 燃焼に必要な酸素の供給源は空気であり、物質中に含まれている酸素では燃焼しない。

問 19 消火について、次のうち誤っているものはどれか。

1. 泡消火剤にはいろいろな種類があるが、いずれも窒息効果がある。
2. 消火をするには燃焼の 3 要素のうち、1 要素を取り去る必要がある。
3. 一般に、空気中の酸素が一定濃度以下になれば、燃焼は停止する。
4. 除去消火は、酸素と点火源を同時に取り去って消火する方法である。
5. ハロゲン化物消火剤（ハロン 1301）は、負触媒作用による燃焼を抑制する効果がある。

問 20 次に掲げる性質を有する可燃性液体の説明として、誤っているものはどれか。

発火点	500℃	引火点	－11℃
蒸気比重	2.7	沸　点	80℃
燃焼範囲	1.4～7.1 vol%		

1. 蒸気の重さは、空気の 2.7 倍である。
2. 蒸気が 2 vol％含まれている空気は、蒸気の濃度が低すぎるため、火炎を近づけても引火しない。
3. 液温が－11℃のとき、液表面に 1.4 vol％の濃度の蒸気を発生する。
4. 80℃に加熱すると沸騰する。
5. 500℃以上に加熱すると、点火源がなくても発火する。

問 21 静電気について、次のうち誤っているものはどれか。

1. 静電気は金属に帯電した場合のみ、放電火花を発生する。
2. 静電気は正負の 2 種類の電荷をもち、異種の電荷間では吸引力、同種の電荷間では反発力が発生する。

3. 静電気の電荷力は、クーロン力で表される。
4. 二つの物体が接触分離するときに静電気が発生する。
5. 静電気の帯電防止策に接地する方法がある。

問22 次の（ ）内のA～Cに当てはまる語句の組合せとして、正しいものはどれか。

「物質と物質とが作用し、その結果、新しい物質ができる変化が（ A ）である。また、2種類あるいはそれ以上の物質から別の物質ができることを（ B ）といい、その結果できた物質を（ C ）という。」

	〈A〉	〈B〉	〈C〉
1.	物理変化	化合	化合物
2.	化学変化	混合	混合物
3.	化学変化	重合	化合物
4.	物理変化	混合	混合物
5.	化学変化	化合	化合物

問23 次の文章の（ ）内のA～Dに当てはまる語句の組合せとして、正しいものはどれか。

「塩酸は酸であるのでpHは7より（ A ）、また水酸化ナトリウムは塩基であるので、その水溶液のpHは7より（ B ）。塩酸と水酸化ナトリウムを反応させると、食塩と水ができるが、この反応を（ C ）と呼ぶ。なお同一濃度の塩酸、水酸化ナトリウムで生じた食塩の水溶液のpHは7であるので、水溶液は（ D ）である。」

	〈A〉	〈B〉	〈C〉	〈D〉
1.	小さく	大きい	中和	中性
2.	大きく	小さい	酸化	酸性
3.	小さく	大きい	還元	アルカリ性
4.	大きく	小さい	中和	中性
5.	小さく	大きい	酸化	酸性

問24 比熱 2.5 J/(g·K) である液体 100 g の温度を、10℃から30℃まで上昇させるのに要する熱量は、次のうちどれか。

1. 2.5 kJ
2. 5.0 kJ
3. 7.5 kJ

4. 10.0 kJ
5. 12.5 kJ

問 25 水素の性質について、次のうち誤っているものはどれか。

1. 物質中で最も軽く、非常に拡散しやすい可燃性の気体である。
2. 水に溶けにくい。
3. 純粋なものは、特有の臭いを有する青白色の気体である。
4. 見えにくい炎をあげて燃え、水を生成する。
5. 燃焼範囲は、非常に広い。

【性質・火災予防・消火の方法】

問 26 危険物の類ごとの性状について、次のうち誤っているものはどれか。

1. 同一の金属であっても、形状及び粒度によって危険物になるものとならないものがある。
2. 引火性液体の燃焼は常に分解燃焼であるが、引火性固体の燃焼は主に表面燃焼である。
3. 水と接触して発熱し、可燃性ガスを生成するものがある。
4. 危険物には単体、化合物及び混合物の3種類がある。
5. 分子内に酸素を含んでおり、他から酸素の供給がなくても燃焼するものがある。

問 27 第4類の危険物の一般性状について、次のうち正しいものはどれか。

1. いずれも水に溶けやすい。
2. 常温（20℃）で、火源があればすべて引火する。
3. 蒸気は燃焼範囲を有し、この下限値に達する温度が低いものほど引火の危険性が大きい。
4. 蒸気は空気より軽く、空気中で拡散しやすい。
5. 火源がなければ、発火点以上の温度でも燃焼しない。

問 28 ガソリンを取り扱う場合、静電気による火災を防止するための処置として、次のうち誤っているものはどれか。

1. タンクや容器への注入は、できるだけ流速を小さくした。
2. 移動タンク貯蔵所への注入は、移動タンク貯蔵所を絶縁状態にした。

3. 容器に注入するホースは、接地導線のあるものを用いた。
4. 作業着は、一般に合成繊維のものを避け、木綿のものを着用した。
5. 取り扱う室内の湿度を高くした。

問29 移動タンク貯蔵所から給油取扱所の地下タンクにガソリンを注入中、ガソリンが流出した事故に対する対策として、次のうち不適切なものはいくつあるか。

A. 移動タンク貯蔵所の底部の閉鎖装置を作動させると共に、地下タンクへの注入を中止し、消火の準備をする。
B. ガソリンの漏洩事故を給油所内の従業員に知らせるとともに、消防機関に連絡する。
C. 移動タンク貯蔵所及び給油取扱所内の自動車は、エンジンを始動して避難する。
D. 多量の水でガソリンを油分離槽に流し込み、界面活性剤で乳化して下水に流す。
E. 顧客を避難させ、一般の人の出入りを禁止すると共に、道路通行車両にも注意した。

1. 1つ　　2. 2つ　　3. 3つ　　4. 4つ　　5. 5つ

問30 泡消火剤の中にはいろいろな種類があるが、一般の泡消火剤を使用すると泡が消えるので、水溶性液体用の特別な泡消火剤を使用しなければならない危険物は、次のうちどれか。

1. ガソリン　　2. キシレン　　3. 灯油　　4. エタノール　　5. 軽油

問31 自動車ガソリンの性状について、次のうち誤っているものはどれか。

1. 水より軽い。
2. オレンジ色に着色されている。
3. 引火点は、－40℃以下である。
4. 自然発火しやすい。
5. 燃焼範囲は、おおむね 1～8 vol％である。

問32 メタノールとエタノールの共通する性状で、次のうち誤っているものはどれか。

1. 沸点は 100℃ である。
2. 水とはどんな割合でも溶け合う。
3. 発生する蒸気は空気よりも重い。
4. 水より軽い液体である。
5. 引火点は灯油より低い。

問33 酢酸の性状について、次のうち誤っているものはどれか。

1. 常温（20℃）では、無色透明の液体である。
2. 水溶液は、腐食性を有しない。
3. 常温（20℃）では、引火の危険性がない。
4. アルコールに任意の割合で溶ける。
5. 青い炎をあげて燃え、二酸化炭素と水蒸気になる。

問34 ジエチルエーテルと二硫化炭素について、次のうち誤っているものはどれか。

1. どちらも燃焼範囲は極めて広い。
2. どちらも発火点はガソリンより低い。
3. どちらも水より重い。
4. ジエチルエーテルの蒸気は麻酔性があり、二硫化炭素の蒸気は毒性がある。
5. どちらも二酸化炭素、ハロゲン化物などが消火剤として有効である。

問35 アセトンの性状として、次のうち誤っているものはどれか。

1. 水より軽い。
2. 揮発しやすい。
3. 無色で特有の臭気を有する。
4. 水に溶けない。
5. 発生する蒸気は空気より重く、低所に滞留しやすい。

実力テスト（第1回） 解答と解説

【危険物に関する法令】

問1 〈消防法上の危険物〉 p.13 問1 キーレッスン2 参照 **解答①**

> ここが重要　この形式の問題では、特殊引火物、第1石油類、アルコール類が答えになる場合が多い。
>
> 「特殊引火物とは、ジエチルエーテル、二硫化炭素その他1気圧において、発火点が100℃以下のもの又は引火点が−20℃以下で沸点が40℃以下のものをいう。」

× 1. 1気圧において、発火点が200℃以下ではなく **100℃以下** のもの又は引火点が0℃以下ではなく **−20℃以下** で沸点が40℃以下のものは、特殊引火物に該当する。
○ 2. 1分子を構成する炭素の原子の数が1～3個までの飽和1価アルコールは、アル

コール類に該当する。エタノールの化学式は C_2H_5OH で、炭素（C）の原子の数が2個なのでアルコール類に該当する。
○ 3. 1気圧において引火点が21℃未満のものは、第1石油類に該当する。ベンゼンの引火点は−11℃、トルエンは4℃で共に第1石油類である。
○ 4. 1気圧において引火点が21℃以上70℃未満のものは、第2石油類に該当する。
○ 5. 1気圧において引火点が70℃以上200℃未満のものは、第3石油類に該当する。

問 2 〈各種申請手続き（仮貯蔵・仮取扱い）〉 **p.23** 問7キーレッスン参照 **解答①**

> **ここが重要**　仮貯蔵・仮取扱いとは？
> 所轄消防長又は消防署長の承認を受けて、指定数量以上の危険物を <u>10日以内の期間</u>、仮に貯蔵し、又は取扱うことをいう。

○ 1. 所轄消防長の承認を受けたときは、**10日以内**で正しい。
× 2. 14日以内のみが誤っている。
× 3. 都道府県知事が誤っている。
× 4. 市町村長等と14日以内が誤っている。
× 5. 所轄消防団長が誤っている。

問 3 〈指定数量〉 **p.16** 問3キーレッスン「指定数量の覚え方の表参照」 **解答⑤**

> **ここが重要**　指定数量の数値を書き込むことが、早く覚えて正解するこつです。

○ 1. 特殊引火物の指定数量は50ℓで、第4類のなかでは一番少ない。
　　　400ℓ　　　　　400ℓ
○ 2. 第1石油類の水溶性とアルコール類の指定数量は、同じである。
　　　2 000ℓ　　　　　　2 000ℓ
○ 3. 第2石油類の水溶性と第3石油類の非水溶性の指定数量は、同じである。
　　　200ℓ　　　1 000ℓ　　　2 000ℓ　　→　　非水溶性
　　　400ℓ　　　2 000ℓ　　　4 000ℓ　　→　　水溶性
○ 4. 第1石油類、第2石油類及び第3石油類の指定数量は、各類とも水溶性は非水溶性の2倍である。
　　　4 000ℓ　　　　　　6 000ℓ
× 5. 第3石油類の水溶性と第4石油類の指定数量は、<u>異なっている</u>。

問 4 〈保安距離・保有空地〉 **p.18** 問4キーレッスン2参照 **解答⑤**

> **ここが重要**　この形式の問題では、まず、多数の人を収容する施設（学校、病院等）は30m以上の保安距離が必要と覚える。

○ 1. 重要文化財として指定された五重の塔……50m以上なので、70mはOKである。

○ 2. 公会堂（収容人員1000名）…………………30 m 以上なので、30 m は OK である。
○ 3. 同一敷地内の寮………………………………同一敷地内の建物には、規制がない。
○ 4. 医療法に規定する病院………………………30 m 以上なので、30 m は OK である。
× 5. 学校教育法に規定する小学校………………**30 m 以上なので、20 m は誤っている。**

問 5 〈消火設備〉 p.19 問5ポイント参照　　　　　　　　　　　　**解答 ③**

> **ココが重要**　第4種消火設備は大型消火器・第5種は小型消火器・それ以外は1種、2種を除いて全部3種と覚える。第5種→小型消火器以外に膨張真珠岩、膨張ひる石等がある。

× A. スプリンクラー設備……………………第2種消火設備なので誤っている。
× B. 屋内消火栓設備…………………………第1種消火設備なので誤っている。
○ C. 粉末消火設備……………………………第3種消火設備なので正しい。
× D. 泡を放射する消火器で小型のもの……第4種ではなく第5種消火設備。
○ E. 膨張真珠岩………………………………第5種消火設備なので正しい。

× 1. 1つ　　× 2. 2つ　　○ 3. 3つ　　× 4. 4つ　　× 5. 5つ

問 6 〈給油取扱所〉　　　　　　　　　　　　　　　　　　　　　　　**解答 ③**

> **ココが重要**　給油取扱所に設けることができる建築物の用途
> ① 設けることができる建築物
> ● 給油や詰め替えの作業場　● 事務所　● 店舗、飲食店又は展示場
> ● 点検整備を行う作業場　● 自動車の洗浄を行う作業場
> ● 関係者（所有者等）が居住する住居（所有者等に従業員は入らない）
> ② 設けることができない建築物、付随設備（最近の出題傾向より）
> ● ガソリン詰め替えのための作業場　● 自動車の吹付塗装を行う設備
> ● 遊技場　● 診療所　● 立体駐車場

○ A. 店舗（コンビニ等）は、設けることができる。
○ B. 展示場（中古車等）は、設けることができる。
× C. ゲームセンター（遊技場等）は、設けることができない。
× D. 立体駐車場は、設けることができない。
○ E. レストラン（飲食店）は、設けることができる。

× 1. A と B　　× 2. B と C　　○ 3. C と D　　× 4. D と E　　× 5. A と E

キーレッスン 給油取扱所

1. **位置・構造・設備**
   ① 給油空地　<u>間口10m以上</u>　<u>奥行6m以上</u>
   ② 専用タンク　容量制限がない（ガソリン等）　●廃油タンク10 000 l 以下
   ③ 給油ホース　5m以下
2. **給油取扱所に設けることができる建築物の用途**
   * 前述の「ここが重要」に掲載
3. **取扱いの基準**
   ① 給油するときは、<u>固定給油設備を使用して直接給油</u>すること。
   ② 給油するときは、自動車の<u>エンジンを停止</u>して行うこと。
   ③ <u>給油空地からはみ出たままで給油しないこと</u>。
   ④ <u>専用タンクに危険物を注入するときは、タンクに接続する給油設備の使用を中止</u>し、自動車等をタンクの注入口に近付けない（注入口から3m以上、通気管の先端からは水平距離1.5m以上離す）。
   ⑤ 自動車の洗浄は、引火点を有する液体の洗剤を使用しない。
4. **顧客に自ら給油等させる給油取扱所（セルフ型スタンド）の基準**

（1）**位置、構造、設備**
   ① ガソリン及び軽油相互の誤給油を防止できる構造とすること。
   ② 1回の連続した給油量、給油時間の上限を設定できる構造であること。
   ③ 地盤面に車両の停車位置（給油）、容器の置き場所（灯油の注油）を表示する。
   ④ 給油、注油設備の直近に使用方法、危険物の品目等の表示、彩色をすること。

危険物の種類	ハイオクガソリン	レギュラーガソリン	軽油	灯油
色	黄	赤	<u>緑</u>	<u>青</u>

   ⑤ 顧客自ら行う給油作業等の監視、制御等を行う制御卓（コントロール室）を設けること。
   ⑥ 消火設備は、第3種泡消火設備を設置しなければならない。

（2）**取扱いの基準**
   ① <u>顧客は、顧客用固定給油設備でしか給油等を行えない</u>。
   ② 給油量、給油時間等の上限を設定する場合は、適正な数値としなければならない。
   ③ <u>制御卓では、顧客の給油作業等を直視等により監視すること</u>。
   ④ 顧客の給油作業等が終了した場合は、給油作業が行えない状態にすること。
   ⑤ 放送機器等を用いて、顧客に必要な指示等をすること。

[問 7] 〈各種申請手続き（届出）〉 p.23 問7 キーレッスン4参照　[解答⑤]

ここが重要　危険物の品名、数量又は指定数量の倍数を変更しようとする場合は、**10日前までに市町村長等に届け出る**ように定められている。

× 1. 変更した日から7日以内と消防長又は消防署長が誤っている。
× 2. 変更した日から10日以内と消防長又は消防署長が誤っている。
× 3. 消防長又は消防署長が誤っている。
× 4. 変更した日から10日以内が誤っている。
○ 5. 変更しようとする日の10日前までに、その旨を市町村長等に届け出なければならない。

[問 8] 〈法令違反に対する措置〉 p.25 問8 キーレッスン3、4参照　[解答②]

ここが重要　使用停止命令の対象とならない事項
・免状関連（保安講習を含む。）→危険物取扱者が、免状の書換えをしていない等。
・届出義務違反関連→危険物保安監督者を定めていたが、その届出を怠っていた等。

○ A. 危険物保安監督者を定めないで製造所等を使用したときは、使用停止命令の対象となる。
× B. 危険物保安監督者が免状の返納命令を受けたときは、対象とならない。
○ C. 危険物保安監督者の解任命令に違反したときは、使用停止命令の対象となる。
× D. 市町村長等への届出を怠った場合は、使用停止命令の対象とならない。

× 1. AB　○ 2. AC　× 3. BC　× 4. BD　× 5. CD

[問 9] 〈定期点検〉 p.26 問9 キーレッスン参照　[解答①]

ここが重要　定期点検ができる者
① 危険物取扱者（甲種、乙種、丙種）→危険物取扱者であれば誰でもOK。
② 危険物施設保安員（定期点検の立ち会いはできない。）
③ 危険物取扱者以外の者は、甲種、乙種、丙種いずれかの立ち会いがあればできる。

× 1. 危険物取扱者であれば、甲種、乙種、丙種に関係なく点検をすることができると定められているので、丙種は点検ができないは誤っている。
○ 2. 製造所等の所有者、管理者又は占有者（所有者等という）は、定期点検記録を作成し、これを保存しなければならない。
○ 3. 点検は製造所等の位置等が、技術上の基準に適合しているかを点検する。
○ 4. 危険物施設保安員は、点検を行うことができると定められている。
○ 5. 乙種危険物取扱者（1項を参照）は、点検を行うことができる。

問 10 〈危険物取扱者免状の交付等〉 p.33 問12 キーレッスン参照　　**解答⑤**

ここが重要　消防法に違反して危険物取扱者免状の<u>返納を命じられた者は、その日から起算して1年を経過しないと</u>、新たに試験に合格しても免状の交付を受けることができない（免状関連は、すべて都道府県知事の管轄である）。

「（A：都道府県知事）は、危険物取扱者が消防法令に違反して免状の（B：返納を命じられた）その日から起算して（C：1年）を経過しない者には、危険物取扱者免状の交付を行わないことができる。」

	〈A〉	〈B〉	〈C〉
×1.	都道府県知事○	返納をした×	1年○
×2.	市町村長×	返納を命じられた○	2年×
×3.	市町村長×	返納をした×	2年×
×4.	都道府県知事○	返納をした×	2年×
○5.	都道府県知事○	返納を命じられた○	1年○

問 11 〈危険物施設保安員〉　　**解答⑤**

ここが重要　危険物施設保安員とは、一定の規模の製造所等において<u>危険物保安監督者の下で、その構造及び設備に係わる保安業務の手伝いを行う者</u>をいう。製造所等の所有者等に定める義務がある。

○1. 所有者等は危険物施設保安員に対して、製造所等の計測装置、安全装置等の機能を適正に保持するための保安管理を行わせることと定められている。
○2. 製造所等の構造及び設備に異常を発見した場合は、危険物保安監督者等に連絡するとともに、状況を判断し適切な措置を講じさせること。
○3. 危険物施設維持のために定期点検、臨時点検を実施し、記録を保存させること。
○4. 火災が発生したとき又は火災発生の危険性が著しい場合は、危険物保安監督者と協力して、応急の措置を講じさせることと定められている。
×5. 危険物保安監督者が事故等で職務を行うことができない場合でも、<u>危険物施設保安員に監督業務を行わせることはできない</u>。

キーレッスン　危険物施設保安員

1. **資格・必要施設・その他**
   ① 資格は必要としない（危険物取扱者免状がなくてもよい）。
   ② 選任の必要な危険物施設（3施設）
      ● 製造所：指定数量の倍数が100以上のもの。
      ● 一般取扱所：指定数量の倍数が100以上のもの。

● 移送取扱所：全て定める
③ 選任、解任にあたっては、届出の必要はない。
2. **危険物施設保安員の業務**（抜粋）
① 施設の維持のための点検の実施、記録及び記録の保存。
② 施設の異常を発見した場合の危険物保安監督者等への連絡と適切な措置。
③ その他、施設の保安に関し必要な業務。

問 12 〈保安講習〉 p.34 問 13 キーレッスン参照　　解答 ⑤

ここが重要　継続して危険物の取扱作業に従事している危険物取扱者（甲種、乙種、丙種）は、3 年以内に 1 回を基本として受講が義務づけられている。

○ 1. 危険物保安監督者は、選任条件（甲種か乙種危険物取扱者で実務経験 6 か月以上、保安の監督をする等）からみても受講対象者である。
○ 2. 危険物の取扱作業に従事している危険物取扱者は、受講の対象者である。
○ 3. 受講義務のある危険物取扱者が受講しなかったときは、免状返納命令の対象となる。
○ 4. どこの都道府県で行われている講習であっても、受講することが可能である。
× 5. 受講義務のある危険物取扱者は、<u>甲種、乙種及び丙種の免状の種類に関係なく、3 年以内に 1 回を基本として、受講が義務づけられている</u>。

問 13 〈移送の基準〉　　解答 ④

ここが重要　最近の試験問題
定期的に危険物を移送する場合は、**移送経路その他必要な事項を出発地の消防署（消防署長）に届け出なければならない**。
→届ける必要はない。　　　　　　　　　　　　　　　　　　　　答：×

○ 1. 危険物の移送するために乗車している危険物取扱者は、免状を携帯していなければならない。<u>免状の携帯は、移送時のみ義務づけられている</u>。
○ 2. 移動タンク貯蔵所には、完成検査済証及び定期点検の点検記録等を備え付けておかなければならないと定められている。
○ 3. ガソリンを移送するには、これの取扱いができる危険物取扱者が乗車するように定められている。
× 4. 定期的に危険物を移送する場合であっても、**移送経路その他必要な事項を出発地の消防署に届け出なければならないという規定はない**。
○ 5. 消防吏員（署員）は、走行中の移動タンク貯蔵所を停止させ、乗車している危険物取扱者に対し、免状の提示を求めることができる。

移送の基準

1. 移送の基準
① 移送する危険物を取り扱える資格を持った危険物取扱者が乗車し、危険物取扱者免状を携帯すること。
② 移送の開始前に、移動タンクの底弁、消火器等の点検を十分に行うこと。
③ 長距離、長時間（連続4時間、1日9時間を超える場合）移送は、2人以上で行うこと。
④ 移送中災害等が発生するおそれのある場合は、応急措置をして、消防機関等に通報すること。

問 14 〈運搬の基準〉 p.36 問14キーレッスン参照　　**解答 ③**

よく出題される問題である。運搬容器の外部に表示しなくてよいもの。
1. 消火方法
2. 容器の材質（プラスチック、ポリエチレン等）

○ 1. 品名→第4類第2石油類
○ 2. 危険等級→危険等級Ⅲ
× 3. 消火方法→表示する必要がない。
○ 4. 化学名→灯油
○ 5. 数量→18 l

問 15 〈貯蔵・取扱いの基準〉 p.38 問15キーレッスン参照　　**解答 ④**

各タンクの計量口や元弁及び注入口の弁又は蓋は、使用時以外は閉鎖しておくと定められている。

× 1. 製造所等では許可された危険物と同じ類、同じ数量であっても、品名の変更については、変更しようとする日の10日前までに市町村長等に届け出る必要がある。
× 2. 危険物のくず・かす等は、1週間に1回ではなく1日に1回以上当該危険物の性質に応じて、安全な場所及び方法で廃棄することと定められている。
× 3. 屋外貯蔵所においては類を異にする危険物は、原則として同時貯蔵はできないと定められている。例外は認められているが、その場合も、類別ごとにそれぞれとりまとめて貯蔵し、相互に1m以上の間隔を置くことと定められている。
○ 4. 屋外貯蔵タンク、屋内貯蔵タンク、地下貯蔵タンク等の計量口は、漏えい事故防止等のため、計量するとき以外は閉鎖しておかなければならない。
× 5. 廃油等を廃棄する場合は、安全な場所で他に危害を及ぼさない方法で行い、必ず見張人をつければ焼却してもよいと定められている。

【基礎的な物理学・化学】

問 16 〈燃焼の基礎知識〉 p.41 問 17 キーレッスン参照　　**解答 ④**

> ここが重要　気化熱や融解熱とはどのような熱なのか？

○ 1. 酸素供給源は空気以外に、第1類及び第6類（硝酸、過酸化水素等）から放出される酸素、ロケット等に使われている液体酸素等がある。
○ 2. 車のエンジンの場合の3要素は、ガソリン（可燃物）、空気（酸素供給源）及び点火プラグ（点火源）である。
○ 3. 炭素（C）が完全燃焼してできた二酸化炭素（CO_2）は、これ以上酸素と化合できない（燃えない）ので可燃物ではない。
× 4. 夏に庭や道路に散水すると、蒸発するときに周りの熱を奪うため涼しく感じる現象が気化熱である。**気化熱はマッチのような点火源にはならない。また、氷を解かす際の融解熱も点火源にはならない。**
○ 5. 金属の衝撃火花や静電気の火花放電は、点火源になることがある。

問 17 〈自然発火〉　　**解答 ③**

> ここが重要　次ページのキーレッスン1の自然発火の定義をよく読んでみよう！

「自然発火とは、他から火源を与えないでも、物質が空気中で常温（20℃）において自然に（A：**発熱**）し、その熱が長期間蓄積されて、ついには（B：**発火点**）に達し、燃焼を起こす。自然発火性を有する物質の（A：**発熱**）の原因として（C：**酸化熱**）、（D：**分解熱**）、吸着熱、重合熱、発酵熱などが考えられる。（E：**動植物油**）の中には、不飽和性のため、空気中の酸素と結合しやすく、放熱が不十分なとき温度が上がり、自然発火を起こすものがある。」

	〈A〉	〈B〉	〈C〉	〈D〉	〈E〉
× 1.	発熱○	引火点×	分解熱○	酸化熱○	セルロイド×
× 2.	酸化×	発火点○	燃焼熱×	生成熱×	セルロイド×
○ 3.	**発熱○**	**発火点○**	**酸化熱○**	**分解熱○**	**動植物油○**
× 4.	酸化×	燃焼点×	燃焼熱×	生成熱×	セルロイド×
× 5.	発熱○	引火点×	分解熱○	酸化熱○	動植物油○

注意：CとDの酸化熱、分解熱は、逆に入っていても意味は変わらないので正解である。

キーレッスン 自然発火

1. 自然発火の定義

自然発火とは、他から火源を与えなくても、物質が空気中で常温において自然に発熱し、その熱が長期間蓄積されて、ついに発火点に達し燃焼を起こす。原因として酸化熱、分解熱、吸着熱、重合熱、発酵熱などが考えられる。一般に動植物油類のような不飽和成分（二重結合などを持つ物質）を多く含む危険物は自然発火しやすい。動植物油類の乾性油（よう素価130以上）であるアマニ油やキリ油の自然発火がこれである。

注意：よう素価→油脂100gに吸収するよう素のg数で表す。よう素価の大きい油は、乾性油といわれ自然発火しやすい。

2. 自然発火を起こす要因

① 酸化熱による発熱→乾性油（アマニ油、キリ油）、石炭、ゴム粉末、油を含んだウエス、天ぷらのあげかす、その他
② 分解熱による発熱→セルロイド、ニトロセルロース等
③ 吸着熱による発熱→活性炭、木炭粉末等
④ よう素価
　乾性油（よう素価130以上）は自然発火しやすい。動植物油の
　・アマニ油　・キリ油
のみが自然発火すると覚える。
　半乾性油（よう素価100～130）は、自然発火しない。
　不乾性油（よう素価100以下）は、自然発火しない。
　また、石油製品のガソリンや灯油、軽油は、自然発火しない。

問 18 〈燃焼の基礎知識〉 p.41 問17 キーレッスン、他参照　　**解答⑤**

> ココが重要　燃焼の3要素の一つである酸素供給源には、空気と酸素（第1類、第6類危険物から放出される酸素、第5類自身が持っている酸素、液体酸素等）の2種類がある。

○1. 燃焼とは、熱と光の発生を伴う酸化反応である。→燃焼の定義であり正しい。
○2. 液体や固体の可燃物の燃焼は、一部例外もあるが、燃焼熱により蒸発又は分解して気体が燃焼する。
○3. 有機物の燃焼　酸素の供給が不足する　一酸化炭素が発生　不完全燃焼
　　　　　　　　　酸素が充分供給される　二酸化炭素が発生　完全燃焼
○4. 可燃物（C）は空気中で燃焼すると、より安定な酸化物（CO_2）に変化する。
×5. 第5類の危険物（自己反応性物質）であるニトログリセリン（ダイナマイトの原料）は、空気のない水中でも自分自身が持っている酸素によって燃焼する。

問 19 〈消火の基礎知識〉 p.45 問 19 キーレッスン参照　　**解答 ④**

> 試験にはよく出る大切な問題です。p.45 基本テスト問 19 のキーレッスンを確認してやってみよう！

○ 1. 泡消火剤には一般の泡消火剤、水溶性液体用泡消火剤といろいろな種類があるが、いずれも空気（酸素）の供給を断つ窒息効果がある。

○ 2. 灯油の火災を泡消火剤で消火すれば、空気の供給を断ち（1 要素を取り去る）消火できる。

○ 3. 約 21％ある空気中の酸素濃度が、14 ～ 15％以下になれば燃焼は停止する。

× 4. 除去消火は、<u>可燃物を取り去って消火する方法</u>（ローソクの火に息を吹きかけて消す等）であり誤っている。

○ 5. ハロゲン化物消火剤（ハロン 1301）は、負触媒作用による燃焼を抑制する効果と窒息効果がある。

問 20 〈燃焼の総合問題〉燃焼に関連のある項参照　　**解答 ②**

> 1 項の「蒸気の重さは、空気の 2.7 倍である。」は、蒸気比重の数値を見て答える。1 ～ 5 項まで、どの数値を見ればよいかを理解することが大切である。

発火点　　500℃　　　　引火点　　－11℃
蒸気比重　2.7　　　　　　沸点　　　80℃
燃焼範囲　1.4 ～ 7.1vol％

○ 1. 蒸気の重さは、空気の 2.7 倍である。→蒸気比重が 2.7 なので正しい。

× 2. 蒸気が 2％含まれている空気は、蒸気濃度が 2 vol％なので燃焼範囲の 1.4 ～ 7.1 vol％の間に入っており、火炎を近づければ引火して燃焼する。

○ 3. 蒸気濃度が燃焼範囲の下限値 1.4％に達したときの液温が引火点（－11℃＝引火点の定義-2）なので、この文章は正しい。

○ 4. この可燃性液体を沸点の温度（80℃）まで加熱すると沸騰する。

○ 5. 発火点が 500℃なので、500℃以上に加熱すると、点火源がなくても発火する。

問 21 〈静電気〉 p.50 問 21 キーレッスン参照　　**解答 ①**

> 静電気が発生しやすく帯電しやすい物質は、不導体や絶縁体（電気が流れない）の化学繊維、プラスチック、ガソリン等である。

× 1. 静電気は、絶縁性の大きい化繊やプラスチック、ガソリン等にも帯電し、放電火花を発生するので誤っている。また、人体にも帯電する。

○ 2. 静電気は正（＋）負（－）の 2 種類の電荷をもち、異種（＋と－）の電荷間では吸引力、同種（＋と＋等）の電荷間では反発力が発生する。磁石と似ている。

○ 3. 静電気の電荷力は、クーロン力（引き合ったり、反発する力をいう）で表される。
○ 4. 二つの物体（化学繊維の衣服）が接触分離（こすれる）するときに静電気が発生する。
○ 5. 静電気の一番の帯電防止策は、導線で接地（アース）することである。

問 22 〈物理変化・化学変化、その他〉　p.55　問24 キーレッスン他参照　**解答⑤**

> ここが重要　化合とは、2つ又は2つ以上の元素が化学的に結合して別の物質が生じることである。炭素と酸素が結合して二酸化炭素になる現象。化合によって生じる物質を**化合物**という。
>
> 炭素　　酸素　　二酸化炭素
> C　＋　O_2　→　CO_2　　※　二酸化炭素は、化学変化によって生じた物質。
> 元素　　元素　　化合物

「物質と物質とが作用し、その結果、新しい物質ができる変化が（A：化学変化）である。また、2種類あるいはそれ以上の物質から別の物質ができることを（B：化合）といい、その結果できた物質を（C：化合物）という。」

　　　　〈A〉　　　　〈B〉　　　〈C〉
× 1.　物理変化×　　化合○　　化合物○
× 2.　化学変化○　　混合×　　混合物×
× 3.　化学変化○　　重合×　　化合物○
× 4.　物理変化×　　混合×　　混合物×
○ 5.　化学変化○　　化合○　　化合物○

問 23 〈酸・塩基・pH〉　**解答①**

> ここが重要　次ページに記載のキーレッスンの3、4項を使うと分かりやすい。

「塩酸は酸であるのでpHは7より（A：小さく）、また水酸化ナトリウムは塩基であるので、その水溶液のpHは7より（B：大きい）。塩酸と水酸化ナトリウムを反応させると、食塩と水ができるが、この反応を（C：中和）と呼ぶ。なお同一濃度の塩酸、水酸化ナトリウムで生じた食塩の水溶液のpHは7であるので、水溶液は（D：中性）である。」

　　　　〈A〉　　　〈B〉　　　〈C〉　　　〈D〉
○ 1.　小さく○　　大きい○　　中和○　　中性○
× 2.　大きく×　　小さい×　　酸化×　　酸性×
× 3.　小さく○　　大きい○　　還元×　　アルカリ性×
× 4.　大きく×　　小さい×　　中和○　　中性○

× 5. 小さく○　大きい○　酸化×　酸性×

酸・塩基・pH

1. 酸
① 水に溶けると電離して水素イオン（H⁺）を生じる物質。又は、他の物質に水素イオン（H⁺）を与えることができる物質。
例：硝酸 HNO₃ ⟶ NO₃ + H⁺
② 酸の性質：青色リトマス紙を赤変させる。水溶液は酸味を有する。
学校での"成績は3"と覚える。→青（セイ）赤（セキ）は酸（サン）
③ 酸は、亜鉛や鉄等の金属を溶かして、水素を発生する。

2. 塩基
① 水に溶けると電離して水酸化物イオン（OH⁻）を生じる物質。又は、他の物質から水素イオン（H⁺）を受け取ることができる物質。
② 塩基の性質：赤色リトマス紙を青変する。水溶液は渋みを有する。

3. 中和
① 一般に、酸と塩基から塩と水のできる反応を中和という。

4. pH（水素イオン指数）
水溶液の酸性や塩基性（アルカリ性）の濃度を表すのに、水素イオン指数（pH）を用いることがある。

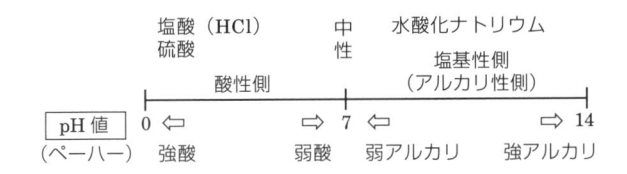

```
             塩酸（HCl）       中       水酸化ナトリウム
             硫酸             性        塩基性側
                   酸性側              （アルカリ性側）
       pH値    0 ⇨        ⇨  7  ⇦          ⇨  14
      (ペーハー)  強酸        弱酸  弱アルカリ      強アルカリ
```

問 24 〈熱量の計算〉　　　　解答 ②

熱量の計算式
熱量〔J〕= 質量〔g〕× 比熱 × 温度差〔°C〕

「比熱 2.5 J/(g·K) である液体 100 g の温度を、10°C から 30°C まで上昇させるのに要する熱量は、次のうちどれか。」

① 熱量の計算
熱量〔J〕= 質量〔g〕× 比熱 × 温度差〔°C〕
$x = 100\,\text{g} \times 2.5\,\text{J/(g·K)} \times (30-10)\,°\text{C}$
$x = 100 \times 2.5 \times (30-10)$

$x = 100 \times 2.5 \times 20 = 250 \times 20 = 5\,000$

② J（ジュール）から kJ（キロジュール）への換算（m から km への換算と同じ）
求める熱量 x は $5\,000$ J となるが答えは kJ で求めているので、$1\,000$ で割ると解答が出る。

$5\,000$ J $\div 1\,000 = 5$ kJ

× 1. 2.5 kJ　　○ 2. **5.0 kJ**　　× 3. 7.5 kJ　　× 4. 10.0 kJ　　× 5. 12.5 kJ

問 25　〈燃焼の基礎知識〉　p.42　問 17 キーレッスン 4 参照　　　　**解答 3**

○ 1. 水素は物質中で最も軽く、非常に拡散しやすい可燃性の気体である。
○ 2. 水に溶けにくい。
× 3. 純粋な水素は、特有の臭いを有する青白色ではなく**無色無臭**の気体である。
○ 4. 淡青色の見えにくい炎をあげて燃え、水を生成する。
○ 5. 水素の燃焼範囲は、第 4 類では一番広くて危険な特殊引火物よりも広い。

【性質・火災予防・消火の方法】

問 26　〈危険物の類ごとの性質〉　p.59　問 26 キーレッスン 2 参照　　　　**解答 2**

ここが重要　p.59 危険物の類ごとの性質、キーレッスン 2 の最近の試験問題を参照する。

○ 1. アルミホイールやアルミ鍋は危険物ではないが、粉末状のアルミニウム（粒度の規定がある。）は第 2 類の危険物である。
× 2. 引火性液体の燃焼は**分解燃焼**ではなく常に**蒸発燃焼**であり、引火性固体の燃焼も**蒸発燃焼**である。
○ 3. 第 3 類のナトリウムは、水と接触して発熱し、水素ガスを生成する。
○ 4. 危険物には<u>単体</u>（硫黄等）、<u>化合物</u>（アルコール類等）及び<u>混合物</u>（ガソリン等の石油製品）の 3 種類がある。
○ 5. 第 5 類のニトログリセリン等は、分子内に酸素を含んでおり、他から酸素の供給がなくても燃焼する。

問 27　〈第 4 類に共通する特性〉　p.60　問 27 キーレッスン参照　　　　**解答 3**

ここが重要　p.60 第 4 類に共通する特性、キーレッスン 1. 引火性の液体である③参照。

× 1. 水に溶けるものは、アルコール類やアセトン等の水溶性物品のみである。
× 2. 常温（20℃）で引火するものは、引火点が 20℃ 以下の危険物のみである。灯油、重油等引火点が 21℃ 以上のものは、火源があっても引火しない。
○ 3. 第 4 類の危険物の蒸気はすべて燃焼範囲を有し、この<u>下限値に達する温度が低</u>

98　第 3 章　実力テスト

いものほど引火点も低いので、引火の危険性が大きい。ガソリンの場合の燃焼範囲は 1.4 〜 7.6 vol％で、下限値は 1.4％であり引火点は − 40℃以下である。
× 4. 第4類危険物の蒸気（比重）はすべて空気より重く、低所に滞留しやすい。
× 5. 火源がなくても、発火点以上の温度になれば発火して燃焼する。

問 28　〈第4類に共通する火災予防の方法〉　**p.63**　問 28 キーレッスン参照　**解答②**

ここが重要　p.64 第4類に共通する火災予防の方法、キーレッスン 4. 静電気の蓄積防止策を参照する。

○ 1. 流速を小さくすると、摩擦が減り静電気の発生が少なくなるので正しい。
× 2. 注入時は、静電気による事故防止のために移動タンク貯蔵所を接地（アース）するのが、正しい取扱いである。**絶縁状態とは、アース線を外すことなので誤っている。**
○ 3. ホースに接地導線のあるものを用いるのは、静電気が漏れやすく（逃げやすく）なるので正しい作業である。
○ 4. 木綿の作業着は、合成繊維に比べて静電気をほとんど発生しないので正しい。
○ 5. 室内の湿度が高いと発生した静電気は、湿気を伝わって漏れるので正しい。

問 29　〈事故事例〉　**解答②**

○ A. 地下タンクへの注入を中止し消火の準備をするのは、正しい対策である。
○ B. ガソリンの漏洩事故を給油所内の従業員に知らせるとともに、消防機関に連絡するのは正しい対策である。
× C. エンジンを始動時にスイッチやマフラーからの火花で、ガソリンに引火するおそれがあるのでエンジンを始動してはいけない。
× D. ガソリンが漏れた場合は、その量・場所にもよるが、ドラム缶等に回収するのが基本で、他に乾燥砂やウエス等を使って回収する方法がある。多量の水で油分離槽に流せば、あふれ出るおそれがあるし、また、**界面活性剤で乳化して下水に流すと、河川の汚染等により二次災害の危険が生じる。**
○ E. 顧客を避難させ、人の出入りを禁止すると共に、道路通行車両にも注意する。
× 1. 1つ　　○ 2. 2つ　　× 3. 3つ　　× 4. 4つ　　× 5. 5つ

問 30　〈第4類に共通する消火の方法〉　**p.65**　問 29 キーレッスン参照　**解答④**

ここが重要　一般の泡消火剤を使用すると泡が消える危険物
　　　　① 水溶性の危険物（水溶性液体用泡消火剤が必要）
● アセトアルデヒド　　● 酸化プロピレン　　● アセトン
● メタノール（メチルアルコール）　　● エタノール（エチルアルコール）

● 酢酸（この 6 個の危険物を覚えておけば、ほとんどの問題で答えが出る。）
× 1. ガソリン　× 2. キシレン　× 3. 灯油　○ 4. エタノール
× 5. 軽油
注意：ガソリン、キシレン、灯油及び軽油は、水に溶けない非水溶性危険物である。

問 31　〈第 1 石油類（ガソリン）〉　p.68 問 31 キーレッスン参照　　**解答 ④**

○ 1. 自動車ガソリンの比重（液比重）は、水より軽く水に浮く。
○ 2. 灯油や軽油との識別を容易にするために、オレンジ色に着色されている。
○ 3. 引火点は−40℃以下で、厳冬（−25℃）の北海道でも引火する危険性がある。
× 4. 第 4 類で自然発火するものは、動植物油類のアマニ油とキリ油である。石油製品のガソリンや灯油は、自然発火しない。
○ 5. 燃焼範囲は正確には 1.4 ～ 7.6 vol％であるが、おおむねであれば 1 ～ 8 vol％であっても正しい。

問 32　〈アルコール類〉　　**解答 ①**

× 1. メタノール、エタノール共に沸点は、100℃以下である。
○ 2. アルコールは代表的な水溶性物品で、水とはどんな割合でも溶け合う。
○ 3. 第 4 類の危険物は、すべて蒸気（蒸気比重）は空気よりも重い。
○ 4. 水より軽い液体である。
○ 5. メタノール（11℃）、エタノール（13℃）の引火点は、灯油（40℃以上）より低い。
注意：メタノール、エタノールの沸点は、100℃以下と覚えておけば必ず答えは出る。
　　（最近の出題傾向より）

キーレッスン　アルコール類

アルコールとは、1 分子を構成する炭素の原子の数が 1 個から 3 個までの飽和 1 価アルコール（変性アルコールを含む）をいい、組成等を勘案して定められている。

〈アルコール類の一般性状〉

品　名	液比重	沸点〔℃〕	引火点〔℃〕	発火点〔℃〕	燃焼範囲〔vol％〕	水溶性
メタノール	0.8	64	11	464	6.0 ～ 36	○
エタノール	0.8	78	13	363	3.3 ～ 19	○
イソプロピルアルコール	0.79	82	15	399	−	○

1. **メチルアルコール（メタノール）とエチルアルコール（エタノール）に共通する特性**
① 沸点は 100℃ 以下である（水は 100℃ である）。
② 燃焼範囲は、ガソリンより広い。
③ 青白く淡い炎を出して燃焼するため、日中では炎が見えにくいことがある。
④ メタノールには毒性があるが、エタノールには毒性がない。
⑤ 水で希釈して濃度を低くすると、蒸気圧は低くなり引火点は高くなる。

〈アルコール濃度と引火点〉

	アルコール	ウイスキー	日本酒
アルコール濃度	100%	45%	15%
引火点	13 ℃	約 30 ℃	×

※日本酒は、引火点が高くなるから、引火しない

⑥ 無水クロム酸等（第1類危険物で酸化剤）と接触すると激しく反応して、発火することがある。
⑦ アルコール類（含グリセリン）は、ナトリウムと反応して水素を発生する。

問 33 〈第2石油類（酢酸）〉　　　　　　　　　　　　　　　　　　　　　　解答②

> **ここが重要** 酸には腐食性がある（後述のキーレッスン参照）。

○ 1. 酢酸は食用酢の原料で、常温（20℃）では無色透明の液体である。
× 2. 酢酸は高純度品（原液）より**水溶液（水で薄めたもの）の方が腐食性が強い**。
○ 3. 引火点は 39℃ で、常温（20℃）では発生する蒸気が少なく引火の危険性がない。
○ 4. 水溶性物品で、アルコールに任意の割合で溶ける。
○ 5. 炭化水素（炭素と水素）の化合物なので、燃焼すると二酸化炭素と水蒸気になる。また、燃焼時は、青い炎をあげて燃える。

キーレッスン　酢酸
① 無色透明の液体で、刺激性の酢の臭いがする（食酢は酢酸の約 4% 水溶液）。
② 水によく溶け、アルコールやジエチルエーテルにもよく溶ける。

③ 金属やコンクリートを腐食する。
④ 高濃度の酢酸は低温で氷結する（凝固点17℃）ため、氷酢酸と呼ばれている。
⑤ アルコールと反応して酢酸エステルをつくる。

問 34 〈特殊引火物〉 p.72 問34 キーレッスン1、2参照　　解答 ③

ココが重要　比重が水より重いと出れば、第4類では二硫化炭素のみが〇で、他はすべて×である。（最近の出題傾向より）

○ 1. 特殊引火物の燃焼範囲は、ジエチルエーテル、二硫化炭素に限らずすべて広い。
○ 2. 発火点はジエチルエーテル（160℃）と二硫化炭素（90℃）のどちらもが、ガソリン（約300℃）より低い。
× 3. ジエチルエーテルは水より軽く、二硫化炭素は重いので誤っている。
○ 4. ジエチルエーテルの蒸気は麻酔性があり、二硫化炭素の蒸気は毒性がある。
○ 5. ジエチルエーテルは少し水に溶けるが、どちらも二酸化炭素、ハロゲン化物などが消火剤として有効である。

問 35 〈第1石油類（アセトン）〉　　解答 ④

ココが重要　アセトンについては、水溶性の危険物で水によく溶けると覚えることが最重要である。（最近の出題傾向より）

○ 1. アセトンの液比重は、1より小さく水より軽い。
○ 2. 沸点が低く揮発（蒸発）しやすい。
○ 3. 無色で特有の臭気を有する。
× 4. アセトンは水溶性の危険物であり、水によく溶ける。
○ 5. 第4類の危険物は、発生する蒸気はすべて空気より重く低所に滞留しやすい。

キーレッスン　アセトン

① 無色透明の液体で、特有の臭気がある。
② 水に溶けるほか、アルコール、ジエチルエーテル等の有機溶剤にもよく溶ける。
③ 水溶性液体用泡消火剤が最適である。

品名	液比重	沸点〔℃〕	引火点〔℃〕	発火点〔℃〕	燃焼範囲〔vol%〕	水溶性
アセトン	0.8	56	－20	465	2.5～12.8	○

実力テスト（第2回）

【危険物に関する法令】

問 1 法に定める危険物の品名について、次のうち誤っているものはどれか。

1. 二硫化炭素は、特殊引火物に該当する。
2. アセトンは、第1石油類に該当する。
3. 灯油は、第2石油類に該当する。
4. シリンダー油は、第3石油類に該当する。
5. ギヤー油は、第4石油類に該当する。

問 2 法令上、予防規程について、次のうち正しいものはどれか。

1. すべての製造所等の所有者等は、予防規程を定めておかなければならない。
2. 自衛消防組織を置く事業所における予防規程は、当該組織の設置をもってこれに代えることができる。
3. 予防規程は、危険物取扱者が定めなければならない。
4. 予防規程を変更するときは、市町村長等に届け出なければならない。
5. 所有者等及び従業者は、予防規程を守らなければならない。

問 3 法令上、次に掲げる危険物を同一の貯蔵所で貯蔵している場合、指定数量の倍数はいくらになるか。

ガソリン	500 l
二硫化炭素	500 l
灯油	1 000 l
メタノール	1 000 l
重油	1 000 l

1. 11.5　2. 14.0　3. 15.0　4. 16.5　5. 19.5

問 4 法令上、製造所等の外壁又はこれに相当する工作物の外側までの間に50m以上の距離（保安距離）を保たなければならない旨の規定が設けられている建築物は、次のうちどれか。

1. 小学校
2. 使用電圧35 000 Vを超える特別高圧架空電線
3. 重要文化財

4. 病院
5. 高圧ガス施設

問 5 法令上、消火設備の区分について、次のうち第5種の消火設備に該当するものはどれか。
1. 屋内消火栓設備
2. スプリンクラー消火設備
3. 泡消火設備
4. ハロゲン化物を放射する大型消火器
5. 消火粉末を放射する小型消火器

問 6 法令上、顧客に自ら自動車等に給油させる給油取扱所の構造及び設備の技術上の基準として、次のうち誤っているものはどれか。
1. 当該給油取扱所へ進入する際、見やすい箇所に顧客は自ら給油等を行うことができる旨の表示をしなければならない。
2. 顧客用固定給油設備は、ガソリン及び軽油相互の誤給油を確実に防止することができる構造としなければならない。
3. 顧客用固定給油設備の給油ノズルは、自動車等の燃料タンクが満量になったときに給油を自動的に停止する構造としなければならない。
4. 固定給油設備には、顧客の運転する自動車等が衝突することを防止するための対策を施さなければならない。
5. 当該給油取扱所は、建物内に設置してはならない。

問 7 危険物の規制として、法令上、次のうち誤っているものはどれか。

1. 製造所の位置、構造又は設備を変更しないで、貯蔵し又は取り扱う危険物の品名、数量又は指定数量の倍数を変更しようとするときは、変更しようとする10日前までに市町村長等に届け出なければならない。
2. 指定数量未満の危険物の貯蔵又は取扱いの技術上の基準は、市町村条例で定められている。
3. 製造所等を廃止した者は、遅滞なくその旨を市町村長等に届け出なければならない。
4. 危険物を運搬する場合は、積載方法及び運搬方法、容器の構造及び最大容量等についての基準を守らなければならない。
5. 危険物保安監督者を定めなければならない製造所等には、危険物施設保安員も定めなければならない。

問 8 法令上、定期点検を義務づけられていない製造所等は、次のうちどれか。

1. 移動タンク貯蔵所
2. 地下タンクを有する製造所
3. 地下タンク貯蔵所
4. 簡易タンク貯蔵所
5. 地下タンクを有する給油取扱所

問 9 製造所等における法令違反と、それに対して市町村長等から受ける命令等の組合せとして、次のうち誤っているものはどれか。

1. 製造所等の位置、構造及び設備が技術上の基準に適合していないとき。
 ……製造所等の修理、改造又は移転命令
2. 製造所等における危険物の貯蔵又は取扱いの方法が技術上の基準に違反しているとき。
 ……危険物の貯蔵、取扱基準遵守命令
3. 許可を受けないで、製造所等の位置、構造又は設備を変更したとき。
 ……使用停止命令又は許可の取消し
4. 公共の安全の維持又は災害発生の防止のため、緊急の必要があるとき。
 ……製造所等の一時使用停止又は使用制限命令
5. 危険物保安監督者が、その責務を怠っているとき。
 ……危険物の取扱作業の保安に関する講習の受講命令

問 10 法令上、危険物の品名、指定数量の倍数等にかかわりなく、危険物保安監督者を定めなければならない製造所等は、次のうちどれか。

1. 屋内貯蔵所　2. 屋外貯蔵所　3. 給油取扱所　4. 販売取扱所
5. 屋内タンク貯蔵所

問 11 法令上、危険物取扱者免状に関する説明として、次のうち誤っているものはどれか。

1. 免状の記載事項に変更を生じたときは、居住地又は勤務地を管轄する市町村長等にその書換えの申請をしなければならない。
2. 免状を亡失した場合は、免状の交付又は書換えをした都道府県知事に再交付を申請することができる。
3. 免状を亡失して再交付を受けた者が亡失した免状を発見したときは、これを 10 日以内に免状の再交付を受けた都道府県知事に提出しなければならない。
4. 危険物取扱者免状には、甲種、乙種及び丙種の 3 種類がある。

5. 乙種危険物取扱者は、免状に指定された類の危険物の取扱いと立ち会いができる。

問12 法令上、移動タンク貯蔵所の移送、貯蔵及び取扱いの技術上の基準について、次のうち誤っているものはどれか。

1. 移動貯蔵タンクからガソリンを容器に詰め替えてはならない。
2. 移動貯蔵タンクから危険物を貯蔵し、又は取り扱うタンクにガソリンを注入するときは、当該タンクの注入口に移動貯蔵タンクの注入ホースを緊結しなければならない。
3. 移動貯蔵タンクから、第1石油類の危険物を貯蔵タンクに注入するときは、移動タンク貯蔵所の原動機を停止して行わなければならない。
4. 移動貯蔵タンクにガソリンを入れ又は移動貯蔵タンクから出すときは、当該移動貯蔵タンクを接地しなければならない。
5. 移動タンク貯蔵所には、設置許可証及び始業時終業時の点検記録を備え付けておかなければならない。

問13 法令上、危険物の取扱作業の保安に関する講習(以下「講習」という。)について、次のうち正しいものはどれか。

1. 危険物保安監督者に選任されている危険物取扱者のみが、この講習を受けなければならない。
2. 危険物施設保安員は、2年に1回この講習を受けなければならない。
3. 危険物の取扱作業に現に従事している者のうち、法令に違反した者が、1年以内にこの講習を受けなければならない。
4. 危険物取扱者であっても、現に危険物の取扱作業に従事していない者は、この講習の受講義務はない。
5. 危険物取扱者は、5年に1回この講習を受けなければならない。

問14 法令上、製造所等における危険物の貯蔵及び取扱いのすべてに共通する技術上の基準について、次のうち定められていないものはどれか。

1. 危険物が残存している設備、機械器具又は容器等の修理をする場合は、危険物保安監督者の立ち会いのもとに行わなければならない。
2. 危険物を貯蔵し、又は取り扱っている建築物等においては、当該危険物の性質に応じた有効な遮光又は換気を行うこと。
3. 危険物は、温度計、圧力計等の計器を監視し、当該危険物の性質に応じた適正な温度又は圧力を保つように貯蔵し、又は取り扱うこと。
4. 可燃性蒸気が漏れたり滞留するおそれのある場所では、火花を発する機械器具を使用してはならない。

5. 危険物を貯蔵し、又は取り扱う場合には、危険物が漏れ、あふれ、又は飛散しないように必要な措置を講ずること。

問15 法令上、第4類の危険物とその他の類の危険物を車両で混載して運搬する場合、次のうち誤っているものはどれか。ただし数量は指定数量の1倍とする。

1. 第1類のものとは、混載は認められていない。
2. 第2類のものとは、混載は認められている。
3. 第3類のものとは、混載は認められていない。
4. 第5類のものとは、混載は認められている。
5. 第6類のものとは、混載は認められていない。

【基礎的な物理学・化学】

問16 燃焼に関する一般的な説明として、次のうち誤っているものはどれか。

1. 燃焼が始まるためには、原則として可燃物、酸素供給源及び着火源の3つが同時に共存することが必要である。
2. いったん燃焼が始まれば、燃焼しているものが着火源の働きをするので、可燃物と酸素供給源の2つだけで燃焼が継続する。
3. 有機物の燃焼で酸素が不足していると、一酸化炭素、アルデヒド類、すす、炭化水素などが生成される。
4. 有機物や無機物にかかわらず完全に酸化された場合は、二酸化炭素と水蒸気が生成される。
5. 有機物であり可燃物であって、かつ、燃焼に必要な酸素を含む物質は、空気や酸素の供給がなくても燃焼する。

問17 燃焼に関する説明として、次のうち正しいものはどれか。

1. ガソリンのように、発生した蒸気が液面上で燃焼することを表面燃焼という。
2. セルロイドのように、分子内に含有する酸素によって燃焼することを蒸発燃焼という。
3. 水素のように、気体がそのまま燃焼することを内部（自己）燃焼という。
4. コークスのように、蒸発することなく固体自体が直接燃焼することを分解燃焼という。
5. メタノールのように、発生した蒸気が燃焼することを蒸発燃焼という。

問 18 次のうち正しいものはどれか。

1. 引火点と発火点は、固体においては同じ温度である。
2. 可燃性蒸気と空気との混合気体は、混合比に関係なく燃焼する。
3. 木炭、コークス等の燃焼の形態を分解燃焼という。
4. 沸点の高い可燃性液体には、引火点がない。
5. 一般に固体や液体の燃焼は、酸素濃度を高くすると燃焼速度は激しくなる。

問 19 消火方法とその主な消火効果について、次のうち正しいものはどれか。

1. 容器内で燃えている灯油に蓋をして消火した。
　　　　　　　　　　　　　　　　　　　　……除去効果
2. 少量のガソリンが燃えていたので、二酸化炭素消火器で消火した。
　　　　　　　　　　　　　　　　　　　　……窒息効果
3. 容器内で燃えている軽油に、ハロゲン化物消火器で消火した。
　　　　　　　　　　　　　　　　　　　　……冷却効果
4. 天ぷらなべの油が燃えだしたので、粉末消火器で消火した。
　　　　　　　　　　　　　　　　　　　　……冷却効果
5. 油の染み込んだ布が燃えたので、乾燥砂で覆って火を消した。
　　　　　　　　　　　　　　　　　　　　……抑制（負触媒）効果

問 20 発火点についての説明で、次のうち正しいものはどれか。

1. 可燃性物質が燃焼範囲の下限界の濃度の蒸気を発生するときの液温をいう。
2. 可燃性物質を加熱した場合、空気がなくとも自ら燃え出すときの最低温度をいう。
3. 可燃物を空気中で加熱した場合、炎、火花などを近づけなくとも自ら燃え出すときの最低温度をいう。
4. 可燃性物質から継続的に可燃性気体を発生させるのに、必要な温度をいう。
5. 可燃性物質を燃焼させるのに必要な点火源の最低温度をいう。

問 21 静電気に関する説明として、次のうち誤っているものはどれか。

1. 静電気は固体だけでなく、気体、液体にも発生する。
2. 静電気の帯電量は、物質の電気抵抗が大きいほど少ない。
3. ガソリン等の液体がパイプやホースの中を流れるときは、静電気が発生しやすい。

4. 2種類の電気の不導体を互いに摩擦すると、一方が正に、他方が負に帯電する。
5. 静電気の蓄積による放電火花は、可燃性ガスや粉じんのあるところでは、しばしば発火の原因となる。

問22 酸化と還元の説明について、次のうち誤っているものはどれか。

1. 物質が酸素と化合することを酸化という。
2. 酸化物が酸素を失うことを還元という。
3. 同一反応系において、酸化と還元は同時に起こることはない。
4. 酸化剤は電子を受け取りやすく還元されやすい物質であり、反応によって酸素数が減少する。
5. 反応する相手の物質によって酸化剤として作用したり、還元剤として作用したりする物質がある。

問23 炭素が燃焼するときの熱化学方程式は次のとおりである。

$$C + 1/2 O_2 = CO + 110 \text{ kJ} \cdots\cdots (A)$$
$$C + O_2 = CO_2 + 395 \text{ kJ} \cdots\cdots (B)$$

この方程式から考えて、次の記述のうち正しいものはどれか。ただし炭素の原子量は12、酸素の原子量は16である。

1. 炭素が完全燃焼するときは（ A ）式で、又不完全燃焼するときは（ B ）式で表される。
2. 二酸化炭素の1 molは28 gである。
3. 二酸化炭素の1分子は炭素1原子と酸素2原子からなっている。
4. 炭素12 gが完全燃焼すると二酸化炭素28 gが生じる。
5. A、Bの両式とも吸熱反応による酸化反応である。

問24 金属について、次のうち誤っているものはどれか。

1. 金属の中には、水より軽いものがある。
2. イオンになりやすさは、金属の種類によって異なる。
3. 希硝酸と反応しないものもある。
4. 金属は燃焼しない。
5. 比重が約4以下の金属を一般に軽金属という。

問25 熱の移動に関する説明で、次のA、Bに当てはまる語句で正しいものはどれか。

「物体と熱源との間に液体が存在するときには、液体は一般に温度が高くなると比重が小さくなるので上方に移動し、それで物体に熱が伝わる。これが（ A ）による熱の伝わり方である。しかし、熱源と物体との間に何もなく、真空である場合にも熱は伝わる。太陽により地上の物体が暖められ、温度が上がるのはこの例であって、このような熱の伝わり方を（ B ）と呼ぶ。」

〈A〉　〈B〉
1. 対流　伝導
2. 伝導　放射
3. 伝導　対流
4. 対流　放射
5. 放射　伝導

【性質・火災予防・消火の方法】

問26 第1類から第6類の危険物の性状等について、次のうち誤っているものはどれか。
1. 同一の物質であっても、形状及び粒度によって危険物になるものとならないものがある。
2. 不燃性の液体又は固体で、酸素を分離し他の燃焼を助けるものがある。
3. 水と接触して発熱し、可燃性ガスを生成するものがある。
4. 危険物には単体、化合物及び混合物の3種類がある。
5. 同一類の危険物に対する適応消火剤及び消火方法は同じである。

問27 第4類の危険物の一般的性状について、次のうち正しいものはどれか。

1. 水に溶けるものはない。
2. 静電気が蓄積されやすく、静電気の火花で引火するものがある。
3. 空気とは、いかなる混合割合でも燃える。
4. 発火点が100℃以下のものはない。
5. 常温（20℃）で気体のものもあり、自然発火性を有する。

問28 エタノールの火災に、水溶性液体用泡消火剤以外の一般的な泡消火剤を使用しても効果的でない理由として、次のうち正しいものはどれか。
1. 消火剤と化合するから。

2. 燃焼温度が非常に高いから。
3. 揮発性が大きいから。
4. 燃焼速度が速いから。
5. 泡を消すから。

問29 アセトンやエチルメチルケトンが燃えているときの消火方法で、次のうち不適切なものはどれか。

1. りん酸塩類の消火粉末を放射する。
2. 棒状注水をする。
3. 水溶性液体用泡消火剤を放射する。
4. 二酸化炭素消火剤を放射する。
5. ハロゲン化物消火剤を放射する。

問30 次の事故事例を教訓とした今後の対策として、不適切なものはどれか。

「移動タンク貯蔵所の運転者が、地下1階にある屋内タンク貯蔵所（容量1400 l）に1000 l の軽油を注入すべきところ、誤って1400 l の軽油を注入したので、タンク容量を超え、計量レベルゲージ（ワイヤー貫通孔）から約300 l を流出させた。」

1. 注入するときは、必ず屋内貯蔵タンクの残油量を確認する。
2. 注入するときは、受渡し双方で立ち会う。
3. 危険物の注入状態を確認する。
4. 過剰注入防止用警報ブザー等は、日ごろの適正な維持管理を徹底するとともに、注入前には使用時点検を実施する。
5. 注入するときは、通気口を閉鎖する。

問31 自動車ガソリンの性状について、次のうち誤っているものはどれか。

1. 蒸発しやすく引火性が非常に高い物質であり、特殊引火物に次ぐ危険性を有している。
2. ガソリンがほとんど残っていない空容器は、引火の危険性が極めて小さい。
3. 非水溶性で流動、ろ過、滴下、噴霧などの際に帯電し、放電火花により引火爆発を起こすことがある。
4. 燃焼範囲は約1～8 vol%である。
5. 蒸気は空気より重く地面をはってかなり遠くの低所に滞留し、燃焼範囲の混合ガスをつくることがある。

問 32 次の危険物のうち、ぼろ布等の繊維にしみ込ませて放置すると、状況によって自然発火を起こす可能性のあるものはどれか。

1. エタノール
2. 軽油
3. 灯油
4. ベンゼン
5. 動植物油

問 33 重油の性質について、次のうち誤っているものはどれか。

1. 水に溶けない。
2. 水より重い。
3. 日本工業規格では、1種（A重油）、2種（B重油）及び3種（C重油）に分類される。
4. 発火点は100℃より高い。
5. 1種及び2種重油の引火点は60℃以上である。

問 34 ジエチルエーテルの性状として、次のうち誤っているものはどれか。

1. 無色透明の液体である。
2. 蒸気は空気より重い。
3. 水やアルコールによく溶ける。
4. 光りに触れると、過酸化物を生じることがある。
5. 水より軽い。

問 35 トルエンの性状として、次のうち誤っているものはどれか。

1. 無色の液体である。
2. 特有の芳香を有している。
3. 水に溶ける。
4. 揮発性で蒸気は空気より重い。
5. アルコール、ベンゼン等の有機溶媒に溶ける。

実力テスト（第2回）解答と解説

【危険物に関する法令】

問 1 〈消防法上の危険物〉 p.13 問1 キーレッスン2 参照　　**解答④**

> キーレッスン2．消防法別表第1の備考より、第3石油類は重油、クレオソート油である。第4石油類は、ギヤー油、シリンダー油である（品名のみ記載した）。

- ○ 1. 二硫化炭素は、特殊引火物であり正しい。
- ○ 2. アセトンは、第1石油類であり正しい。
- ○ 3. 灯油は、第2石油類であり正しい。
- × 4. シリンダー油は、第3石油類ではなく**第4石油類**なので誤っている。
- ○ 5. ギヤー油は、第4石油類であり正しい。

問 2 〈予防規程〉 p.14 問2 キーレッスン参照　　**解答⑤**

> 予防規程は、防災上の見地から作成する、従業者（事業所で働く経営者から新入社員まですべて）等が遵守しなければならない自主保安に関する規程と定められている。

- × 1. すべての製造所等には危険物施設12箇所が入るが、予防規程を定めなければならないのは、そのうち7施設である。
- × 2. 法令上、自衛消防組織を置く事業所であっても、予防規程は定めなければならない。
- × 3. 予防規程は、**所有者等が作成し市町村長等の認可を受ける**と定められている。
- × 4. 予防規程を変更するときは、市町村長等の認可を受けると定められている。
- ○ 5. 製造所等の火災を予防するため所有者等及び従業者は、予防規程を守らなければならないと定められている。

問 3 〈指定数量〉 p.17 問3 キーレッスン2②参照　　**解答④**

> 複数の危険物を同一場所で貯蔵している場合の指定数量の倍数の計算式は、ガソリンから重油までの各々を計算して足せばよい。

* 次の①か②のうち、得意な方法で計算しよう！

① 指定数量の倍数 = $\dfrac{\text{ガソリンの貯蔵量}〔l〕}{\text{ガソリンの指定数量}〔l〕} = \dfrac{500l}{200l} = \dfrac{5}{2} = 2.5$倍

② 指定数量の倍数 = ガソリンの貯蔵量〔l〕÷ ガソリンの指定数量〔l〕
　　　　　　　　= $500l ÷ 200l = 2.5$倍

ガソリン	500 l ÷ 200 l =	2.5
二硫化炭素	500 l ÷ 50 l =	10.0
灯油	1 000 l ÷ 1 000 l =	1.0
メタノール	1 000 l ÷ 400 l =	2.5
重油	1 000 l ÷ 2 000 l =	0.5

合計 16.5

× 1. 11.5　　× 2. 14.0　　× 3. 15.0　　◯ 4. **16.5**　　× 5. 19.5

問 4 〈保安距離・保有空地〉 p.18 問4 キーレッスン2参照　　解答 ③

ココが重要　人が多く集まる学校、病院等は、30 m 以上の保安距離が必要なので必ず覚えよう！　プラスして、重要文化財は 50 m 以上必要と覚えよう！

× 1. 小学校→ 30 m 以上の保安距離が必要と定められているので誤っている。
× 2. 使用電圧 35 000 V を超える特別高圧架空電線→ 5 m 以上なので誤っている。
◯ 3. 重要文化財→ **50 m** 以上必要なので正しい。
× 4. 病院→ 30 m 以上なので誤っている。
× 5. 高圧ガス施設→ 20 m 以上必要なので誤っている。

問 5 〈消火設備〉 p.19 問5 ポイント参照　　解答 ⑤

ココが重要　第5種消火設備は、小型消火器、乾燥砂、膨張ひる石、膨張真珠岩石等である。

× 1. 屋内消火栓設備→第1種消火設備
× 2. スプリンクラー消火設備→第2種消火設備
× 3. 泡消火設備→第3種消火設備
× 4. ハロゲン化物を放射する大型消火器→第4種消火設備
◯ 5. 消火粉末を放射する小型消火器→第5種消火設備なので正しい。

問 6 〈給油取扱所（セルフ型スタンド）〉　　解答 ⑤

ココが重要　p.88 実力テスト（第1回）の問6 キーレッスン4参照。

◯ 1. 当該給油取扱所へ進入する際、見やすい箇所に顧客は自ら給油等を行うことができる（セルフ型スタンドという）旨の表示をしなければならない。
◯ 2. 顧客用固定給油設備は、ガソリン及び軽油相互の誤給油を確実に防止することができる構造としなければならないと定められている。
◯ 3. 顧客用固定給油設備の給油ノズルは、自動車等の燃料タンクが満量になったときに給油を自動的に停止する構造としなければならない。
◯ 4. 固定給油設備には、自動車等の衝突を防止するための対策を施さなければならない。

× 5. セルフ型スタンドは、給油取扱所（屋外）、屋内給油取扱所の基準が適用されるので、基準に合致していれば**建物内に設置しても**何ら問題はない。

問 7 〈危険物の規制〉基本テストの法令全般のキーレッスンで確認　**解答⑤**

> 法令全般の問題であり、最近はこのような問題が増えつつある。この問題のほとんどの内容が、他の問題に出たときは答えになる大切な項目である。

○ 1. 製造所の位置等を変更しないで、危険物の品名等変更しようとするときは、**変更しようとする日の10日前までに市町村長等に届け出**なければならない。
○ 2. 指定数量未満の危険物の貯蔵又は取り扱いは、市町村条例で定められている。
○ 3. 製造所等を廃止した者は、遅滞なく市町村長等に届け出なければならない。
○ 4. 危険物を運搬する場合は、積載方法及び運搬方法、容器の構造及び最大容量等についての基準を守らなければならない。
× 5. 危険物保安監督者は危険物施設12箇所のうち11箇所に必要であり、危険物施設保安員は3施設だけなので誤っている。詳しくはp.29 問10 キーレッスン4に掲載。

問 8 〈定期点検〉 p.26 問9 キーレッスン1参照　**解答④**

> 定期点検の必要な施設は、移動タンク貯蔵所と地下タンクを有する施設に必要と覚える。（最近の出題傾向より）

○ 1. 移動タンク貯蔵所→定期点検が必要である。
○ 2. 地下タンクを有する製造所→定期点検が必要である。
○ 3. 地下タンク貯蔵所→定期点検が必要である。
× 4. 簡易タンク貯蔵所→**定期点検はしなくてよい**ので、誤っている。
○ 5. 地下タンクを有する給油取扱所→定期点検が必要である。

問 9 〈法令違反に対する措置〉 p.24 問8 キーレッスン1、他参照　**解答⑤**

> 危険物保安監督者に対する解任命令はあるが、危険物取扱作業の保安に関する講習の受講命令はない。

○ 1. 製造所等の位置、構造及び設備が技術上の基準に適合していないとき。……製造所等の修理、改造又は移転命令が発令される。
○ 2. 製造所等における危険物の貯蔵又は取扱いの方法が技術上の基準に違反しているとき。……危険物の貯蔵、取扱基準遵守命令が発令される。
○ 3. 市町村長等の許可を受けないで、製造所等の位置等を変更したとき。……使用停止命令又は許可の取消しが発令される。
○ 4. 公共の安全の維持又は災害発生の防止のため、緊急の必要があるとき。……製造

所等の一時使用停止又は使用制限命令が発令される。
× 5. 危険物保安監督者が、その責務を怠っているとき。……市町村長等は解任を命じることができる。また、保安講習に受講命令はないので誤っている。

問 10 〈危険物保安監督者〉 p.29 問 10 キーレッスン 4 ②参照　　**解答 ③**

ココが重要
危険物保安監督者を必ず選任する必要がある施設の覚え方
「製造・一般・給油・移送で・外タンク」と覚える。
製造とは製造所、給油とは給油取扱所、外タンクとは屋外タンク貯蔵所である。

× 1. 屋内貯蔵所　　× 2. 屋外貯蔵所　　○ 3. 給油取扱所
× 4. 販売取扱所　　× 5. 屋内タンク貯蔵所

問 11 〈危険物取扱者免状の交付・書換え等〉 p.33 問 12 キーレッスン参照 **解答 ①**

ココが重要　p.33 のキーレッスンと併せて、p.31 基本テスト問 11 のキーレッスンを参照。

免状に関する事項は、すべて都道府県知事が行う。

× 1. 免状の記載事項に変更を生じたときは、居住地又は勤務地を管轄する市町村長等ではなく都道府県知事にその書換えの申請をしなければならない。
○ 2. 再交付の申請をする場合の注目点は、①免状の交付又は書換え（居住地、勤務地は誤り）、②都道府県知事に再交付を申請するの 2 点です。
○ 3. 亡失した免状を発見したときの注目点は、①これを（発見した古い免状）、② 10 日以内、③免状の再交付を受けた都道府県知事に提出するの 3 点です。
○ 4. 危険物取扱者免状には、甲種、乙種及び丙種の 3 種類がある。
○ 5. 乙種危険物取扱者は、免状に指定された類（例：4 類）の危険物の取扱いと立ち会いができる。

問 12 〈移動タンク貯蔵所〉 p.20 問 6 ポイントとキーレッスン参照　**解答 ⑤**

ココが重要
備え付ける必要がない書類等を重点的に覚えよう！
間違いやすいので注意して覚えよう！
〈備え付ける〉　　〈備え付ける必要なし〉
① 完成検査済証　　設置許可証
② 定期点検記録　　始業時終業時の点検記録

○ 1. 移動貯蔵タンクから容器に詰め替えることができる危険物は、第 4 類で引火点が 40℃以上のもの（灯油、軽油、重油等）と定められている。ガソリンは引火点が－40℃以下と低いので、詰め替えることはできない。
○ 2. 移動貯蔵タンクから地下タンク等にガソリンを注入するときは、危険物が漏れな

いように注入ホースを緊結しなければならない。
- ○ 3. 引火点40℃未満の危険物を注入するときは、移動貯蔵タンクの原動機（エンジン）を停止して行うと定められている。よって、第1石油類（法令で引火点21℃未満と定められている）の注入は、原動機を停止して行う必要がある。
- ○ 4. 移動貯蔵タンクにガソリンを入れ又は出すときは、静電気事故防止のため接地して行わなければならないと定められている。
- × 5. 完成検査済証や定期点検記録は備え付ける必要があるが、設置許可証及び始業時終業時の点検記録を備え付ける必要はない。

問 13 〈保安講習〉 p.34 問13 キーレッスン参照　　解答④

ココが重要　危険物の取扱作業に従事している危険物取扱者は、前回の講習を受講した日以降における最初の4月1日から3年以内に保安講習を受講することと定められている。

- × 1. 現に危険物の取扱作業に従事していても、危険物保安監督者に選任されている者のみがこの講習を受けるという規定はない。
- × 2. 危険物施設保安員は、受ける必要がない。
- × 3. 法令に違反した者であっても、この講習を受ける必要はない。
- ○ 4. 危険物取扱者（甲種、乙種、丙種）であっても、現に危険物の取扱作業に従事していない者（会社を退職等）は、この講習の受講義務はない。
- × 5. 危険物取扱者は、前回の講習を受講した日以降における最初の4月1日から3年以内に受講することと定められている。

問 14 〈貯蔵・取扱いの基準〉 p.38 問15 キーレッスン1参照　　解答①

- × 1. 危険物が残存している設備、機械器具又は容器等の修理をする場合は、安全な場所において危険物を完全に除去した後に行うと定められている。危険物保安監督者の立ち会いのもとに行ったとしても、危険なことに変わりはない。
- ○ 2. 建築物等は、危険物の性質に応じた有効な遮光（光をさえぎる）又は換気を行うことと定められている。
- ○ 3. 危険物は温度計、圧力計等の計器を監視し、危険物の性質に応じた適正な温度又は圧力を保つように貯蔵し、又は取り扱うことと定められている。
- ○ 4. 可燃性蒸気が漏れたり滞留するおそれのある場所では、火災等の防止のため、火花を発する機械器具を使用してはならない。
- ○ 5. 危険物を貯蔵し、又は取り扱う場合には、危険物が漏れ、あふれ、又は飛散しないように修理等必要な措置を講ずることと定められている。

問 15 〈運搬の基準〉 p.36 問14 キーレッスン2参照　　　　　　　　**解答③**

> **ココが重要**
> 危険物の混載で第4類の場合は、両端の1、6類がダメで、その間の2、3、5類がOKである。

○ 1. 第1類のものとは、混載は認められていない。
○ 2. 第2類のものとは、混載は認められている。
× 3. 第3類のものとは、混載は認められているので誤っている。
○ 4. 第5類のものとは、混載は認められている。
○ 5. 第6類のものとは、混載は認められていない。

【基礎的な物理学・化学】

問 16 〈燃焼の基礎知識、完全燃焼と不完全燃焼〉　　　　　　　　**解答④**

> **ココが重要**
> 有機物（化合物）、無機物（化合物）の相違
> 有機物→一般に炭素（C）の化合物を有機化合物という（他に水素（H）、酸素（O）、窒素（N）等を含む）。有機化合物中の
> ① 炭素（C）が燃焼すると**二酸化炭素（CO_2）になる。**
> ② 水素（H）が燃焼すると**水（H_2O）になる。**
> 無機物→一般に無機物は、燃焼しないものが多い。

○ 1. 燃焼が始まるためには、原則として燃焼の三要素である可燃物、酸素供給源及び着火源の3つが同時に共存することが必要である。
○ 2. いったん燃焼が始まれば、燃焼しているものが着火源の働きをするので、可燃物と酸素供給源の2つだけで燃焼が継続する。
○ 3. 有機物の燃焼で酸素が不足（不完全燃焼）していると、一酸化炭素、アルデヒド類、すす、炭化水素などが生成される。
× 4. 一般に有機物（有機化合物）が完全に酸化（燃焼と同じ）された場合は、二酸化炭素と水蒸気が生成される。しかし、**無機化合物は一般に燃焼しないので、二酸化炭素や水蒸気は発生しない。**（この項の酸化は、燃焼と考えて解答した。）
○ 5. 有機物であり可燃物であって、かつ、燃焼に必要な酸素を含む第5類のニトログリセリン（ダイナマイトの原料）は、空気や酸素の供給がなくても燃焼する。

キーレッスン 完全燃焼と不完全燃焼

1. 炭素（木炭）の燃焼

C	炭素、木炭 ダイヤモンド	燃える （酸化反応）	① $C + O_2 = CO_2 + 394.3\ kJ$ …完全燃焼 ② $C + 1/2O_2 = CO + 110.6\ kJ$ …不完全燃焼
CO	一酸化炭素 （有毒）	燃える （酸化反応）	③ $CO + 1/2O_2 = CO_2 + 283.7\ kJ$
CO_2	二酸化炭素 ドライアイス	燃えない	④ $CO_2 + 1/2O_2 →$ 反応しない…燃えないので ⑤ $CO_2 + O_2\ \ \ →$ 反応しない　　消火器に使う

注意：$O_2 →$ 酸素の供給が充分な場合。
　　　$1/2O_2 →$ 酸素の供給が不充分（不足している）な場合。

2. 完全燃焼・不完全燃焼の特徴

	発熱量	すす、煙り等の発生	その他（炭素の燃焼の場合）
完全燃焼	大	なし	二酸化炭素（CO_2）を発生する
不完全燃焼	小	**多い**	炭素の不完全燃焼では、有毒な 一酸化炭素（CO）が発生する

3. 有機化合物（炭素、水素の化合物）の完全燃焼

炭素（**C**）と水素（**H**）が主成分の有機化合物が完全燃焼すると、二酸化炭素と水ができる。

　　　$C + O_2 \longrightarrow CO_2$（二酸化炭素）
　　　$2H_2 + O_2 \longrightarrow 2H_2O$（水＝水蒸気）

4. 二硫化炭素の完全燃焼

二硫化炭素（CS_2）が完全燃焼すると二酸化炭素と二酸化硫黄が発生する。
　　　C（炭素）$+ O_2 \longrightarrow CO_2$（二酸化炭素）
　　　S（硫黄）$+ O_2 \longrightarrow SO_2$（二酸化硫黄＝有毒）

注意：炭素や硫黄が完全燃焼すると、二酸化〇〇が発生すると覚える。

問 17 〈燃焼の仕方〉 p.39 問 16 キーレッスン参照　　　　**解答 ⑤**

ここが重要　まず、蒸発燃焼する第 4 類の危険物である 1、5 項を確認する。

× 1. ガソリンのように、発生した蒸気が液面上で燃焼することを**蒸発燃焼**という。
× 2. セルロイドのように、分子内に含有する酸素によって燃焼することを蒸発燃焼ではなく**内部（自己）燃焼**という。
× 3. 水素のように、気体がそのまま燃焼することを**拡散燃焼**という。

× 4. コークスのように、蒸発することなく固体自体が直接燃焼することを分解燃焼ではなく表面燃焼という。
○ 5. メタノールのように、発生した蒸気が燃焼することを蒸発燃焼という。

問 18 〈燃焼の総合的な問題〉　　　　　　　　　　　　　　　　　　**解答 ⑤**

ここが重要　基本テストにある物理燃焼関連問題（①引火点、②燃焼範囲、③燃焼の仕方、④燃焼の難易等）のキーレッスンを確認する。この努力が必ず実を結ぶはずである。

× 1. 固体、液体にかかわらず、引火点と発火点は必ず異なった温度である。
× 2. 蒸発燃焼する可燃性物には必ず燃焼範囲（ガソリンは 1.4 ～ 7.6 vol％）があり、混合比がこの範囲内でないと燃焼しない。ガソリンが燃焼することができる下限値の 1.4 は、ガソリンの蒸気 1.4％で空気が 98.6％であることを表している。
× 3. 木炭、コークス等の燃焼の形態は、分解燃焼ではなく表面燃焼という。
× 4. 沸点が高くとも、可燃性（燃焼する）液体であれば必ず引火点がある。
○ 5. 21％ある空気中の酸素濃度を 40、50％と高くすると、固体や液体にかかわらず燃焼速度は激しくなり高温となる。

問 19 〈消火の基礎知識〉　**p.46 ～ 47**　問 19 キーレッスン 3、4 参照　**解答 ②**

ここが重要　燃えている物質は、灯油、ガソリン、軽油等の石油製品なので、窒息消火（窒息効果）が一番効果的である。

× 1. 容器内で燃えている灯油に蓋をして消火した。……空気の供給が断たれるので、除去効果ではなく窒息効果である。
○ 2. 少量のガソリンが燃えていたので、二酸化炭素消火器で消火した。……二酸化炭素により空気中の酸素濃度が薄くなるので、窒息効果で正しい。
× 3. 容器内で燃えている軽油に、ハロゲン化物消火器で消火した。……冷却効果ではなく、窒息効果と抑制（負触媒）効果である。
× 4. 天ぷらなべの油が燃え出したので、粉末消火器で消火した。……冷却効果ではなく、窒息効果と抑制（負触媒）効果である。
× 5. 油の染み込んだ布が燃えたので、乾燥砂で覆って火を消した。……抑制（負触媒）効果ではなく、窒息効果である。

問 20 〈発火点〉　　　　　　　　　　　　　　　　　　　　　　　　**解答 ③**

ここが重要　発火点とは、空気中で可燃物を加熱した場合、炎、火花等を近づけなくとも自ずから燃え出すときの最低温度をいう。

× 1. 燃焼範囲の下限界の濃度の蒸気を発生するときの液温を引火点という。

× 2. 空気がなくともが誤っており、空気中とあれば正しい発火点の説明である。
○ 3. 可燃物を空気中で加熱した場合、炎、火花などを近づけなくとも自ら燃え出すときの最低温度をいう。→発火点の定義であり正しい。
× 4. 発火点約300℃のガソリンは、引火点の-40℃（以下）の液温でも継続的に可燃性気体を発生しているので誤っている。
× 5. 点火源の温度は、発火点に何ら関係がない。

キーレッスン 発火点

1. 発火点の定義
発火点とは、空気中で可燃物を加熱した場合、炎、火花等を近づけなくとも自ずから燃え出すときの最低温度をいう。

2. 発火点のポイント
① 発火点が低いほど危険性が高い。（二硫化炭素 90℃）
② 発火点は、どのような危険物であっても必ず引火点より高い。
・ガソリンの発火点約300℃　・引火点-40℃以下
③ 引火点が低いものが、発火点も低いとは限らない。

3. 発火点判定のポイント
・空気中で　・自ずから燃え出す　・自ずから発火する　・発火する

問 21 〈静電気〉 p.50 問21 キーレッスン参照　解答 ②

ここが重要　電気伝導性・電気絶縁性と静電気の関係

	電気の流れ	静電気の発生	危険性
電気伝導性：大	電気が流れやすい	発生しにくい	危険性はほとんどない
電気絶縁性：大	電気が流れにくい	大量に発生する	火花放電して危険性が大きい

○ 1. 静電気は固体（プラスチック等）だけでなく、気体（水蒸気等）、液体（ガソリン、ベンゼン等）にも発生する。
× 2. 静電気の帯電量（蓄積した量）は、物質の電気抵抗が大きい（電気が流れない物質でプラスチックやガソリン等）ほど少ないのではなく多いが正しい。
○ 3. ガソリン等の液体がパイプやホースの中を流れるときは、流動摩擦により静電気が発生しやすい。
○ 4. 電気の流れない化学繊維の布とプラスチックを互いに摩擦すると、一方が正に、他方が負に帯電する。
○ 5. 静電気の蓄積による放電火花は一瞬のスパークなので、時間が短く電気エネル

ギーは小さいが、可燃性ガス（ガソリン蒸気）や粉じんのあるところでは、しばしば発火の原因（点火源）となり危険である。

問 22 〈酸化と還元〉 **p.56 問 25 キーレッスン参照**　　　**解答 ③**

> **ココが重要**　4項はキーレッスンに説明がないので ? マークであるが、キーレッスンより3項が答えなので○になるはずである。しかし、無理やり○にする必要はない。キーレッスンに出ていない項目が答えになることはほとんどない。（最近の出題傾向より）

○ 1. 物質（炭素＝C）が酸素（O_2）と化合することを酸化という。
　　$C + O_2 \longrightarrow CO_2$
○ 2. 酸化物（二酸化炭素＝CO_2）が酸素（O）を失って一酸化炭素（CO）になる反応を還元という。
× 3. 一般に同一反応系において、**酸化と還元は同時に起こる**。
? 4. 酸化剤は電子を受け取りやすく還元されやすい物質であり、反応によって酸素数が減少する。
○ 5. 硫黄（S）は反応する相手の物質によって酸化剤として作用したり、還元剤として作用したりする。

問 23 〈化学反応式・熱化学・他〉　　　**解答 ③**

> **ココが重要**　二酸化炭素1分子はCO_2で表される。

　　$C + 1/2 O_2 = CO + 110 \,\mathrm{kJ}$ ……（A）
　　$C + O_2 = CO_2 + 395 \,\mathrm{kJ}$ ……（B）

この方程式から考えて、次の記述のうち正しいものはどれか。ただし炭素の原子量は12、酸素の原子量は16である。

× 1. 炭素が完全燃焼するときは（A）式でなく（B）式で、不完全燃焼するときは（B）式でなく（A）式で表される。また、発熱量から見ても、395 kJ と大きな（B）式が完全燃焼である。
× 2. 二酸化炭素の1分子はCO_2で表され、分子量は44（Cは$1 \times 12 = 12$　O_2は$2 \times 16 = 32$）となり 1 mol は分子量 44 に g を付けた 44 g となる。
○ 3. **二酸化炭素1分子はCO_2で表され、炭素（C_1）1原子と酸素（O_2）2原子からなっている**。化学の約束ごとで、炭素のC_1は1は書かないでCと表す。
× 4. 炭素（C）12 g が完全燃焼すると、二酸化炭素（CO_2）が 28 g でなく 44 g が生じる。2項と意味が同じなので、44 g と数値も同じになる。
× 5. A、Bの両式とも吸熱反応（−）ではなく、発熱反応（＋）による酸化反応である。

キーレッスン　化学反応式・熱化学・他

1. **反応熱**
   発熱反応（＋の反応熱）→熱の発生を伴う反応
   吸熱反応（－の反応熱）→熱の吸収を伴う反応

2. **炭素の燃焼**
   ① 完全燃焼→炭素が燃焼して直接二酸化炭素になるとき。
   $C + O_2 = CO_2 + 394.3$ kJ（発熱反応）
   ② 不完全燃焼→炭素が一酸化炭素を経て2段階の燃焼をするとき。
   $C + 1/2 O_2 = CO + 110.6$ kJ（発熱反応）
   注意：炭素が不完全燃焼すると、有毒な一酸化炭素（CO）が生じる。また、すすが多く出る。
   $CO + 1/2 O_2 = CO_2 + 283.7$ kJ（発熱反応）

   ＊　最近の関連問題
   二酸化炭素の1分子は、炭素1原子と酸素2原子からなっている。　　　答：○
   →二酸化炭素1分子はCO_2で表され、炭素（C_1）1原子と酸素（O_2）2原子からなっている。

3. **化学反応式**
   ① 化学反応式の見方
   　　C　　＋　　O_2　　⟶　　CO_2
   　C：1個　　O：2個　　C：1個でO：2個
   ● 化学反応式では、同じ種類の原子の数は矢印を境にして左右両辺で等しくなる。

問 24 〈金属・イオン化傾向・腐食〉　　　解答 ④

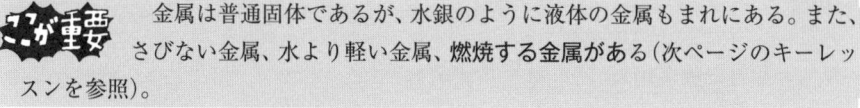

ココが重要　金属は普通固体であるが、水銀のように液体の金属もまれにある。また、さびない金属、水より軽い金属、**燃焼する金属がある**（次ページのキーレッスンを参照）。

○ 1. 金属の中には、カリウムやナトリウムのような水より軽いものがある。
○ 2. イオンになりやすさをイオン化傾向といい、金属の種類によって異なる。
○ 3. イオン化傾向の小さい金や白金は、希硝酸と反応して溶けたりさびたりしない。
× 4. ナトリウムやアルミニウム等イオン化傾向の大きい金属は、燃焼する。
○ 5. 比重が約4以下のマグネシウムやアルミニウム等を一般に軽金属という。

金属・イオン化傾向・腐食

1. 金属の性質
① 比重が大きい（カリウムやナトリウムは、水より軽く例外である）。
  比重が4より小さいものを軽金属という。→マグネシウム、アルミニウム等
② 塊状では燃焼しない金属でも、粉末状にすると見かけ上の熱伝導率が小さくなり燃えやすくなる。→アルミニウム粉、亜鉛粉等（第2類の危険物）

2. イオン化傾向
① イオン化列

⇦ 大　　　イオン化傾向　　　小 ⇨

K	Na	Mg	Al	Zn	Fe	Ni	Sn	Pb	H	Cu	Ag	Pt	Au
カリウム	ナトリウム	マグネシウム	アルミニウム	亜鉛	鉄	ニッケル	すず	鉛	水素	銅	銀	白金	金

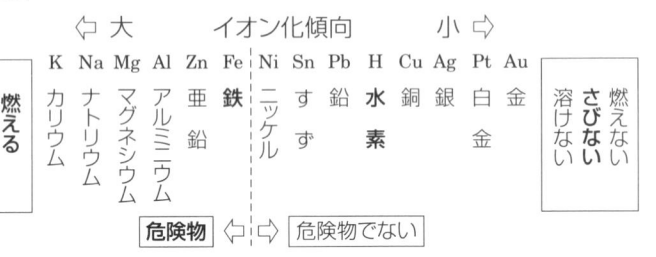

燃えるさびる溶ける ｜ 燃えないさびない溶けない

危険物 ⇦｜⇨ 危険物でない

② イオン化傾向の大きい金属→化学変化を受けやすい。
● 燃焼したりさびやすい。（ナトリウム、マグネシウム、鉄等）。
③ イオン化傾向の小さい金属→化学変化を受けにくい。
● 金や白金は、どのような条件下でもさびにくい。
④ イオン化傾向の活用例

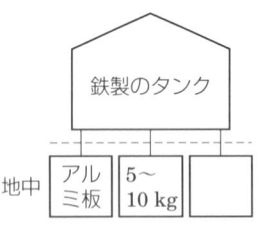

〈原油タンク等の腐食防止例〉
鉄でできた原油タンク等がさびないように、鉄よりイオン化傾向の大きいアルミニウムを電極として地中に埋めて、さびを防いでいる。鉄製のタンクがさびる前に、アルミ板のアース（電極）がさびて小さくなるので、定期的に交換してタンクがさびるのを防いでいる。

鉄製のタンク　地中　アルミ板　5〜10 kg

3. 金属製配管の腐食について
（1）配管のさびにくい環境
① コンクリートはアルカリ性なので、配管等を覆うとさびにくい。
② エポキシ樹脂塗装等をした配管は、さびにくい。
③ 配管が鉄製の場合、鉄よりさびやすい金属（イオン化傾向の大きい金属）をアースとして接続する（前述2項④の原油タンクの腐食防止例参照）。

（2）配管のさびやすい環境
① 直流電気鉄道の軌道（レール）に近い土壌に配管を埋設したときはさびやすい。

② 土質の異なる場所にまたがって配管を埋設した場合はさびやすい。
③ 酸性の溶液や海水に浸った金属は、さびやすい。
④ 配管が鉄製の場合、鉄よりイオン化傾向の小さい金属（銅など）と接触しているとさびやすい。

問 25 〈熱の移動〉　　　　　　　　　　　　　　　　　　　　　　**解答 ④**

> **ここが重要**　伝導、対流、放射と3つある熱の伝わり方をしっかり覚えよう！

「物体と熱源との間に液体が存在するときには、液体は一般に温度が高くなると比重が小さくなるので上方に移動し、それで物体に熱が伝わる。これが（A：対流）による熱の伝わり方である。しかし、熱源と物体との間に何もなく、真空である場合にも熱は伝わる。太陽により地上の物体が暖められ、温度が上がるのはこの例であって、このような熱の伝わり方を（B：放射）と呼ぶ。」

　　　　〈A〉　　　　〈B〉
× 1．対流○　　伝導×
× 2．伝導×　　放射○
× 3．伝導×　　対流×
○ 4．対流○　　放射○
× 5．放射×　　伝導×

キーレッスン　熱の移動

熱の伝わり方には、伝導、対流、放射（ふく射）の3つがある。

1. 伝導→熱が高温部から低温部へと伝わっていく現象を伝導という。
    ① 熱伝導率の大きさは、固体（大）＞液体（中）＞気体（小）の順で固体が一番大きい。
    ② 熱伝導率の小さいものほど熱が伝わりにくく燃えやすい。
    ③ アルミニウムのような金属も粉（微粉化）にすれば、見かけ上の熱伝導率が小さくなり燃えやすい。
2. 対流→鉄釜のふろで湯を沸かすと、火に近い下部よりも上部が温かくなる現象（水は温まると比重が軽くなり上部に移動する）。
    また、ストーブを使うと、床面より天井の方が温かくなる等。
    ① 対流は液体と気体に起こる。固体に対流は起こらない。
3. 放射→太陽に照らされると、熱が真空中、空気中を伝わって体が温かくなる現象。走行直後の車のエンジンに近づくと、温かい等。

【性質・火災予防・消火の方法】

問 26 〈危険物の類ごとの性質〉 p.59 問 26 キーレッスン 2 参照　**解答 ⑤**

> **ここが重要**
> 効果的な消火剤をキッチリと覚えよう！
> 非水溶性（水に溶けない）のガソリン等→一般の泡消火剤が最適
> 水溶性（水に溶ける）のアルコール類等→水溶性液体用泡消火剤が最適

○1. アルミ鍋やアルミホイールは危険物ではないが、アルミニウム粉（細かい粉）は第2類の危険物である。

○2. 第1類の塩素酸カリウム(固体)又は第6類の硝酸、過酸化水素(液体)は不燃性で、熱、衝撃等により酸素を分離し他の燃焼を助ける。

○3. 第3類のナトリウムは、水と接触して発熱し、可燃性ガス（水素）を生成する。

○4. 危険物には単体（硫黄等）、化合物（アルコール類）及び混合物（ガソリン等の石油製品）の3種類がある。

×5. 第4類のガソリン（非水溶性）は一般の泡消火剤で消火できるが、水溶性のアルコール等は水溶性液体用泡消火剤でないと消火できない。

問 27 〈第4類に共通する特性〉 p.60 問 27 キーレッスン参照　**解答 ②**

> **ここが重要**
> 危険物では、静電気と消火が大切な項目である。

×1. アルコール類、アセトン、アセトアルデヒド等は、水に溶ける危険物である。

○2. 特殊引火物、第1石油類、第2石油類で非水溶性の物品は、静電気が蓄積されやすく静電気の火花で引火する（引火点の低い危険物）ことがある。

×3. 第4類のすべての危険物には燃焼範囲（ガソリンは1.4～7.6 vol％）があり、その範囲内では燃焼するが、範囲外では燃焼しない。

×4. 二硫化炭素の発火点は **90℃** で、第4類では一番低い。

×5. 常温（20℃）で気体（プロパンガス等）であれば、高圧ガスであり消防法上の危険物ではない。また、自然発火性を有するものは、動植物油類のアマニ油等ごくわずかである。

問 28 〈第4類に共通する消火の方法〉 p.65 問 29 キーレッスン 3 参照　**解答 ⑤**

> **ここが重要**
> 一般の泡消火剤の構成剤は大半が水なので、エタノール等水溶性液体の消火に使用すると、泡がエタノールに溶けて消え窒息効果がない。水溶性液体用泡消火剤は、泡が消えないので窒息消火ができる。

×1. 消火剤と化合するから。

×2. 燃焼温度が非常に高いから。

×3. 揮発性が大きいから。

× 4. 燃焼速度が速いから。
○ 5. 泡を消すから。

問 29 〈第4類に共通する消火の方法〉 **p.65** 問29 キーレッスン2参照　**解答②**

ココが重要　アセトン（水溶性危険物）やエチルメチルケトン（非水溶性危険物であるが水に少し溶ける）の消火には、棒状の水や棒状の強化液は使用できない。

○ 1. りん酸塩類の消火粉末を放射する。→効果的である。
× 2. 棒状注水をする。→非水溶性危険物、水溶性危険物に関係なく使用できない。
○ 3. 水溶性液体用泡消火剤を放射する。→効果的である。
○ 4. 二酸化炭素消火剤を放射する。→効果的である。
○ 5. ハロゲン化物消火剤を放射する。→効果的である。

問 30 〈事故事例〉　**解答⑤**

ココが重要　地下タンク等の通気口は、特別なタンクでない限り常に開放しておかなければならい。

○ 1. 注入するときは必ずタンクの残油量を確認し、注文量が適正かを判断する。
○ 2. 注入するときは、受渡し双方の危険物取扱者が立ち会う。
○ 3. 危険物の注入状態を確認する。
○ 4. 過剰注入防止用警報ブザー等は、日ごろの適正な維持管理を徹底するとともに、注入前には使用時点検を実施する。
× 5. 注入時にタンクの通気口を閉鎖すると、タンク内の空気が抜けなくなるので軽油が注入できなくなる。**通気口は、常に開放しておかなければならない。**

問 31 〈第1石油類（ガソリン）〉 **p.68** 問31 キーレッスン参照　**解答②**

ココが重要　危険物が入っていた空容器は蒸気濃度が燃焼範囲内になることが多く、引火点が低い危険物（特殊引火物、第1石油類、アルコール類等）は引火の危険性が大きい。

○ 1. 沸点が低いので蒸発しやすく、引火点（－40℃以下）も低く引火性が非常に高い物質である。第1石油類は、特殊引火物に次ぐ危険性を有している。
× 2. ガソリンがほとんど残っていない**空容器は、蒸気濃度が燃焼範囲内になることが多く、引火の危険性が大きい。**
○ 3. 非水溶性で流動、ろ過、滴下、噴霧などの際に帯電し、放電火花により引火爆発を起こすことがある。→引火点が－40℃以下と低いため引火しやすい。
○ 4. 燃焼範囲は 1.4～7.6 vol% であるが、約1～8 vol% と出ればOKである。
○ 5. ガソリンの蒸気は空気より 3～4倍重く、地面をはってかなり遠くの低所（く

ほみ）に滞留し、燃焼範囲の混合ガスをつくることがある。

問 32 〈動植物油類〉 p.73 問 35 キーレッスン参照　　**解答⑤**

> **ココが重要**　自然発火を起こす危険物は、何千万とある第4類危険物のうち動植物油類のアマニ油、キリ油のみであると覚える。

× 1.　エタノール→アルコール類
× 2.　軽油→第2石油類
× 3.　灯油→第2石油類
× 4.　ベンゼン→第1石油類
○ 5.　動植物油→動植物油類

問 33 〈第3石油類（重油）〉 p.69 問 32 キーレッスン参照　　**解答②**

> **ココが重要**　比重が1より大きい危険物には、二硫化炭素（1.3）、酢酸（1.05）、クロロベンゼン（1.1）等がある。しかし、試験問題で水より重いと出れば、酢酸等は出ないので二硫化炭素のみが○となり、他はすべて×になる。（最近の出題傾向より）

○ 1.　重油等の石油製品は非水溶性物品であり、水に溶けない。
× 2.　水より重いと出れば、二硫化炭素は○。他はすべて×になる。
○ 3.　日本工業規格では、1種（A重油）、2種（B重油）及び3種（C重油）に分類される。
○ 4.　発火点が100℃より低い物品は二硫化炭素の90℃のみであり、他の第4類の危険物はすべて100℃より高い。
○ 5.　日本工業規格の1種及び2種重油の引火点は、60℃以上と定められている。

問 34 〈特殊引火物〉 p.72 問 34 キーレッスン1、他参照　　**解答③**

> **ココが重要**　無色透明と出れば、石油製品以外はすべて○である（最近の出題傾向より）。

○ 1.　ジエチルエーテルは、無色透明の液体である。→特殊引火物
○ 2.　第4類の危険物は、すべて蒸気（比重）は空気より重い。
× 3.　アルコールにはよく溶けるが、水にはわずかにしか溶けない。
○ 4.　ジエチルエーテルは光りに触れると、爆発性の過酸化物を生じることがある。
○ 5.　前述の問33と同様で、ジエチルエーテルが水より重いではなく軽いと出れば○である。

問 35 〈第1石油類（トルエン）〉　解答③

> **ココが重要**　無臭と出れば、第4の危険物は×である。特有の芳香、刺激臭、果実臭などと具体的な言葉であれば、すべて○である。（最近の出題傾向より）

○ 1. トルエンは無色の液体である。
○ 2. 特有の芳香を有している。
× 3. トルエンは非水溶性液体なので、水に溶けない。
○ 4. 揮発性（沸点が低く蒸発しやすい物質）で蒸気は空気より重い。
○ 5. アルコール、ベンゼン等の有機溶媒（ペンキのうすめ液等）によく溶ける。

キーレッスン　第1石油類（ベンゼン、トルエン、他）

第1石油類とは、アセトン、ガソリンその他、次のような1気圧において引火点が21℃未満のものをいう。

品　名	液比重	沸点〔℃〕	引火点〔℃〕	発火点〔℃〕	燃焼範囲〔vol%〕	水溶性
ベンゼン	0.9	80	−11	498	1.2〜7.8	×
トルエン	0.9	111	4	480	1.1〜7.1	×

1. ベンゼン
① 芳香族炭化水素で無色透明の液体。芳香性の臭気がある。
② 水に溶けないが、アルコールやジエチルエーテル等の有機溶剤によく溶ける。
③ 揮発性があり、蒸気は有毒である。

危険物には
水溶性　アセトン　アルコールなど
非水溶性　ベンゼン　トルエン　ガソリンなど

2. トルエン
① 蒸気に毒性があるが、ベンゼンよりも小さい。
② 他の特性はベンゼンに同じ。

3. メチルエチルケトン（エチルメチルケトン）
① 通気口付きの貯蔵容器には収納できない。
② 水にわずかに溶け、アルコール、ジエチルエーテル等の有機溶媒にはよく溶ける。

実力テスト（第3回）

【危険物に関する法令】

問1 法別表第1に品名として記載されている危険物は、次のA〜Eの物質のうちいくつあるか。

A. 黄りん　　B. 硝酸　　C. プロパン　　D. 水素　　E. 過酸化水素

1. 1つ　　2. 2つ　　3. 3つ　　4. 4つ　　5. 5つ

問2 法令上、製造所等の区分について、次のうち正しいものはどれか。

1. 屋外にあるタンクで危険物を貯蔵し、又は取り扱う施設を屋外貯蔵所という。
2. 屋内にあるタンクで危険物を貯蔵し、又は取り扱う施設を屋内貯蔵所という。
3. 店舗において容器入りのままで販売するため、指定数量の倍数が15以下の危険物を取り扱う取扱所を第1種販売取扱所という。
4. ボイラーで重油等を消費する施設を製造所という。
5. 金属製ドラム等に直接給油するため、ガソリンを取り扱う施設を給油取扱所という。

問3 法令上、屋内貯蔵所でA〜Dの危険物を同時に貯蔵する場合、指定数量の倍数はいくらになるか。

A. ガソリン　　2 500 l
B. エタノール　　800 l
C. 灯油　　8 500 l
D. 軽油　　6 500 l

1. 15.8倍　　2. 26.2倍　　3. 29.5倍　　4. 31.0倍　　5. 105.0倍

問4 法令上、危険物を取り扱う建築物、タンクその他工作物の周囲に、一定の幅の空地を保有する旨の規定が設けられている施設の組合せはどれか。

1. 販売取扱所　　　　給油取扱所　　　　屋外貯蔵所
2. 地下タンク貯蔵所　屋内タンク貯蔵所　製造所
3. 屋内タンク貯蔵所　屋内貯蔵所　　　　販売取扱所
4. 一般取扱所　　　　屋外貯蔵所　　　　屋内貯蔵所
5. 給油取扱所　　　　製造所　　　　　　簡易タンク貯蔵所

問5 法令上、製造所等に設置する消火設備について、次のうち誤っているものはどれか。

1. 霧状の強化液を放射する小型の消火器及び乾燥砂は、第5種の消火設備である。
2. 所要単位の計算方法として、危険物は指定数量の10倍を1所要単位とする。
3. 地下タンク貯蔵所には、第5種の消火設備を2個以上設ける。
4. 電気設備に対する消火設備は、電気設備のある場所の面積100 m² ごとに消火設備を1個以上設ける。
5. 消火粉末を放射する大型の消火器は、第5種の消火設備である。

問 6 法令上、地下タンク貯蔵所の位置、構造及び設備の技術上の基準について、次のうち正しいものはどれか。

1. 地下貯蔵タンクは、容量を30 000 l 以下としなければならない。
2. 地下貯蔵タンクには、規則で定めるところにより通気管、又は安全装置を設けなければならない。
3. 引火点が100℃以上の第4類の危険物を貯蔵し、又は取り扱う地下貯蔵タンクには、危険物の量を自動的に表示する装置を設けなければならない。
4. 引火点が70℃以上の危険物を貯蔵する地下貯蔵タンクの注入口は、屋内に設けなければならない。
5. 地下貯蔵タンクの配管は、危険物の種類により当該タンクの頂上以外の部分に取り付けなければならない。

問 7 法令上、次の文の（　）内のA～Bに該当する語句の組合せで、正しいものはどれか。

「製造所等の位置、構造、設備を変更しないで、貯蔵又は取扱う危険物の品名、数量又は指定数量の倍数を変更しようとする者は、（　A　）にその旨を（　B　）に届け出なければならない。」

	〈A〉	〈B〉
1.	変更しようとする日の10日前まで	消防長又は消防署長
2.	変更しようとする日の10日前まで	市町村長等
3.	変更した日から7日以内	消防長又は消防署長
4.	変更した日から10日以内	消防長又は消防署長
5.	変更した日から10日以内	市町村長等

問 8 製造所等の法令違反とそれに対して出される市町村長等の命令として、次のうち誤っているものはどれか。

1. 定期点検の不履行……………………製造所等の使用停止命令
2. 亡失した免状の再交付申請の未提出……免状の返納命令

3. 危険物保安監督者の業務不履行…………危険物保安監督者の解任命令
4. 危険物の無許可貯蔵、取扱い……………危険物の除去等の措置命令
5. 事故発生時の応急措置不履行……………災害防止等の措置命令

問9 法令上、製造所等において規則で定める地下貯蔵タンクの漏れの点検について、次のA～Dのうち正しい組合せはどれか。

A. 点検は、危険物取扱者又は危険物施設保安員のうち、点検方法に関する知識及び技能を有する者が行わなければならない。
B. 点検は、容量が10 000 l 以上のタンクについて行わなければならない。
C. 点検記録には、製造所等の名称、点検方法及び結果、点検年月日、点検実施者等を記載しなければならない。
D. 点検結果を市町村長等に報告しなければならない。

1. AB　　2. AC　　3. BC　　4. BD　　5. CD

問10 法令上、危険物取扱者について、次のうち誤っているものはどれか。

1. 乙種危険物取扱者の免状の交付を受けている者が、取り扱うことができる危険物の種類は免状に指定されている。
2. 免状を亡失した場合は、10日以内にその免状を交付した都道府県知事に届け出なければならない。
3. 免状は甲種、乙種及び丙種の3種類ある。
4. 免状を亡失又は破損した場合は、免状を交付又は書換えをした都道府県知事に再交付の申請をすることができる。
5. 免状はそれを取得した都道府県の範囲だけでなく、全国で有効である。

問11 法令上、危険物保安監督者を選任する必要のある製造所等で、保安の監督をさせる者として、次のうち正しいものはどれか。

1. 甲種危険物取扱者で、製造所等で危険物取扱いの実務経験が3か月以上の者
2. 乙種危険物取扱者で、製造所等で危険物取扱いの実務経験が6か月以上の者
3. 丙種危険物取扱者で、製造所等で危険物取扱いの実務経験が12か月以上の者
4. 危険物施設保安員で、実務経験が3か月以上の者
5. 危険物保安統括管理者で、実務経験が3か月以上の者

問12 法令上、危険物の取扱作業の保安に関する講習の受講時期で、次の（ ）内のA～Cに該当する年数で正しいものはどれか。

「製造所等において、危険物の取扱作業に従事する危険物取扱者は、当該取扱作業に従事することになった日から（　A　）以内に講習を受けなければならない。ただし、当該取扱作業に従事することとなった日前（　B　）以内に免状の交付を受けている場合又は講習を受けている場合は、それらの当該交付を受けた日又は当該講習を受けた日**以後における最初の4月1日**から（　C　）以内に講習を受けることをもって足りる。」

	〈A〉	〈B〉	〈C〉
1.	2年	3年	4年
2.	1年	2年	3年
3.	1年	3年	5年
4.	2年	1年	3年
5.	3年	2年	4年

※保安講習の法令が一部改正されたため、今後上記の問題文で太字表記の部分が追加されて出題される可能性があります。

問13 法令上、移動タンク貯蔵所における危険物の取扱いについて、次のうち誤っているものはどれか。

1. 移動貯蔵タンクから危険物を貯蔵し、又は取り扱うタンクに液体の危険物を注入するときは、注入部の先端部を手でしっかりとおさえていなければならない。
2. 移動貯蔵タンクから灯油を容器に詰め替える場合は、運搬容器の技術上の基準に定める容器でなければならない。
3. 移動貯蔵タンクを接地する場合は、導線で移動貯蔵タンクと接地電極等との間を、緊結して行わなければならない。
4. 灯油又は軽油を貯蔵していた移動貯蔵タンクにガソリンを注入するときは、静電気による災害を防止するための措置を講じなければならない。
5. 移動貯蔵タンクから、第1石油類の危険物を貯蔵タンクに注入するときは、移動貯蔵タンクの原動機を停止して行わなければならない。

問14 法令上、危険物の運搬の規定について、次のうち正しいものはどれか。

1. 貨物自動車で運搬する場合に限り適用される。
2. 指定数量以上を運搬する場合に限り適用される。
3. 夜間に運搬する場合に限り適用される。
4. 密閉容器に入れて運搬する場合は、適用されない。
5. 運搬する数量に関係なく適用される。

問15 法令上、製造所等における危険物の貯蔵及び取扱いのすべてに共通する技術上の基準について、次のうち正しいものはどれか。

1. 製造所等においては、常に整理及び清掃を行うとともに不燃性物質以外のものを置いてはならない。
2. 貯留設備又は油分離槽にたまった危険物は、あふれないように随時乳化剤で処理し下水道等に排水処理しなければならない。
3. 製造所等においては、火気を使用してはならない。
4. 危険物を貯蔵し、又は取り扱う場合、危険物が床面に漏れ、あふれる場所にあっては、洗浄装置を設けなければならない。
5. 危険物を貯蔵し、又は取り扱う建築物、その他の工作物又は設備は、当該危険物の性質に応じた有効な遮光又は換気を行わなければならない。

【基礎的な物理学・化学】

問16 燃焼についての説明で、次のうち誤っているものはどれか。

1. ニトロセルロースの燃焼は、多量の酸素を含有し、その酸素が使われる。これを内部（自己）燃焼という。
2. 木炭の燃焼は、熱分解や気化することなく、そのまま高温状態となって燃焼する。これを表面燃焼という。
3. 硫黄は融点が発火点（着火温度）より低いため、融解し更に蒸発して燃焼する。これを分解燃焼という。
4. 石炭は、熱分解によって生じた可燃性ガスがまず燃焼する。これを分解燃焼という。
5. エタノールは、液面から発生した蒸気と空気との混合気体が燃焼する。これを蒸発燃焼という。

問17 金属を粉体にすると燃えやすくなる理由として、次のうち正しいものはどれか。

1. 熱伝導率が大きくなるから。
2. 空気が供給されにくくなるから。
3. 単位重量当たりの表面積が、大きくなるから。
4. 単位重量当たりの発熱量が、小さくなるから。
5. 熱を放散しやすくなるから。

問18 次の性状を有する可燃性液体についての説明として、正しいものはどれか。

| 沸点……………34.6℃ | 燃焼範囲……1.9～36 vol% | 液体の比重……0.7 |
| 引火点………－45℃ | 発火点…………180℃ | 蒸気比重……2.6 |

1. 引火するのに十分な濃度の蒸気を液面上に発生する液温は、1.9℃以上36℃未満である。
2. 発生する蒸気の重さは、水蒸気の2.6倍である。
3. 炎を近づけても、液温が180℃になるまでは燃焼しない。
4. この液体2 kgの容量は、1.4 lである。
5. 液体が34.6℃まで加熱されると、その蒸気圧は標準大気圧と等しくなる。

問19 次の消火剤に関する説明のうち、誤っているものはどれか。

1. 粉末消火剤は放射されると火災の熱で熱分解して不燃性ガスに変わり、燃焼している物体を覆って抑制作用及び窒息作用により消火する。
2. 水は蒸発熱、比熱が大きいことから、熱源から熱を奪い燃焼物を引火点又は熱分解による可燃性ガス発生温度以下にすることによって消火する。
3. 二酸化炭素は空気より重く、放射されると燃焼物を覆い窒息作用により消火する。
4. ハロゲン化物消火剤は放射されると蒸発し、燃焼の連鎖反応機構における活性物質に作用して、その活性を奪い燃焼反応を遮断する抑制作用と窒息作用により消火する。
5. 泡消火剤は放射されると、泡による抑制作用により消火する。

問20 燃焼及び発火等に関する一般的な説明として、次のうち正しいものはどれか。

1. 拡散燃焼では、酸素の供給が多いと燃焼は激しくなる。
2. ハロゲン元素を空気中に混合しても、炭化水素の燃焼には影響を与えない。
3. 比熱の大きい物質は、発火又は着火しやすい。
4. 静電気の発生しやすい物質ほど燃焼が激しい。
5. 水溶性の可燃性液体は、非水溶性のそれより燃焼点は低い。

問21 静電気に関する説明として、次のうち誤っているものはどれか。

1. 静電気が蓄積すると、放電火花を起こすことがある。
2. 静電気は、一般に電気的に絶縁された状態での摩擦等により蓄積する。
3. 静電気は、湿度の低いほど蓄積しやすい。
4. 静電気の蓄積防止策として、接地する方法がある。
5. 物質に静電気が蓄積すると、その物質の分解が促進される。

問22 用語の説明として、次のうち誤っているものはどれか。

1. 沸点とは、液体の飽和蒸気圧が外気の圧力に等しくなるときの液体の温度をいう。
2. 化合物とは、化学的方法によって2種類以上の物質に分解でき、また、化合によって合成できるものをいう。
3. 混合物とは、各々の物質がお互いに化学結合せずに混ざりあったものをいう。
4. 昇華とは、固体が直接気体になる現象又はその逆の現象をいう。
5. 風解とは、固体が空気中の水分を吸収して溶ける現象をいう。

問23 単体、化合物、混合物の説明として、次のうち誤っているものはどれか。

1. 水は水素と酸素に分解できるので、化合物である。
2. 硫黄とアルミニウムは、1つの元素からできているので単体である。
3. 赤りんと黄りんは単体である。
4. 食塩水は、食塩と水の化合物である。
5. ガソリンは、種々の炭化水素の混合物である。

問24 物質の状態変化について、次のうち誤っているものはどれか。

1. 水には気体、液体および固体の3つの状態がある。
2. 状態の変化には、熱エネルギーの出入りが伴う。
3. 沸点は、外圧が高くなると低くなる。
4. 固体が直接気体に変化することを昇華という。
5. 固体が液体に変化することを融解といい、逆に液体が固体に変化することを凝固という。

問25 次の反応のうち、下線を引いた物質が還元されているものはどれか。

1. <u>二酸化炭素</u>が赤熱した木炭に触れて一酸化炭素になった。
2. <u>黄りん</u>が燃焼して五酸化りんになった。
3. <u>アルコール</u>が燃焼して二酸化炭素と水になった。
4. <u>木炭</u>が燃焼して二酸化炭素になった。
5. <u>銅</u>を熱したら黒く変色した。

【性質・火災予防・消火の方法】

問26 危険物の類ごとに共通する性状として、次のうち正しいものはどれか。

1. 第1類の危険物……着火しやすく、かつ、燃えかたが速いため消火することが難しい。
2. 第2類の危険物……可燃物と混合されたものは、熱などによって分解し、極めて激しい燃焼を起こす。
3. 第3類の危険物……それ自体は燃焼しないが、混在する可燃物の燃焼を促進する。
4. 第5類の危険物……加熱による分解などの自己反応により発火、または爆発する。
5. 第6類の危険物……一時的に空気に触れることにより自然発火する。

問27 第4類の危険物の性状について、次のうち誤っているものはどれか。

1. すべて可燃性であり、水に溶けないものが多い。
2. 常温（20℃）でほとんどが液状である。
3. 蒸気比重は1より小さいものが多い。
4. 蒸気は空気とわずかに混合した状態でも引火するものが多い。
5. 液体の比重は1より小さいものが多い。

問28 第4類危険物の火災予防の方法で、次のうち誤っているものはどれか。

1. 室内で取り扱う場合は、蒸気が軽いので低所より高所の換気を十分に行う。
2. みだりに火気を近づけない。
3. 可燃性蒸気を滞留させないため、通風、換気をよくする。
4. 可燃性蒸気を発生させない。
5. 直射日光を避け冷所に貯蔵する。

問29 第4類の危険物火災の消火方法として、次のうち誤っているものはどれか。

1. 重油の火災に、泡消火剤は有効である。
2. ハロゲン化物消火剤は、トルエンの火災に有効である。
3. ガソリンの火災に、二酸化炭素消火剤は不適当である。
4. りん酸塩類等の粉末消火剤は、ベンゼンの火災に有効である。
5. 軽油の火災に、棒状注水は不適である。

問 30 油槽所から河川の水面に、非水溶性の可燃性液体が流出した場合の処理方法として、次のうち適当でないものはどれか。

1. オイルフェンスを周囲に張りめぐらし、可燃性液体の拡大及び流動を防ぐとともに、回収装置で回収する。
2. 可燃性液体が河川に流出したことを、付近、下流域及び船舶等に知らせ、火気使用の禁止等の協力を呼びかけた。
3. 堤防の近くからオイルフェンスを河川の中央部に誘導し、監視をしながら揮発性液体を蒸発させる。
4. 大量の油吸着剤を投入し、可燃性液体が吸着した吸着剤の回収作業とを繰り返し行った。
5. 河川への可燃性液体の流出を防止するとともに、火災が発生した場合に備えて消火作業の準備をした。

問 31 ガソリンの性状等について、次のうち誤っているものはどれか。

1. 過酸化水素や硝酸と混合すると、発火の危険性が低くなる。
2. 皮膚に触れると、皮膚炎を起こすことがある。
3. 主成分は炭化水素である。
4. 不純物として、微量の有機硫黄化合物などが含まれることがある。
5. 自動車ガソリンは、オレンジ系色に着色されている。

問 32 軽油の性状等について、次のうち誤っているものはどれか。

1. 沸点は水よりも高い。
2. 水より軽い。
3. 蒸気は空気よりわずかに軽い。
4. ディーゼル機関等の燃料に用いられる。
5. 引火点は 45℃ 以上である。

問 33 キシレンの性質について、次のうち誤っているものはどれか。

1. 3つの異性体がある。
2. 芳香を有している。
3. 無色の液体である。
4. 水によく溶ける。
5. 水よりも軽い。

問34 アセトアルデヒドの性状について、次のうち誤っているものはどれか。

1. 無色透明の液体である。
2. 空気と接触して加圧すると、爆発性の過酸化物をつくることがある。
3. 熱、光に比較的安定で、直射日光でも分解しない。
4. 火炎は色が淡く見えにくい。
5. 水やアルコールによく溶ける。

問35 メタノールの性状について、次のうち誤っているものはどれか。

1. 常温（20℃）で引火する。
2. アルコール類では、分子量が最も小さい化合物である。
3. 燃焼しても炎の色が淡く、見えないことがある。
4. 毒性はエタノールより低い。
5. 沸点は約65℃である。

実力テスト（第3回） 解答と解説

【危険物に関する法令】

問1 〈消防法上の危険物〉 p.12 問1 キーレッスン1参照　　**解答③**

> 危険物は常温（20℃）で固体又は液体であり、プロパン、水素ガス等の気体は危険物ではない。

- ○ A. 黄りん→第3類の危険物
- ○ B. 硝酸→第6類の危険物
- × C. プロパン→気体なので危険物ではない（消防法上の危険物ではない）
- × D. 水素→気体なので危険物ではない（消防法上の危険物ではない）
- ○ E. 過酸化水素→第6類の危険物

× 1. 1つ　　× 2. 2つ　　○ 3. 3つ　　× 4. 4つ　　× 5. 5つ

問2 〈製造所等の区分〉　　**解答③**

> 製造所等の区分の問題では、まず、販売取扱所と地下タンク貯蔵所を確認することが大切である。（最近の出題傾向より）

× 1. 屋外にあるタンクで危険物を貯蔵し、又は取り扱う施設を、屋外貯蔵所ではなく**屋外タンク貯蔵所**という。→タンクが抜けている。

× 2. 屋内にあるタンクで危険物を貯蔵し、又は取り扱う施設を、屋内貯蔵所ではなく

実力テスト（第3回） 解答と解説　**139**

屋内タンク貯蔵所という。→1項と同じくタンクが抜けている。
○ 3. 店舗において容器入りのままで販売するため、指定数量の倍数が **15** 以下の危険物を取り扱う取扱所を第 **1** 種販売取扱所といい、塗料店等がこれに相当する。
× 4. ボイラーで重油等を消費する施設を、製造所ではなく一般取扱所という。
× 5. 固定した給油設備によって自動車等の燃料タンクに直接給油するため、危険物を取り扱う施設を給油取扱所という。金属製ドラム等に直接給油するのは、法令に違反している。

製造所等の区分

危険物施設＝製造所等
- 1. 製造所 　1 施設
- 2. 貯蔵所 　7 施設
- 3. 取扱所 　4 施設

合計 12 施設

合計 **12** 施設をまとめて、危険物施設あるいは製造所**等**という。

（1）**製造所**
① 製造所→危険物を製造する施設

（2）**貯蔵所**
① 屋内貯蔵所→屋内の場所において、危険物を貯蔵し、又は取り扱う施設（タンクはない）
② 屋外タンク貯蔵所→屋外にあるタンクにおいて、危険物を貯蔵し、又は取り扱う施設
③ 屋内タンク貯蔵所→屋内にあるタンクにおいて、危険物を貯蔵し、又は取り扱う施設
④ 地下タンク貯蔵所→地盤面下に埋設されているタンクにおいて危険物を貯蔵し、又は取り扱う施設
⑤ 簡易タンク貯蔵所→簡易タンクにおいて危険物を貯蔵し、又は取り扱う施設
⑥ 移動タンク貯蔵所（タンクローリー）→車両に固定されたタンクにおいて危険物を貯蔵し、又は取り扱う施設
⑦ 屋外貯蔵所→屋外の場所において第 2 類の硫黄、引火性固体（引火点 0℃ 以上のもの）又は第 4 類の第 1 石油類（引火点 0℃ 以上のもの）、アルコール類、第 2 石油類、第 3 石油類、第 4 石油類等を貯蔵し、又は取り扱う施設（タンクはない）

（3）**取扱所**
① 給油取扱所（ガソリンスタンド）→固定した給油設備によって自動車等の燃料タンクに直接給油するため、危険物を取り扱う施設
② 販売取扱所（塗料店等）→店舗において容器入りのままで販売するため、危険物を取り扱う施設

- 第 1 種販売取扱所：指定数量の **15 倍以下**
- 第 2 種販売取扱所：指定数量の倍数が 15 を超え 40 以下
③ 移送取扱所→配管及びポンプ等によって、危険物を取り扱う施設
④ 一般取扱所（灯油の店等）→給油取扱所、販売取扱所、移送取扱所以外の取扱所

【問 3】〈指定数量〉 p.17 問 3 キーレッスン 2 ②参照　　　【解答】3

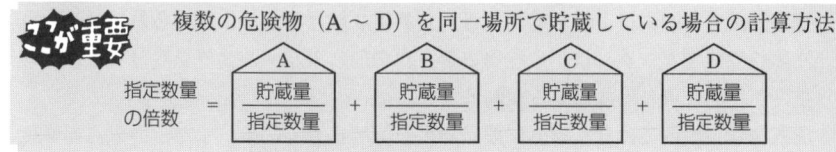

ここが重要　複数の危険物（A〜D）を同一場所で貯蔵している場合の計算方法

指定数量の倍数 ＝ $\frac{貯蔵量}{指定数量}$（A）＋ $\frac{貯蔵量}{指定数量}$（B）＋ $\frac{貯蔵量}{指定数量}$（C）＋ $\frac{貯蔵量}{指定数量}$（D）

A. ガソリン　　$2\,500\,l \div 200\,l = 12.5$
B. エタノール　$800\,l \div 400\,l = 2.0$
C. 灯油　　　　$8\,500\,l \div 1\,000\,l = 8.5$ 　合計 29.5 倍
D. 軽油　　　　$6\,500\,l \div 1\,000\,l = 6.5$

× 1. 15.8 倍　　× 2. 26.2 倍　　○ 3. 29.5 倍　　× 4. 31.0 倍　　× 5. 105.0 倍

【問 4】〈保安距離・保有空地〉 p.18 問 4 キーレッスン 1 参照　　【解答】4

ここが重要　保安距離・保有空地の必要な施設の覚え方
　＊ 12 ある危険物施設のうち、次の 6 施設に必要である。
「製造・一般・屋内・屋外・屋外タンク＋簡易タンク（保有空地のみ）」と覚える。
製造→製造所、一般→一般取扱所、屋内→屋内貯蔵所である。

× 1. 販売取扱所×　　給油取扱所×　　屋外貯蔵所○
× 2. 地下タンク貯蔵所×　屋内タンク貯蔵所×　製造所○
× 3. 屋内タンク貯蔵所×　屋内貯蔵所○　販売取扱所×
○ 4. 一般取扱所○　　屋外貯蔵所○　屋内貯蔵所○
× 5. 給油取扱所×　　製造所○　簡易タンク貯蔵所○

【問 5】〈消火設備〉 p.19 問 5 ポイント、キーレッスン参照　　【解答】5

ここが重要　消火設備の覚え方
第 1 種消火設備は消火栓、第 2 種はスプリンクラー、第 4 種は大型消火器、第 5 種は小型消火器で、他の消火設備はすべて第 3 種消火設備となる。
第 5 種は他に乾燥砂、膨張ひる石、膨張真珠岩石、水バケツ等がある。

○ 1. 小型の消火器及び乾燥砂は、第 5 種の消火設備である。
○ 2. 所要単位の計算方法として、危険物は指定数量の 10 倍を 1 所要単位とする。
○ 3. 地下タンク貯蔵所には、第 5 種の消火設備を 2 個以上設ける。

? 4. 電気設備に対する消火設備は、電気設備のある場所の面積 $100\,\text{m}^2$ ごとに消火設備を 1 個以上設ける（キーレッスンにない場合は、? でもかまわない）。
× 5. 大型の消火器は、第 5 種ではなく第 4 種消火設備である。

問 6 〈地下タンク貯蔵所〉　　　　　　　　　　　　　　　　　　　　**解答②**
× 1. 地下貯蔵タンクに容量制限はない。
○ 2. 地下貯蔵タンクには、通気管、又は安全装置を設けるように定められている。
× 3. 液体の危険物タンクには、危険物の量を自動的に表示する装置を設けなければならないが、引火点の温度による規制はない。
× 4. 注入口は、屋内ではなく屋外に設けるよう定められている。また、引火点の温度による規制はない。
× 5. 地下貯蔵タンクの配管は、タンクの頂上に取り付けるように定められている。

キーレッスン　地下タンク貯蔵所

1. **設　備**
   ① タンクの周囲 4 箇所に、危険物の漏れを検知する漏えい検査管を設けること。
   ② 第 5 種の消火設備を 2 個以上設けること。
   ③ 圧力タンクには安全装置を、圧力タンク以外のタンクには通気管を設けること。
2. **最近の試験問題**
   ① 地下貯蔵タンクの外面は塗装し、直接地盤面下に埋設しなければならない。　答：×
   →直接地盤面下に埋設する方法と、地盤面下のタンク室に設置する方法があるので誤っている。
   ② 地下貯蔵タンクの注入口は、建物内に設けなければならない。　答：×
   →屋外に設けることと定められている。

問 7 〈各種申請手続き（届出）〉　p.23　問 7 キーレッスン 4 参照　**解答②**

ここが重要　届出は 5 項目あるが、**10 日前までに市町村長等に届け出るように定められている**「危険物の品名、数量又は指定数量の倍数を変更」が一番試験に出る大切な項目である。他の 4 項目は遅滞なく届け出ると定められている。

「製造所等の位置、構造、設備を変更しないで、貯蔵又は取り扱う危険物の品名、数量又は指定数量の倍数を変更しようとする者は、（A：**変更しようとする日の 10 日前まで**）にその旨を（B：**市町村長等**）に届け出なければならない。」

　　　　　　　　〈A〉　　　　　　　　　　　〈B〉
× 1. 変更しようとする日の 10 日前まで○　　消防長又は消防署長 ×

○ 2. 変更しようとする日の 10 日前まで○ 　　市町村長等○
× 3. 変更した日から 7 日以内× 　　　　　　消防長又は消防署長×
× 4. 変更した日から 10 日以内× 　　　　　消防長又は消防署長×
× 5. 変更した日から 10 日以内× 　　　　　市町村長等○

問 8 〈法令違反に対する措置〉 **p.24** 問 8 キーレッスン参照　　**解答②**

> **ここが重要**　免状関連は、すべて都道府県知事の管轄である。

○ 1. 定期点検の不履行……製造所等の使用停止命令が発令される。
× 2. 亡失した免状の再交付申請の未提出……法令上、**免状の返納命令は都道府県知事は出せるが、市町村長等は出せない**。また、再交付申請の未提出者に出す命令はない。
○ 3. 危険物保安監督者の業務不履行……危険物保安監督者の解任命令が出る。
○ 4. 危険物の無許可貯蔵、取扱い……危険物の除去等の措置命令が出る。
○ 5. 事故発生時の応急措置不履行……災害防止等の措置命令が発令される。

問 9 〈定期点検〉 **p.27** 問 9 キーレッスン 4 参照　　**解答②**

○ A. 点検は、危険物取扱者又は危険物施設保安員のうち、点検方法に関する知識及び技能を有する者（漏れの点検に関する技能講習修了者）が行わなければならない。
× B. 点検は、タンク容量に関係なく行わなければならない。
○ C. 点検記録には、製造所等の名称、点検方法及び結果、点検年月日、点検実施者等を記載しなければならない。
× D. 点検結果を市町村長等に報告する義務はない。

× 1. AB　○ 2. AC　× 3. BC　× 4. BD　× 5. CD

問 10 〈危険物取扱者免状の書換え等〉 **p.31** 問 11、**p.33** 問 12 キーレッスン参照　**解答②**

○ 1. 乙種危険物取扱者は、取り扱うことができる危険物の種類が「第 4 類の危険物」等と免状に指定されている。
× 2. 再交付の申請は必要であるが、**免状を亡失したと届け出る必要はない**。
○ 3. 免状は甲種、乙種及び丙種の 3 種類ある。
○ 4. 免状の再交付の申請先は、交付又は書換えをした都道府県知事である。
○ 5. 免状はそれを取得した都道府県の範囲だけでなく、全国で有効である。

問 11 〈危険物保安監督者〉 **p.28** 問 10 キーレッスン 1 参照　　**解答②**

> **ここが重要**　危険物保安監督者の資格
> 甲種又は乙種危険物取扱者で、**6 か月以上の実務経験**を有する者。乙種

実力テスト（第 3 回）　解答と解説　**143**

については取り扱うことができる類（免状に指定された類）、**丙種は資格がない。**

× 1. 甲種でも実務経験が 3 か月以上では、危険物保安監督者の資格がない。
○ 2. 乙種で実務経験が **6 か月以上**の者は、危険物保安監督者の資格がある。
× 3. 丙種は実務経験に関係なく、危険物保安監督者になる資格がない。
× 4. 危険物施設保安員は、実務経験に関係なく危険物保安監督者になる資格がない。
× 5. 危険物保安統括管理者は、危険物保安監督者になる資格がない。

問 12　〈保安講習〉　p.34　問 13 キーレッスン 1 参照　　　**解答②**

「製造所等において、危険物の取扱作業に従事する危険物取扱者は、当該取扱作業に従事することになった日から（A：**1 年**）以内に講習を受けなければならない。ただし、当該取扱作業に従事することとなった日前（B：**2 年**）以内に免状の交付を受けている場合又は講習を受けている場合は、それらの当該交付を受けた日又は当該講習を受けた日以後における最初の 4 月 1 日から（C：**3 年**）以内に講習を受けることをもって足りる。」

　　　　〈A〉　　〈B〉　　〈C〉
× 1.　2 年×　　3 年×　　4 年×
○ 2.　**1 年○**　**2 年○**　**3 年○**　→保安講習の法令改正をふまえた解答。
× 3.　1 年○　　3 年×　　5 年×
× 4.　2 年×　　1 年×　　3 年○
× 5.　3 年×　　2 年○　　4 年×

問 13　〈移動タンク貯蔵所〉　p.21　問 6 キーレッスン参照　　**解答①**

× 1. 移動貯蔵タンクから他のタンクに危険物を注入する際は、注入ホースを注入口に**緊結すると定められている**。手でしっかり押さえても事故の危険性がある。
○ 2. 灯油を容器に詰め替える場合は、技術上の基準に定める容器でなければならない。
○ 3. 接地（アース）する場合は、導線で移動貯蔵タンクと接地電極等との間を、緊結して行わなければならない。
○ 4. 灯油又は軽油を貯蔵していた移動貯蔵タンクにガソリンを注入するときは、静電気による災害を防止するための措置を講じなければならない。
○ 5. 移動貯蔵タンクから第 1 石油類（引火点 21℃未満）の危険物を地下タンク等に注入するときは、原動機を停止して行わなければならないと定められている。

問 14　〈運搬の基準〉　p.35　問 14 ポイント参照　　　　　　**解答⑤**

ココが重要　危険物の運搬とは、車両等（ライトバン、トラック等）によって危険物を運ぶことをいい、**指定数量未満の危険物についても適用される。**

- × 1. 貨物自動車だけでなく、乗用車等を含めて車両で運搬すれば適用される。
- × 2. 指定数量に関係なく適用される。
- × 3. 昼夜を問わず、危険物を運搬する場合に適用される。
- × 4. 密閉容器に入れて運搬する場合も適用される。
- ○ 5. 運搬する数量に関係なく適用される。1ℓの運搬にも適用される。

問 15 〈貯蔵・取扱いの基準〉 p.38 問15 キーレッスン1 参照　　**解答⑤**

- × 1. みだりに空箱等その他の不必要な物件を置かないという基準はあるが、不燃性物質以外のもの（ガソリン等の可燃物）を置いてはならないという基準はない。
- × 2. 貯留設備等にたまった危険物はあふれないように随時くみ上げ、回収するのが正しい作業である。下水道等に排水処理すれば、二次汚染のおそれがある。
- × 3. みだりに火気を使用してはならないが、必要であれば使用してもよい。ガソリンスタンドには、ガスコンロ等がある。
- × 4. 危険物が床面に漏れ、あふれる場所にあっては、まず、修理をする等必要な措置をとらなければならない。
- ○ 5. 建築物、その他の工作又は設備は、危険物の性質に応じた有効な遮光（光をさえぎる）又は換気を行わなければならないと定められている。

【基礎的な物理学・化学】

問 16 〈燃焼の仕方〉 p.39 問16 キーレッスン参照　　**解答③**

> **ココが重要** 燃焼の仕方の問題では、蒸発燃焼する第4類の液体の危険物と固体で蒸発燃焼する硫黄、ナフタリンを確認することが大切である。

- ○ 1. ニトロセルロースの燃焼は、多量の酸素を含有し、その酸素が使われる。これを内部（自己）燃焼という。
- ○ 2. 木炭の燃焼を表面燃焼という。
- × 3. 硫黄は融点が発火点（着火温度）より低いため、融解し更に蒸発して燃焼する。これを分解燃焼ではなく蒸発燃焼という。
- ○ 4. 石炭の燃焼を分解燃焼という。プラスチックも分解燃焼する。
- ○ 5. エタノールは、液面から発生した蒸気と空気との混合気体が燃焼する。これを蒸発燃焼という。第4類の危険物は、すべて蒸発燃焼する。

問 17 〈燃焼の難易〉 p.49 問20 キーレッスン1 ②③⑦参照　　**解答③**

> **ココが重要** アルミニウムのような金属も粉（微粉化）にすれば、見かけ上の熱伝導率が小さくなるのと、空気との接触面積が大きくなるので燃えやすくなる。

- × 1. 金属の粉体は、熱伝導率が大きくではなく小さくなるので、燃えやすくなる。

- × 2. 空気が供給されにくくなるではなく、**されやすくなる**ので燃えやすい。
- ◯ 3. 単位重量当たりの**表面積**が、**大きくなり燃えやすくなる**。丸太よりも細く割った薪の方が、表面積が大きくなり燃えやすくなるのと同じである。
- × 4. 単位重量当たりの発熱量が、小さくなると燃えにくくなる。
- × 5. 熱を放散すると冷えてしまうので、燃えにくくなる。

問 18 〈燃焼の総合問題〉沸点、燃焼範囲等のキーレッスンを参照　　**解答 ⑤**

> 1気圧（標準大気圧）のもとで液体を加熱すると、液体の表面ばかりでなく液体の内部からも蒸発が激しく起こり気泡を発生する。この現象を沸騰といい、このときの液温が沸点である。

| 沸点………34.6℃ | 燃焼範囲……1.9〜36 vol% | 液体の比重……0.7 |
| 引火点………−45℃ | 発火点………180℃ | 蒸気比重……2.6 |

- × 1. 引火するのに十分な濃度の蒸気を液面上に発生する液温は、→これは引火点の定義なので−45℃である。
- × 2. 発生する蒸気の重さは、水蒸気ではなく空気の2.6倍である。
- × 3. 炎を近づけると、引火点の−45℃で引火し燃焼する。
- × 4. 液体2 kgの容量は、2.9 l である。体積〔l〕＝重さ〔kg〕÷比重〈実用上の計算式〉
- ◯ 5. 液体が34.6℃（沸点）まで加熱されると、その蒸気圧は**標準大気圧（＝1気圧）**と等しくなる。

問 19 〈消火の基礎知識〉**p.46　問19 キーレッスン3 参照**　　**解答 ⑤**

- ◯ 1. 粉末消火剤は放射されると不燃性ガスに変わり、抑制作用と窒息作用で消火する。
- ◯ 2. 水は蒸発熱、比熱が大きいことから、熱源から熱を奪い燃焼物を引火点又は熱分解による可燃性ガス発生温度以下にすることによって冷却消火する。
- ◯ 3. 二酸化炭素は空気より重く、燃焼物を覆い窒息作用により消火する。
- ◯ 4. ハロゲン化物消火剤は放射されると蒸発し、抑制作用と窒息作用で消火する。
- × 5. 泡消火剤は放射されると、泡による抑制作用ではなく窒息作用により消火する。

問 20 〈燃焼・発火・他〉燃焼に関連のあるキーレッスンを参照　　**解答 ①**

> 酸素濃度が高くなると、すべての燃焼は激しくなる。

- ◯ 1. 拡散燃焼（気体の燃焼）を含めすべての燃焼の仕方で、**酸素の供給が多い（酸素濃度が高い）**と燃焼は激しくなる。
- × 2. ハロゲン元素はハロゲン化物消火器の消火薬剤に使用されており、空気中に混合すればガソリン（炭化水素の混合物）は燃焼しにくくなる。

× 3. 比熱の大きい物質は、温度が上がりにくいので発火又は着火しにくい。
× 4. 静電気の発生しやすさと燃焼には関連がない。
× 5. 水溶性と非水溶性の違いにより、燃焼点の高低が変わる訳ではない。

問 21 〈静電気〉 p.50 問21 キーレッスン参照　　　**解答 ⑤**

○ 1. 静電気が蓄積すると、火花放電してガソリン等の危険物に引火することがあり注意する必要がある。
○ 2. 静電気は、一般に電気的に絶縁された状態での摩擦等により蓄積する。
○ 3. 静電気は湿度が高い梅雨どきや夏より、低い冬ほど発生しやすく蓄積しやすい。車から降りたとき静電気で、指先にビリッとショックを感じるのは冬である。
○ 4. 静電気の蓄積防止策として、接地（アース）は有効な方法である。
× 5. 物質（ガソリン等）に静電気が蓄積しても、分解は起こらないので誤っている。

問 22 〈物理・化学の総合問題〉関連のあるキーレッスン参照　　　**解答 ⑤**

　　ここが重要　大切なのは、1項の沸点、3項の混合物、5項の潮解・風解である。

○ 1. 沸点（水の沸点は100℃）とは、液体の飽和蒸気圧が外気の圧力（1気圧）に等しくなるときの液体の温度をいう。
○ 2. 化合物である水（H_2O）は、化学的方法によって水素と酸素の2種類の物質に分解でき、また、水素と酸素との化合（燃焼）によって合成できる。
○ 3. 混合物である空気は、酸素と窒素がお互いに化学結合せずに混ざりあったものである。
○ 4. 昇華（ドライアイス等）とは、固体が直接気体になる現象又はその逆の現象をいう。
× 5. 風解ではなく潮解とは、固体が空気中の水分を吸収して溶ける現象をいう。

キーレッスン　潮解・風解

1. 潮解
固体が空気中の水分を吸収して、自ら溶ける現象（食塩等）。
2. 風解
固体（結晶水を含んだ物質）の水分が蒸発して粉末状になる現象。

問 23 〈単体・化合物・混合物〉 p.52 問22 キーレッスン参照　　　**解答 ④**

　　ここが重要　単体・化合物・混合物の問題では、まず、混合物から確認しよう！

○ 1. 水（H₂O）は水素（H₂）と酸素（O₂）に分解できるので、化合物である。
○ 2. 硫黄（S）とアルミニウム（Al）は、1つの元素からできているので単体である。
○ 3. 赤りん（P）と黄りん（P）は単体である。
× 4. 食塩水は、食塩と水の化合物ではなく混合物である。
○ 5. ガソリンは、種々の炭化水素（炭素と水素が主体）の混合物である。

問 24　〈物質の三態〉　p.196　実力テスト（第5回）　問 24 キーレッスン参照
　　　〈沸騰と沸点〉　　　　　　　　　　　　　　　　　　　　　　　　**解答③**

ここが重要　水の沸点は 100℃ であるが、これは大気の圧力が1気圧のときである。気圧が低い高山（富士山等）では水は **90℃** 程で沸騰するので、米を炊くと生煮えの状態になる。

○ 1. 水には気体（水蒸気）、液体（水）および固体（氷）の3つの状態がある。
○ 2. 固体の氷は、熱を吸収して温度が上がり水になる。
× 3. 水の沸点は、外圧が高くなると 100℃ 以上に高くなる。
○ 4. 固体（ドライアイス）が直接気体に変化することを昇華という。
○ 5. 固体（氷）が液体（水）に変化することを融解といい、逆に液体が固体に変化することを凝固という。

キーレッスン　沸騰と沸点

① 沸点とは、液体の飽和蒸気圧が外気の圧力に等しくなるときの、液温をいう。

大気圧
（1気圧・外気圧ともいう）

沸　騰

液体の飽和蒸気圧

水は、温度が上がるにつれ内部から気泡が出てくる。これが沸騰なんだ！

加熱

② 水の沸点は、**100℃** である。ガソリンの沸点は 40 〜 220℃ である。
③ 沸点が低い液体ほど蒸発しやすく引火の危険性が高い。
④ 沸点は加圧すると高くなり、減圧すると低くなる。
- ラジエータは加圧→冷却水は約 120℃ で沸騰
  外気圧が高いと、沸点は高くなる。
- 富士山の頂上は減圧→水は約 90℃ で沸騰
⑤ 水に不揮発性物質（食塩、砂糖等）が溶け込むと、沸点は高くなる。

問 25 〈酸化と還元〉 p.56 問 25 キーレッスン 1、2 参照 **解答①**

> **ココが重要** 物質が燃焼したりさびるのは、全部酸化（反応）である。還元反応とは、酸化物が酸素を失うこと又は物質が水素と化合する反応である。

○ 1. 二酸化炭素（CO_2）が赤熱した木炭（C）に触れて一酸化炭素（CO）になる反応は、酸素が失われて 1 個少なくなっているので還元反応である。
× 2. 黄りんが燃焼して五酸化りんになった反応は酸化である。
× 3. アルコールが燃焼して二酸化炭素と水になった反応は酸化である。
× 4. 木炭が燃焼して二酸化炭素になった反応は酸化である。
× 5. 銅を熱したらさびて黒く変色したので酸化である。

【性質・火災予防・消火の方法】

問 26 〈危険物の類ごとの性質〉 p.58 問 26 キーレッスン 1 参照 **解答④**

> **ココが重要** 第 1 類から第 6 類までの概要の覚え方は、まず第一に、不燃性の危険物が 1 類と 6 類とにあると覚える。次いで、答えによくなる第 5 類の性質と性質の概要を覚える。他に、第 3 類を覚えるのがポイントである。（最近の出題傾向より）

× 1. 第 1 類の危険物……着火しやすく、かつ、燃えかたが速いため消火することが難しいのは第 2 類の可燃性固体である。
× 2. 第 2 類の危険物……可燃物と混合されたものという表現は、自分は燃焼しないということの別な表現の仕方なので、第 1 類と第 6 類の危険物である。
× 3. 第 3 類の危険物……それ自体は燃焼しないが、混在する可燃物の燃焼を促進するのは、酸素供給源となる第 1 類と第 6 類の危険物である。
○ 4. 第 5 類の危険物……可燃物と酸素が共存しているために、加熱による分解などの自己反応により発火、または爆発する危険性がある。
× 5. 第 6 類の危険物……一時的に空気に触れることにより自然発火するのは、第 3 類の黄りん等の自然発火性物質である。

実力テスト（第 3 回） 解答と解説　149

問 27 〈第4類に共通する特性〉 p.60 問27 キーレッスン参照　　**解答 ③**

> **ここが重要**　第4類の危険物の蒸気比重（気体の比重）は、すべて1より大きい（空気より重い）。

○ 1. 第4類の危険物すべてが可燃性であり、水に溶けない（非水溶性）ものが多い。
○ 2. 常温（20℃）でほとんどが液状である。
× 3. 第4類の危険物の蒸気比重（気体の比重）は、全部1以上で空気より重い。
○ 4. 燃焼範囲の下限値の小さいものが多いので、蒸気は空気とわずかに混合した状態でも引火するものが多い。ガソリンの1.4〜7.6 vol%の1.4が下限値である。
○ 5. 液体の比重は1より小さいものが多く、非水溶性であれば水に浮く。

問 28 〈第4類に共通する火災予防の方法〉 p.63 問28 キーレッスン参照　**解答 ①**

> **ここが重要**　第4類危険物の火災予防上の留意点
> ① 第4類の危険物の蒸気（蒸気比重、気体）は、空気より重く低所に滞留しやすい。
> ② 静電気が発生しやすいので、接地（アース）や取扱作業時の服装などに注意する。

× 1. 室内で取り扱う場合は、蒸気が重く低所に滞留するため、高所より低所の換気を十分に行う必要がある。また、排出は高所に行う。
○ 2. 引火点が低く引火しやすいものが多いので、みだりに火気を近づけない。
○ 3. 可燃性蒸気を滞留させないため、通風、換気をよくする。
○ 4. 可燃性蒸気を発生させないため、容器に密栓等することは大切である。
○ 5. 引火点の高い危険物でも、液温が上がると引火の危険性が生じるため、直射日光を避け冷所に貯蔵する。

問 29 〈第4類に共通する消火の方法〉 p.66 問29 キーレッスン5 参照　**解答 ③**

> **ここが重要**　第4類に使用できない消火剤
> ●棒状の水　●棒状の強化液消火剤

○ 1. 重油の火災に、窒息効果のある泡消火剤は有効である。
○ 2. 窒息と抑制効果のあるハロゲン化物消火剤は、トルエンの火災に有効である。
× 3. ガソリンの火災に、窒息効果のある二酸化炭素消火剤は適切である。
○ 4. りん酸塩類等の粉末消火剤は、ベンゼンの火災に有効である。
○ 5. 軽油の火災に棒状注水は、消火できないばかりか軽油が水に浮いて火面が広がり危険性が増すので不適である。

問 30 〈事故事例〉　　**解答 ③**

○ 1. オイルフェンスを周囲に張り、回収装置で回収するのは適切な方法である。

○ 2. 事故を周囲に知らせ、火気使用の禁止等の協力を呼びかけたのは適切である。
× 3. オイルフェンスで河川の中央部に誘導し、監視をしながら揮発性液体を蒸発させるのは、引火等の火災のおそれがありやってはいけない危険な行為である。
○ 4. 大量の油吸着剤を投入し、回収作業とを繰り返し行ったのは適切な方法である。
○ 5. 流出を防止するとともに、火災が発生した場合に備えて消火作業の準備をした。

問 31 〈第1石油類（ガソリン）〉 p.68　問31 キーレッスン参照　　**解答①**

ココが重要　ガソリンは第6類の強酸化性液体と混合すると、爆発、発火の危険性が生じる。

× 1. ガソリンに第6類の酸化性液体である過酸化水素や硝酸を混合すると、分解や酸化反応を起こし、加熱、動揺等により爆発、発火の危険性がある。
○ 2. 皮膚に触れると、皮膚炎を起こすことがある。
○ 3. ガソリンの主成分は、炭化水素（炭素と水素）である。
○ 4. 不純物として、微量の有機硫黄化合物などが含まれることがある。
○ 5. 自動車ガソリンは、灯油や軽油との識別を容易にするためオレンジ系色に着色されている。

問 32 〈第2石油類（軽油）〉 p.71　問33 キーレッスン2参照　　**解答③**

○ 1. 軽油の沸点は、水よりも高い。
○ 2. 軽油は水より軽い。このような問題は、二硫化炭素を除いてすべて○でOKである（二硫化炭素の比重は、1.3なので×となる）。
× 3. 第4類の危険物の蒸気（気体の比重）は、全部1以上で空気より重い。
○ 4. ディーゼル機関等の燃料に用いられる。
○ 5. 軽油の引火点は45℃以上であり正しい。

問 33 〈第2石油類（キシレン）〉　　**解答④**

ココが重要　2、3、5項は、簡便法を使って答えが出る内容である。
簡便法とは？→数値等を覚えないで、答えを出す方法である。

① 液体の比重の場合：水より軽いと出れば→二硫化炭素は×、他はすべて○。
　　　　　　　　　：水より重いと出れば→二硫化炭素は○、他はすべて×。
　　　　　　　　　※ 二硫化炭素の比重は、1.3で水より重い。
② 無色透明の場合：無色透明と出れば、すべて○。
③ 無色無臭の場合：無色無臭と出れば、すべて×。
　　　　　　　　　：無色で芳香、果実臭、刺激臭など具体的な臭いであれば、○。
④ 有機溶媒に溶ける場合：有機溶媒に溶けると出れば、すべて○。

- ◯ 1. オルトキシレン、メタキシレン、パラキシレンと三種の異性体がある。
- ◯ 2. キシレンは芳香を有していると出れば、具体的な臭いなので◯である。
- ◯ 3. 無色の液体であると出れば、透明や無臭ではないが◯で OK である。
- × 4. キシレンは非水溶性液体なので、水に溶けない。
- ◯ 5. 水よりも軽いと出れば、二硫化炭素ではないので◯で OK である。

キーレッスン キシレン

① オルトキシレン、メタキシレン、パラキシレンと三種の異性体がある。
② 非水溶性で水に溶けず、比重は水より軽い。無色透明の液体。
③ 引火点は 27 〜 33℃ で、常温（20℃）以上である。

問 34 〈特殊引火物〉 p.72 問 34 キーレッスン 3 参照　　解答 ③

- ◯ 1. アセトアルデヒドは、無色透明の液体である。
- ◯ 2. 空気と接触して加圧すると、爆発性の過酸化物をつくることがある。
- × 3. アセトアルデヒドは熱、光に不安定で、直射日光でも分解する。
- ◯ 4. メタノール等の燃焼と同様に、火炎は色が淡く見えにくい。
- ◯ 5. アセトアルデヒドは水溶性液体なので、水やアルコールによく溶ける。

問 35 〈アルコール類〉
p.100　実力テスト（第 1 回）問 32 キーレッスン参照　　解答 ④

- ◯ 1. メタノールの引火点は 11℃ であり、この温度より高い常温（20℃）であれば、可燃性蒸気は充分に出ているので引火する。
- ◯ 2. アルコール類では、分子量が最も小さい化合物である。
- ◯ 3. メタノールは、燃焼しても炎の色が淡く見えないことがある。
- × 4. メタノールの毒性は、エタノールより低いのではなく高い。
- ◯ 5. 沸点は約 65℃ である。メタノール、エタノール共に沸点が 100℃ 以下と出れば◯、100℃ であると出れば×、100℃ 以上であると出れば× で OK。

実力テスト（第4回）

【危険物に関する法令】

問 1 消防法別表の備考に掲げる品名の説明として、次のうち正しいものはどれか。

1. 特殊引火物とは、ジエチルエーテル、二硫化炭素その他1気圧において、発火点が100℃以下のもの又は引火点が−20℃以下で沸点が40℃以下のものをいう。
2. 第1石油類とは、ガソリン、軽油その他1気圧において引火点が21℃未満のものをいう。
3. 第2石油類とは、灯油、アセトンその他1気圧において引火点が21℃以上70℃未満のものをいう。
4. 第3石油類とは、重油、シリンダー油その他1気圧において引火点が70℃以上200℃未満のものをいう。
5. 第4石油類とは、ギヤー油、クレオソート油その他1気圧において引火点が200℃以上のものをいう。

問 2 法令上、予防規程について、次のうち誤っているものはどれか。

1. 予防規程は、移送取扱所以外のすべての製造所等において定められていなければならない。
2. 予防規程を定めたときは、市町村長等の認可を受けなければならない。
3. 予防規程を定めなければならない製造所等において、それを定めずに危険物を貯蔵し、又は取り扱った場合は罰せられる。
4. 予防規程を変更するときは、市町村長等の認可を受けなければならない。
5. 予防規程の内容は、危険物の貯蔵及び取扱いの技術上の基準に適合していなければならない。

問 3 指定数量の異なる危険物A、B及びCを同一の貯蔵所で貯蔵する場合の指定数量の倍数として、法令上、次のうち正しいものはどれか。

1. A、B及びCの貯蔵量の和を、A、B及びCの指定数量のうち、最も小さい数値で除して得た値。
2. A、B及びCの貯蔵量の和を、A、B及びCの指定数量の平均値で除して得た値。
3. A、B及びCの貯蔵量の和を、A、B及びCの指定数量の和で除して得た値。
4. A、B及びCのそれぞれの貯蔵量を、それぞれの指定数量で除して得た値の和。
5. A、B及びCのそれぞれの貯蔵量を、A、B及びCの指定数量の平均値で除して得

た値の和。

問 4 法令上、建築物等で保安距離の対象となるものは、次のうちどれか。

1. 大学、短期大学
2. 病院
3. 7 000 V の特別高圧埋設電線
4. 重要文化財である絵画を保管する倉庫
5. 製造所等の存する敷地と同一敷地内に存する住居

問 5 法令上、消火設備の区分について、次のうち正しいものはどれか。

1. 粉末消火設備……………………第 1 種消火設備
2. 屋内消火栓設備…………………第 2 種消火設備
3. スプリンクラー設備……………第 3 種消火設備
4. 二酸化炭素の小型消火器………第 4 種消火設備
5. 乾燥砂……………………………第 5 種消火設備

問 6 法令上、第 2 種販売取扱所における位置、構造及び設備の技術上の基準について、次のうち誤っているものはどれか。

1. 第 2 種販売取扱所は、指定数量の倍数が 15 を超え 40 以下のものをいう。
2. 第 2 種販売取扱所は、建築物の 1 階に設置しなければならない。
3. 建築物の第 2 種販売取扱所の用に供する部分は、壁、柱、床及びはりを耐火構造とするとともに、天井を設ける場合にあっては、これを不燃材料で造ること。
4. 建築物の第 2 種販売取扱所の用に供する部分には、当該部分のうち延焼のおそれのない部分に限り、窓を設けることができるものとし、当該窓には防火設備を設けること。
5. 危険物を配合する室の床は、危険物が浸透しない構造とするとともに、適当な傾斜をつけ、かつ、貯留設備を設ける。また、出入り口の敷居の高さは、床面から 0.1 m 未満とすること。

問 7 法令上、製造所等の位置、構造及び設備を変更する場合において、完成検査を受ける前に当該製造所等を仮に使用するための手続きとして、次のうち正しいものはどれか。

1. 変更の工事に着手する前に、変更部分の全部又は一部の使用について市町村長等に

承認申請をする。
2. 変更の工事に着手する前に、変更部分の全部又は一部の使用について所轄消防長又は消防署長に承認申請をする。
3. 変更工事が完成した部分ごとの使用について、市町村長等に承認申請をする。
4. 変更の工事に着手する前に、変更工事に係わる部分以外の全部又は一部の使用について、市町村長等に承認申請をする。
5. 変更の工事に着手する前に、変更工事に係わる部分以外の全部又は一部の使用について、所轄消防長又は消防署長に承認申請をする。

問8 法令上、市町村長等による製造所等の許可の取消し又は使用停止命令の理由に該当しないものは、次のうちどれか。
1. 給油取扱所の構造を無許可で変更したとき。
2. 設置の完成検査を受けないで屋内貯蔵所を使用したとき。
3. 地下タンク貯蔵所の定期点検を規定の期間内に行わなかったとき。
4. 製造所に対する修理、改造又は移転命令に従わなかったとき。
5. 屋外タンク貯蔵所の危険物取扱者が、危険物の取扱作業の保安に関する講習を受けていないとき。

問9 法令上、製造所等における地下貯蔵タンク等及び地下埋設配管の規則に定める漏れの点検について、次のうち正しいものはどれか。
1. 点検は完成検査済証の交付を受けた日か又は、直近の漏れの点検を行った日から5年を超えない日までの間に、1回以上行わなければならない。
2. 点検記録の保存期間は、1年間である。
3. 点検は、危険物取扱者又は危険物施設保安員で、漏れの点検に関する知識及び技能を有する者が行わなければならない。
4. 点検は、タンク容量3 000 l 以上のものについて、行わなければならない。
5. 点検を完了した場合は、その結果を消防長又は消防署長に報告しなければならない。

問10 法令上、危険物施設保安員、危険物保安監督者及び危険物保安統括管理者について、次のうち誤っているものはどれか。
1. 危険物施設保安員は、危険物取扱者でなくてもよい。
2. 危険物保安監督者は、甲種危険物取扱者又は乙種危険物取扱者でなければならない。
3. 危険物保安統括管理者は、危険物取扱者でなくてもよい。
4. 危険物保安監督者は、製造所等において6か月以上の危険物取扱いの実務経験が必要である。

5. 危険物施設保安員は、製造所等において6か月以上の危険物取扱いの実務経験が必要である。

問11 法令上、次の文の（　）内のA～Cに当てはまる語句の組合せで、正しいものはどれか。

「免状の再交付は、当該免状の（　A　）をした都道府県知事に申請することができる。免状を亡失し再交付を受けた者は、亡失した免状を発見した場合は、これを（　B　）以内に免状の（　C　）を受けた都道府県知事に提出しなければならない。」

	〈A〉	〈B〉	〈C〉
1.	交付	20日	再交付
2.	交付又は書換え	7日	交付
3.	交付	14日	再交付
4.	交付又は書換え	10日	再交付
5.	交付又は書換え	10日	交付

問12 法令上、危険物の貯蔵及び取扱いについて、次のうち誤っているものはどれか。
1. 指定数量未満の危険物の貯蔵又は取扱いについては、市町村条例で定められている。
2. 移動タンク貯蔵所には、完成検査済証を備え付けておかなければならない。
3. 屋外タンク貯蔵所の防油堤の水抜き口の弁は、当該防油堤の内部に滞水しないように、通常は開放しておかなければならない。
4. 法別表第1に掲げる類を異にする危険物は、原則として同一の貯蔵所（耐火構造の隔壁で完全に区分された室が2以上ある貯蔵所においては、同一の室）に貯蔵することはできない。
5. 給油取扱所の専用タンクに危険物を注入しているときは、当該タンクに接続する固定給油設備の使用を中止しなければならない。

問13 法令上、危険物取扱者がその免状に指定された危険物の取扱作業に従事している場合、免状の携帯を義務づけられているものは、次のうちどれか。
1. 製造所で、危険物取扱者でない者の危険物の取扱作業に立ち会っている場合。
2. 指定数量以上の危険物を車両で運搬している場合。
3. 製造所等で定期点検の実施、又は立ち会いをしている場合。
4. 危険物保安監督者として選任され、製造所で危険物を取り扱っている場合。
5. 危険物の移送のため、移動タンク貯蔵所に乗車している場合。

問14 法令上、危険物の運搬に関する技術上の基準で、危険物を積載する場合、運搬する危険物の積み重ね高さの制限として、定めたものは次のうちどれか。

1. 1m以下　2. 2m以下　3. 3m以下　4. 4m以下　5. 5m以下

問15 法令上、製造所等においてする危険物の貯蔵及び取扱いのすべてに共通する技術上の基準として、次のうち誤っているものはどれか。

1. 製造所等においては、みだりに火気を使用してはならない。
2. 油分離装置に溜まった危険物は、希釈してから排出しなければならない。
3. 製造所等においては、常に整理及び清掃を行うとともに、みだりに空箱等その他不必要な物件を置かないこと。
4. 製造所等は、許可若しくは届出に係わる品名以外の危険物を貯蔵し、又は取り扱わないこと。
5. 危険物を貯蔵し、又は取り扱っている建築物等においては、当該危険物の性質に応じた有効な遮光又は換気を行わなければならない。

【基礎的な物理学・化学】

問16 自然発火の機構について、次の文の（A）〜（C）に当てはまる語句の組合せとして、正しいものはどれか。

「自然発火を開始する機構には、セルロイドやニトロセルロースのように（ A ）熱による発熱、活性炭や木炭粉末のように（ B ）熱による発熱、石炭やゴム粉末のように（ C ）熱による発熱がある。また、その他には堆肥、ゴミの微生物による発熱、重合反応熱による発熱などがある。」

　　〈A〉　〈B〉　〈C〉
1. 吸着　酸化　分解
2. 分解　発酵　酸化
3. 酸化　吸着　分解
4. 吸着　分解　酸化
5. 分解　吸着　酸化

問17 次のA〜Eのうち、燃焼が起こるのに必要な要素を満たしているものはいくつあるか。

A. 水…………酸素……直射日光
B. 亜鉛粉………水素……湿気
C. 二硫化炭素……空気……電気火花
D. 二酸化炭素……酸素……磁気

E. 硫化水素………窒素……放射線
1. 1つ　　2. 2つ　　3. 3つ　　4. 4つ　　5. 5つ

問18 次に示す性質を有する可燃性液体についての説明として、正しいものはどれか。

　　沸点………56.5℃　　　燃焼範囲……2.1〜13 vol%
　　比重………0.8　　　　　引火点………−20℃
　　発火点……465℃　　　　蒸気比重……2.1

1. 液温が56.5℃になっても、蒸気圧は標準圧力にならない。
2. この液体1 kgの容量は、0.8 l である。
3. 密閉容器中で引火するのに十分な濃度の蒸気を液面上に発生する最低の液温は、−20℃である。
4. 炎を近づけても465℃になるまでは燃焼しない。
5. 発生する蒸気の重さは、水蒸気の2.1倍である。

問19 消火剤とその効果の一般的な説明として、次のうち誤っているものはどれか。

1. 粉末消火剤は無機化合物を粉末状にしたもので、燃焼を化学的に抑制する効果と窒息効果がある。
2. 泡消火剤はいろいろな種類があるが、泡で燃焼を覆うので窒息効果があり、油火災に適する。
3. 二酸化炭素消火剤は不燃性の気体で窒息効果があり、気体自体に毒性はないので、狭い空間でも安心して使用できる。
4. 強化液消火剤は燃焼を化学的に抑制する効果と冷却効果があり、消火後の再燃防止効果もある。
5. 水消火剤は比熱と蒸発熱が大きいので冷却効果があり、棒状あるいは霧状に放射して使用され、燃焼物から熱を奪い周囲の温度を下げる。

問20 次の文中の（　）内のAとBに入る物質の燃焼の仕方について、正しいものはどれか。

　「木材、紙などの可燃性固体が加熱されて、このとき発生する可燃性ガスが燃焼することを（　A　）といい、木炭、コークスなどの可燃性固体が加熱されて、赤熱して燃焼することを（　B　）という。」

　　　〈A〉　　　　〈B〉
1. 蒸発燃焼　　表面燃焼

2. 表面燃焼　　分解燃焼
3. 分解燃焼　　表面燃焼
4. 分解燃焼　　蒸発燃焼
5. 表面燃焼　　蒸発燃焼

問21 静電気に関する説明として、次のうち正しいものはどれか。

1. 静電気の蓄積を防止するためには、湿度を低くした方がよい。
2. 静電気の蓄積による火花放電は、可燃性ガスや粉じんのあるところでは、しばしば点火源となる。
3. 導電性の高い物質は、低い物質より静電気を蓄積しやすい。
4. ベンゼン等の電気を通しにくい液体は、パイプやホースの中を流れても静電気を発生しない。
5. 静電気の蓄積を防止するためには、電気絶縁性をよくすればよい。

問22 酸素について、次のうち誤っているものはどれか。

1. 常温（20℃）常圧では、無色無臭の気体である。
2. 空気中に約21 vol％含まれている。
3. 非常に燃えやすい物質である。
4. 酸素濃度が高くなると可燃物の燃焼は激しくなる。
5. 過酸化水素等の分解によっても得られる。

問23 熱容量について、次のうち正しいものはどれか。

1. ある物質の温度を1K（ケルビン）だけ高めるのに必要な熱量である。
2. 物質を収納している容器の比熱のことである。
3. 物体に1Jの熱量を与えたときの温度上昇率のことである。
4. 物質1kgの比熱のことである。
5. 比熱に密度を乗じたものである。

問24 混合物の記述について、次のうち誤っているものはどれか。

1. 混合物は、2種類以上の純物質が混ざりあった物質をいう。
2. 溶液の混合物は、その成分がすべて液体であるが、気体の混合物は必ずしもその成

分がすべて気体であるとは限らない。
3. 混合物は、蒸留やろ過などの方法により、2種類以上の物質に分離することができる。
4. 混合物は、混合している物質の割合により、融点や沸点などの性質が変わる。
5. 溶液の混合物は、その目的や混合比に応じて、成分を溶媒と溶質に区別される。

問25 酸と塩基の性質について、次のうち誤っているものはどれか。

1. 酸とは、水に溶けると電離して水素イオン（H^+）を生じる物質。又は、他の物質に水素イオン（H^+）を与えることができる物質をいう。
2. 酸は赤色リトマス紙を青く変え、塩基は青色リトマス紙を赤く変える。
3. 塩基とは、水に溶けると電離して水酸化物イオン（OH^-）を生じる物質。又は、他の物質から水素イオン（H^+）を受け取ることができる物質をいう。
4. 酸・塩基の濃度は、水素イオン指数（pH）で分かる。
5. 中和とは、酸と塩基が反応して別な物質ができる反応をいう。

【性質・火災予防・消火の方法】

問26 危険物の類ごとに共通する性状について、次のうち誤っているものはどれか。

1. 第1類の危険物は、すべて固体である。
2. 第2類の危険物は、すべて固体である。
3. 第3類の危険物は、液体または固体である。
4. 第5類の危険物は、すべて液体である。
5. 第6類の危険物は、すべて液体である。

問27 第4類の危険物に共通する性質について、次のうち正しいものはどれか。

1. 熱伝導率が大きいので、蓄熱し、自然発火しやすい。
2. 沸点が低いものは、引火しやすい。
3. 蒸気比重は1より小さいので、空気中に拡散しやすい。
4. 導電率（電気伝導度）が大きいので、静電気が蓄積しにくい。
5. 水溶性のものは、水で薄めると引火点が低くなる。

問28 次の文章の（　）内のA～Dに当てはまる語句として、正しいものはどれか。
「第4類危険物の貯蔵及び取扱いにあたっては、炎、火花または（　A　）

との接近を避けるとともに、発生した蒸気を屋外の（ B ）に排出するか、または（ C ）を良くして蒸気の拡散を図る。また容器に収納する場合は、（ D ）危険物を詰め蒸気が漏えいしないように密栓する。」

	〈A〉	〈B〉	〈C〉	〈D〉
1.	可燃物	低所	通風	若干の空間容積を残し
2.	可燃物	低所	通風	一杯に
3.	高温体	高所	通風	若干の空間容積を残し
4.	水分	高所	冷暖房	若干の空間容積を残し
5.	高温体	低所	冷暖房	一杯に

問29 舗装面及び舗装道路に漏れたガソリンの火災に、水噴霧消火を行うことは不適切な対応であるが、その理由の組合せとして次のうち正しいものはどれか。

A. ガソリンが水に浮き燃焼面積を拡大させる。
B. 水滴がガソリンをかき乱し、燃焼を激しくする。
C. 水滴の衝撃でガソリンをはね飛ばす。
D. 水が側溝等を伝わりガソリンを遠方まで押し流す。
E. 水が激しく沸騰しガソリンを飛散させる。

1. AとB　2. AとD　3. BとC　4. CとE　5. DとE

問30 第4類の危険物火災の消火効果等について、次のうち適当でないものはどれか。

1. 水溶性の危険物の火災には、棒状の強化液の放射が最も効果的である。
2. 乾燥砂は、小規模の火災に効果がある。
3. 初期消火には、霧状の強化液の放射が効果的である。
4. 泡を放射する小型消火器は、小規模の火災に効果がある。
5. 一般の注水による消火方法は、不適当である。

問31 自動車ガソリンについて、次のうち誤っているものはどれか。

1. 引火点は−40℃以下である。
2. 流動により静電気が発生しやすい。
3. 水より軽い。
4. 燃焼範囲は、おおむね1～8vol%である。
5. 褐色又は暗褐色の液体である。

問32 n-ブタノールの性状について、次のうち誤っているものはどれか。

1. 引火点は常温（20℃）より高い。
2. 水より軽い。
3. 各種有機溶媒によく溶ける。
4. 無臭で、−10℃では固体である。
5. 無色透明の液体である。

問33 動植物油類の自然発火について、次のうち誤っているものはどれか。

1. 乾性油の方が、不乾性油より自然発火しやすい。
2. よう素価が大きいものほど、自然発火しやすい。
3. 引火点が高いものほど、自然発火しやすい。
4. 発生する熱が蓄積しやすい状態にあるほど、自然発火しやすい。
5. 貯蔵中は換気をよくするほど、自然発火しにくい。

問34 酢酸、酢酸エチルについて、次のうち正しいものはどれか。

1. いずれも、無色透明の液体である。
2. いずれも、引火点は常温（20℃）より高い。
3. いずれも、水溶性の液体である。
4. いずれも、有機溶媒に溶けない。
5. いずれも、液比重は1より大きい。

問35 第1石油類の一般的性状について、次のうち正しいものはどれか。

1. 引火点が21℃以上70℃未満である。
2. アルコール類に比べて引火の危険性は小さい。
3. 常温（20℃）で液状である。
4. 発火点は、100℃以下である。
5. 水によく溶ける。

実力テスト（第4回）解答と解説

【危険物に関する法令】

問 1 〈消防法上の危険物〉 p.13 問1キーレッスン2参照　　**解答 ①**

○ 1. 特殊引火物とは、ジエチルエーテル、二硫化炭素その他1気圧において、発火点が100℃以下のもの又は引火点が－20℃以下で沸点が40℃以下のものをいう。
× 2. 第1石油類とは、ガソリン、アセトン（軽油は第2石油類で誤っている）その他1気圧において引火点が21℃未満のものをいう。
× 3. 第2石油類とは、灯油、軽油でありアセトンが誤っている。引火点は正しい。
× 4. 第3石油類とは、重油、クレオソート油でありシリンダー油が誤っている。
× 5. 第4石油類とは、ギヤー油、シリンダー油でありクレオソート油が誤っている。また、引火点は200℃以上250℃未満のものをいう。

問 2 〈予防規程〉 p.14 問2キーレッスン参照　　**解答 ①**

× 1. 予防規程は、12箇所ある危険物施設のうち7施設（製造所、給油取扱所等）に必要と定められている。また、移送取扱所も定める必要がある。
○ 2. 予防規程を定めたときは、市町村長等の認可を受けなければならない。
○ 3. 製造所等の火災を予防するために必要な予防規程は、それを定めずに危険物を貯蔵し、又は取り扱った場合は罰せられる。
○ 4. 予防規程を変更するときは、市町村長等の認可を受けなければならない。
○ 5. 予防規程の内容は、危険物の貯蔵及び取扱いの技術上の基準に適合していなければならない。

問 3 〈指定数量〉 p.17 問3キーレッスン2②参照　　**解答 ④**

> 問題に使われている言葉の意味は？
> 貯蔵量の和→貯蔵量をプラス（＋）すること
> 除して→割る（÷）こと

注意：下線の部分が誤っている。

× 1. A、B及びCの貯蔵量の和を、A、B及びCの指定数量のうち、最も小さい数値で除して得た値。
× 2. A、B及びCの貯蔵量の和を、A、B及びCの指定数量の平均値で除して得た値。
× 3. A、B及びCの貯蔵量の和を、A、B及びCの指定数量の和で除して得た値。
○ 4. A、B及びCのそれぞれの貯蔵量を、それぞれの指定数量で除して得た値の和。
× 5. A、B及びCのそれぞれの貯蔵量を、A、B及びCの指定数量の平均値で除して得た値の和。

問 4 〈保安距離・保有空地〉　p.18　問4 キーレッスン2 参照　　**解答②**
× 1. 幼稚園〜高校までが保安距離の対象で、**大学、短期大学は対象**にならない。
○ 2. 病院（多数の人を収容する公共の施設は、対象である）。
× 3. 7 000 V の特別高圧**架空電線**は対象であるが、**埋設電線は対象**にならない。
× 4. 重要文化財の建造物は対象であるが、**絵画を保管する倉庫は対象**ではない。
× 5. 一般の住居は対象であるが、**製造所等と同一敷地内にある住居は対象外**である。

問 5 〈消火設備〉　p.19　問5 ポイント参照　　**解答⑤**
× 1. 粉末消火設備…………………第1種ではなく、第3種消火設備
× 2. 屋内消火栓設備………………第2種ではなく、第1消火設備
× 3. スプリンクラー設備…………第3種ではなく、第2種消火設備
× 4. 二酸化炭素の小型消火器……第4種ではなく、小型なので第5種消火設備
○ 5. 乾燥砂……………………………第5種消火設備

問 6 〈販売取扱所〉　　**解答⑤**

> **ここが重要**　危険物を配合する室の出入り口の敷居の高さは、**床面から0.1 m 以上**とすること。

○ 1. 第2種販売取扱所は、指定数量の倍数が 15 を超え 40 以下のものをいう。
○ 2. 販売取扱所は第1種、第2種ともに、建築物の1階に設置しなければならない。
○ 3. 第2種販売取扱所の壁、柱、床及びはりを耐火構造とするとともに、天井を設ける場合にあっては、これを不燃材料で造ること。
○ 4. 第2種販売取扱所は、延焼のおそれのない部分に限り、窓を設けることができるものとし、当該窓には防火設備を設けること。
× 5. 危険物を配合する室の出入り口の敷居の高さは、床面から 0.1 m 未満ではなく以上とすることと定められている。

キーレッスン　販売取扱所

1. **位置・構造・設備等**
① 店舗は建築物の1階に設けること（**2階には設置できない**）。
② 危険物を配合する室を設けることができる。
③ 販売取扱所の区分
　● **第1種販売取扱所……指定数量の倍数が 15 以下**
　● 第2種販売取扱所……指定数量の倍数が 15 を超え 40 以下

④　窓の位置
- 第1種販売取扱所……窓を設けることができる。位置は限定されていない。
- 第2種販売取扱所……窓の位置は、<u>延焼のおそれのない部分に限り設けること</u>ができる。

2. 取扱いの基準
① 容器に収納し、容器入りのままで販売すること。→<u>顧客が持参した容器に入れる等小分けして販売してはいけない</u>。

問 7　〈各種申請手続き（仮使用）〉　p.23　問7 キーレッスン2②参照　**解答④**

ここが重要　仮使用とは、ガソリンスタンドにおいて洗車機を新しい機種に替える工事で、<u>洗車機以外の部分の全部又は一部を市町村長等の承認を受けて仮使用し営業する</u>ことをいう。

注意：下線の部分が誤っている。

× 1. 変更の工事に着手する前に、<u>変更部分の全部又は一部の使用</u>について市町村長等に承認申請をする。→変更部分の全部又は一部の使用とは、洗車機を新しい機種に替える工事中に、その洗車機を使うことを意味しており誤っている。

× 2. 変更の工事に着手する前に、<u>変更部分の全部又は一部の使用</u>について<u>所轄消防長又は消防署長</u>に承認申請をする。

× 3. <u>変更工事が完成した部分ごとの使用</u>について、市町村長等に承認申請をする。

○ 4. 変更の工事に着手する前に、変更工事に係わる部分以外の全部又は一部の使用について、市町村長等に承認申請をする。

× 5. 変更の工事に着手する前に、変更工事に係わる部分以外の全部又は一部の使用について、<u>所轄消防長又は消防署長</u>に承認申請をする。

問 8　〈法令違反に対する措置〉　p.25　問8 キーレッスン2、3、4参照　**解答⑤**

ここが重要　キーレッスン4は、許可の取り消し又は使用停止命令の対象外の内容一覧である。

○ 1. 給油取扱所の構造を無許可で変更したとき。→許可の取消し又は使用停止命令が発令される。**キーレッスン2①**
○ 2. 設置の完成検査を受けないで屋内貯蔵所を使用したとき。→許可の取消し又は使用停止命令が発令される。**キーレッスン2②**
○ 3. 地下タンク貯蔵所の定期点検を規定の期間内に行わなかったとき。→許可の取消し又は使用停止命令が発令される。**キーレッスン2⑤**
○ 4. 製造所に対する修理、改造又は移転命令に従わなかったとき。→許可の取消し又は使用停止命令が発令される。**キーレッスン2③**

× 5．屋外タンク貯蔵所の危険物取扱者が、危険物の取扱作業の保安に関する講習を受けていないとき。→許可の取消し又は使用停止命令の理由に該当しない。キーレッスン4②

問 9 〈定期点検〉　p.27　問9 キーレッスン4、他参照　　**解答 ③**

× 1．点検は完成検査済証の交付を受けた日か又は、直近の漏れの点検を行った日から**5年ではなく1年**を超えない日までの間に、1回以上行わなければならない。
× 2．点検記録の保存期間は、**1年間ではなく3年間**である。
○ 3．点検は危険物取扱者又は危険物施設保安員で、漏れの点検に関する知識及び技能を有する者（漏れの点検に関する技能講習修了者）が行わなければならない。
× 4．点検は、タンク容量に関係なくすべて行わなければならない。
× 5．点検を完了した場合は、点検記録を3年間保存すればよい。また、点検結果を消防長等に報告の義務はない。

問 10 〈危険物施設保安員・他〉
　　　　　p.90　実力テスト（第1回）問11 キーレッスン参照　　**解答 ⑤**

> **ココが重要**　危険物取扱者の**資格が必要ない職種**（法令上、実務経験も必要なし）
> ●危険物保安統括管理者　　●危険物施設保安員

○ 1．危険物施設保安員は、危険物取扱者でなくてもよい。
○ 2．危険物保安監督者は、甲種又は乙種危険物取扱者でなければならない。
○ 3．危険物保安統括管理者は、危険物取扱者でなくてもよい。
○ 4．危険物保安監督者は、6か月以上の危険物取扱いの実務経験が必要である。
× 5．危険物施設保安員は、**実務経験は必要ない**。

問 11 〈危険物取扱者免状の再交付等〉　p.33　問12 キーレッスン1参照　**解答 ④**

「免状の再交付は、当該免状の（A：**交付又は書換え**）をした都道府県知事に申請することができる。免状を亡失し再交付を受けた者は、亡失した免状を発見した場合は、これを（B：**10日**）以内に免状の（C：**再交付**）を受けた都道府県知事に提出しなければならない。」

	〈A〉	〈B〉	〈C〉
× 1．	交　付 ×	20日 ×	再交付 ○
× 2．	交付又は書換え ○	7日 ×	交　付 ×
× 3．	交　付 ×	14日 ×	再交付 ○
○ 4．	**交付又は書換え** ○	**10日** ○	**再交付** ○
× 5．	交付又は書換え ○	10日 ○	交　付 ×

問 12 〈危険物の貯蔵・取扱い〉基本テストの法令全般のキーレッスンで確認　**解答 ③**

> **ココが重要**　防油堤の水抜き口の弁は、読んで字のごとく溜まった水を抜くための弁である。通常開放しておけば、タンクから油が漏れたときに防油堤の用をなさない。

- ○ 1. 指定数量未満の危険物の貯蔵又は取扱いは、市町村条例で定められている。
- ○ 2. 移動タンク貯蔵所には、完成検査済証を備え付けておかなければならない。
- × 3. 屋外タンク貯蔵所の防油堤の水抜き口の弁は、<u>通常は閉鎖しておき</u>、当該防油堤の内部に滞水（雨水が溜まること）した場合は、<u>遅滞なくこれを排出する</u>ように定められているので、<u>通常は開放しておく</u>は誤っている。
- ○ 4. 類を異にする危険物は、<u>危険性や消火方法等が異なる</u>ので、原則として同一の貯蔵所に貯蔵することはできない。
- ○ 5. 給油取扱所の専用タンクに危険物を注入しているときは、<u>静電気事故防止等のため当該タンクに接続する固定給油設備の使用を中止</u>しなければならない。現実には使っている場合が多いので、間違わないように注意する必要がある。

問 13 〈移送の基準〉
p.92　実力テスト（第1回）問13 キーレッスン参照　　**解答 ⑤**

> **ココが重要**　危険物取扱者免状の携帯が義務づけられているのは、危険物を移送（タンクローリーで危険物を運ぶこと）するときのみである。

- × 1. 危険物取扱者でない者の立ち会いをしている場合は、免状の携帯は必要ない。
- × 2. 指定数量以上の危険物を車両で運搬している場合は、免状の携帯は必要ない。
- × 3. 定期点検の実施、又は立ち会いをしている場合は、免状の携帯は必要ない。
- × 4. 危険物保安監督者として危険物を取り扱っている場合は、携帯してなくてよい。
- ○ 5. 危険物の移送のため、移動タンク貯蔵所に乗車している場合は、取り扱える資格を持った危険物取扱者が乗車し、免状を携帯することと定められている。

問 14 〈運搬の基準〉　p.36　問14 キーレッスン2⑧参照　　**解答 ③**
× 1. 1m以下　× 2. 2m以下　○ 3. **3m以下**　× 4. 4m以下　× 5. 5m以下

問 15 〈貯蔵・取扱いの基準〉　p.38　問15 キーレッスン1参照　　**解答 ②**
- ○ 1. 製造所等においては、みだりに火気を使用してはならない。
- × 2. 油分離装置に溜まった危険物は、あふれないように随時くみ上げることと定められている。希釈（薄めて）してから排出すると、二次汚染のおそれがある。
- ○ 3. 製造所等においては、常に整理及び清掃を行うとともに、みだりに空箱等その他不必要な物件を置かないこと。

○ 4. 製造所等は、許可若しくは届出に係わる品名以外の危険物を貯蔵し、又は取り扱わないことと定められている。
○ 5. 危険物を貯蔵し、又は取り扱っている建築物等においては、当該危険物の性質に応じた有効な遮光又は換気を行わなければならない。

【基礎的な物理学・化学】

問 16 〈自然発火〉 p.94 実力テスト（第1回）問17 キーレッスン2参照　**解答 ⑤**

「自然発火を開始する機構には、セルロイドやニトロセルロースのように（A：分解）熱による発熱、活性炭や木炭粉末のように（B：吸着）熱による発熱、石炭やゴム粉末のように（C：酸化）熱による発熱がある。また、その他には堆肥、ゴミの微生物による発熱、重合反応熱による発熱などがある。」

	〈A〉	〈B〉	〈C〉
× 1.	吸着×	酸化×	分解×
× 2.	分解○	発酵×	酸化○
× 3.	酸化×	吸着○	分解×
× 4.	吸着×	分解×	酸化○
○ 5.	分解○	吸着○	酸化○

問 17 〈燃焼の基礎知識（燃焼の三要素）〉 p.41 問17 キーレッスン2参照　**解答 ①**

> **ココが重要**　燃焼の三要素は、可燃物、酸素供給源及び点火源の3つである。
>
> 解答の手順（参考にA項の上に燃焼の三要素のタイトルをつける）
> ① まず、酸素供給源の酸素と空気に○印をする。
> ② ○印の入ったA、C、D項の可燃物を確認する。
>   A項の水とD項の二酸化炭素は、燃えないので×印をする。
> ③ C項の二硫化炭素は特殊引火物なので燃焼する。また、電気火花は点火源になるので、燃焼の三要素が揃っている。

　　　　〈可燃物〉　〈酸素供給源〉〈点火源〉　← 参考にタイトルをつけると
　A. 水×…………酸素○……直射日光　　　このようになる。
　B. 亜鉛粉………………水素………湿気
○C. 二硫化炭素○……空気○……電気火花○
　D. 二酸化炭素×……酸素○……磁気
　E. 硫化水素…………窒素………放射線

○1. 1つ　×2. 2つ　×3. 3つ　×4. 4つ　×5. 5つ

問 18 〈燃焼の総合問題〉引火点等燃焼に関連するキーレッスン参照　　**解答 ③**

ここが重要 まず、1項はどの数値を見ればよいのかを理解しよう！

沸点………56.5℃	燃焼範囲……2.1～13 vol%
比重………0.8	引火点………-20℃
発火点……465℃	蒸気比重……2.1

× 1. 沸点が56.5℃なので、この液温になると蒸気圧は標準圧力（1気圧）になる。
× 2. この液体1 kgの容量は、1.3 l である。容量〔l〕＝重さ〔kg〕÷比重〈実用上の計算式〉
○ 3. 密閉容器中（引火点試験器）で引火するのに十分な濃度の蒸気を液面上に発生する最低の液温は、→この文章は引火点の定義-1であるので、**-20℃は正しい**。
× 4. 炎を近づければ、-20℃で引火する。465℃は発火点である。
× 5. 発生する蒸気の重さは、水蒸気ではなく空気の2.1倍である。

問 19 〈消火の基礎知識〉p.46　問19 キーレッスン3 参照　　**解答 ③**

○ 1. 粉末消火剤は、燃焼を化学的に抑制する効果と窒息効果がある。
○ 2. 泡消火剤は、泡で燃焼を覆うので窒息効果があり、油火災に適する。
× 3. 二酸化炭素消火剤は不燃性の気体で窒息効果があり、気体自体に一酸化炭素のような毒性はないが、**狭い空間で使用すると窒息の危険があるので注意を要する**。
○ 4. 強化液消火剤は抑制効果と冷却効果があり、消火後の再燃防止効果もある。
○ 5. 水消火剤は比熱と蒸発熱が大きいので冷却効果があり、棒状あるいは霧状に放射して使用され、燃焼物から熱を奪い周囲の温度を下げる。

問 20 〈燃焼の仕方〉p.40　問16 キーレッスン3 参照　　**解答 ③**

ここが重要 固体の燃焼には、分解燃焼、表面燃焼、内部（自己）燃焼及び蒸発燃焼の4つがある。

「木材、紙などの可燃性固体が加熱されて、このとき発生する可燃性ガスが燃焼することを（A：**分解燃焼**）といい、木炭、コークスなどの可燃性固体が加熱されて、赤熱して燃焼することを（B：**表面燃焼**）という。」

　　　　〈A〉　　　　〈B〉
× 1. 蒸発燃焼×　　表面燃焼○
× 2. 表面燃焼×　　分解燃焼×
○ 3. **分解燃焼**○　**表面燃焼**○
× 4. 分解燃焼○　　蒸発燃焼×
× 5. 表面燃焼×　　蒸発燃焼×

問 21 〈静電気〉 p.50 問21 キーレッスン参照 　　　　　解答②

× 1. 静電気の蓄積を防止するためには、梅雨どきのように湿度を高くすればよい。冬のように低くすると、静電気が蓄積して危険性が増すので誤っている。
○ 2. 静電気の蓄積による火花放電は、可燃性ガス（ガソリン等）や粉じん（石炭の粉）のあるところではしばしば点火源となる。
× 3. 電気導電性の高い（電気が流れやすい）銅やアルミニウム等は、低いガソリンやプラスチック等より静電気が発生しにくく、蓄積もしにくい。
× 4. ベンゼン等の電気を通しにくい非水溶性の液体は、パイプやホースの中を流れるとき摩擦により静電気を発生する。
× 5. 静電気の蓄積を防止するためには、接地（アース）等して静電気を逃がしてやればよい。電気絶縁性をよくする（電気が流れない）と、静電気が蓄積されて余計に危険性が増す。

問 22 〈燃焼の基礎知識〉 p.42 問17 キーレッスン3 参照 　　　　解答③

○ 1. 酸素は無色無臭の気体である。
○ 2. 酸素は空気中に約21 vol％含まれ、残りの大半は窒素（78 vol％）である。
× 3. 酸素は燃えない（支燃物であり可燃物でない）ので誤っている。
○ 4. 酸素濃度が高くなると、可燃性の気体、液体及び固体は激しく燃焼する。
○ 5. 過酸化水素（H_2O_2）は酸素と水素の化合物で、分解すれば酸素が得られる。

問 23 〈比熱と熱容量〉 　　　　　　　　　　　　　　　　　解答①

> **ココが重要** 熱容量とは、ある物体の温度を1 K（ケルビン）だけ上昇させるのに必要な熱量である。

○ 1. ある物質の温度を1 K（ケルビン）だけ高めるのに必要な熱量を熱容量という。
× 2. 熱容量とは、物質を収納している容器の比熱のことではない。
× 3. 物体に1 Jの熱量を与えたときの温度上昇率のことではない。
× 4. 熱容量とは、物質1 kgの比熱のことではない。
× 5. 比熱に質量を乗じた（× ＝掛ける）ものを熱容量という。密度は誤っている。

キーレッスン　比熱と熱容量

1. **比熱と熱容量**
   ① 比熱→物質1 gの温度を1 K（1℃）だけ上昇させるのに必要な熱量。
   ● 比熱の一番大きい水は、温めにくく冷めにくいので、この性質を利用して湯たんぽに使っている。

また、燃焼物から熱を奪う作用が大きいので、消火に利用される。
② 熱容量→ある物体の温度を1K（1℃）だけ上昇させるのに必要な熱量。
2. 熱容量の計算式

熱容量＝質量×比熱　　$C = mc$

- 重さが1gであれば、比熱と熱容量の値は同じである。

問 24 〈単体・化合物・混合物〉 p.52 問22 キーレッスン3参照　　解答②

ココが重要　溶液の混合物は食塩水を、気体の混合物は空気を思い浮かべて解答する。
- 溶液の混合物　　食塩水→水に食塩を溶かしたもの
- 気体の混合物　　空　気→主に酸素と窒素が混ざりあったもの

○1. 混合物は、空気のように2種類以上の純物質（酸素と窒素）が混ざりあった物質をいう。他にガソリンを始め石油製品が混合物である。
×2. 溶液である食塩水は液体の水と固体の食塩との混合物であり、その成分がすべて液体とは限らない。また、気体の混合物は空気のように気体の酸素と窒素でできており、その成分がすべて気体である。
○3. 混合物である食塩水は、蒸発により、食塩と水に分離することができる。
○4. 混合物であるガソリンは、石油会社によって混合している物質の割合が異なるので、沸点は40〜220℃と幅を持った数値となっている。
○5. 溶液の混合物は、その目的や混合比に応じて、成分を溶媒と溶質に区別される。

問 25 〈酸・塩基・pH〉

p.97　実力テスト（第1回）問23 キーレッスン参照　　解答②

ココが重要　？を付けて○×の印を付けないのも、正解するための大切な手法である（無理に○を付ける必要はない）。
- 酸の性質：青色リトマス紙を赤変させる。

学校での"成績は3"と覚える。　青（セイ）→赤（セキ）は酸（サン）

？1. 酸とは、水に溶けると電離して水素イオン（H⁺）を生じる物質。又は、他の物質に水素イオン（H⁺）を与えることができる物質をいう。
×2. 酸は青色リトマス紙を赤く変え、塩基は赤色リトマス紙を青く変える。
？3. 塩基とは、水に溶けると電離して水酸化物イオン（OH⁻）を生じる物質。又は、他の物質から水素イオン（H⁺）を受け取ることができる物質をいう。
○4. 酸（塩酸）や塩基（水酸化ナトリウム）の濃度は、水素イオン指数（pH）で分かる。
○5. 中和とは、酸と塩基が反応して別な物質（塩と水）ができる反応をいう。

注意：酸・塩基でリトマス紙の問題は、大切な基本の問題である。

【性質・火災予防・消火の方法】

問 26 〈危険物の類ごとの性質〉 p.58 問 26 キーレッスン1参照 **解答④**

> **ココが重要**
> 大切な第2類、第5類危険物の覚え方
> **2固可燃性。5自己固液。**
> ●2類は固体で可燃性。　●5類は固体と液体で自己（自己反応性）。

○ 1. 第1類の危険物は、すべて固体である。
○ 2. 第2類の危険物は、すべて固体である。
○ 3. 第3類の危険物は、液体または固体である。
× 4. 第5類の危険物は、液体または固体でありすべて液体は誤っている。
○ 5. 第6類の危険物は、すべて液体である。

問 27 〈第4類に共通する特性〉 p.60 問 27 キーレッスン参照 **解答②**

> **ココが重要**
> 沸点の低い危険物は蒸発（揮発）しやすく、引火点も低いので引火しやすく危険性が高い。

× 1. 第4類の危険物は液体なので、熱伝導率は小さい。また、第4類の場合、自然発火に関係があるのは熱伝導率の大小ではなくよう素価である。
○ 2. 沸点が低いガソリンは、引火点も低く（−40℃以下）引火しやすい。
× 3. 第4類の危険物の蒸気比重はすべて1より大きいので、低所に滞留しやすい。
× 4. 導電率（電気伝導度）が小さい（電気が流れにくい）ので、静電気が蓄積しやすい。
× 5. 水溶性のアルコール類は、水で薄めると引火点が高くなり引火しにくくなる。

問 28 〈第4類に共通する火災予防の方法〉 p.63 問 28 キーレッスン参照 **解答③**

> **ココが重要**
> 間違いの多い語句として（A）に「可燃物」を選ぶ。
> ●可燃物→A項に可燃物を入れると「第4類危険物の貯蔵及び取り扱いにあたっては、（A：可燃物）との接近を避ける……」となり、灯油を運搬中に可燃物の軽油を同時運搬できなくなる。

「第4類危険物の貯蔵及び取扱いにあたっては、炎、火花または（A：高温体）との接近を避けるとともに、発生した蒸気を屋外の（B：高所）に排出するか、または（C：通風）を良くして蒸気の拡散を図る。また容器に収納する場合は、（D：若干の空間容積を残し）危険物を詰め蒸気が漏えいしないように密栓する。」

	〈A〉	〈B〉	〈C〉	〈D〉
× 1.	可燃物×	低所×	通風○	若干の空間容積を残し○
× 2.	可燃物×	低所×	通風○	一杯に×
○ 3.	高温体○	高所○	通風○	若干の空間容積を残し○
× 4.	水分×	高所○	冷暖房×	若干の空間容積を残し○

×5. 高温体○　　低所×　　冷暖房×　　一杯に×

問29 〈第4類に共通する消火の方法〉 p.65　問29 キーレッスン2参照　**解答②**

ココが重要 ガソリンの火災に水を使った消火は、棒状、霧状共に不適切である。

○A. ガソリンの火災に水噴霧消火は消火できないばかりか、非水溶性で比重の軽いガソリンが水に浮くので、燃焼面積を拡大させ危険性が増すから。
×B. 水滴がガソリンをかき乱し、燃焼を激しくするようなことはない。
×C. 水滴の衝撃でガソリンをはね飛ばすようなことはない。
○D. 水噴霧では消火できないガソリンが水に浮き、側溝等を伝わりガソリンを遠方まで押し流すことにより、危険性が増大するから。
×E. 水が激しく沸騰しガソリンを飛散させるようなことはない。
×1. AとB　○2. AとD　×3. BとC　×4. CとE　×5. DとE

問30 〈第4類に共通する消火の方法〉 p.65　問29 キーレッスン参照　**解答①**

ココが重要 アルコール等の水溶性危険物の消火には、水溶性液体用泡消火剤を使用する。水による消火と棒状の強化液は効果がない。

×1. 水溶性の危険物の火災には、棒状の強化液の放射は効果がない。
○2. 乾燥砂は窒息効果があるので、ガソリン等の小規模の火災に効果がある。
○3. 第4類危険物火災の初期消火には、霧状の強化液の放射が効果的である。→窒息と抑制効果がある。
○4. 泡を放射する小型消火器は、小規模の火災に効果がある。→窒息効果がある。
○5. 一般の注水による消火方法は、第4類の危険物火災には不適当である。

問31 〈第1石油類（ガソリン）〉 p.68　問31 キーレッスン参照　**解答⑤**

○1. 自動車ガソリンの引火点は－40℃以下であり、石油製品では一番低い。
○2. 非水溶性のガソリンは、流動により静電気が発生しやすい。
○3. 水より軽いと出れば、二硫化炭素は×、他はすべて○でOKである。
　　（p.151　問33「ここが重要」の簡便法を参照）
○4. 燃焼範囲は1.4～7.6 vol%であるが、おおむねであれば1～8 vol%でOK。
×5. 自動車ガソリンは、灯油や軽油との識別を容易にするためにオレンジに着色してある。

第3章　実力テスト（第4回）

問 32 〈第2石油類（n-ブタノール）〉　　　　　　　　　　　　　　　　**解答 ④**

> ここが重要　　n-ブタノールの性状等の数値を見ないでも、答えの出る問題である。
> ＊p.151　問 33「ここが重要」の簡便法を参照
> ●水より軽い　●有機溶媒によく溶ける　●無臭　●無色透明
> この4点は他の問題でも使えるので、よく読んでキッチリと覚えよう！

? 1. n-ブタノールの引火点は、常温（20℃）より高い。
○ 2. 水より軽いと出れば、二硫化炭素は×、他はすべて○で OK である。
○ 3. 各種有機溶媒（ペンキのうすめ液等）によく溶けると出れば、すべて○で OK。
× 4. 無臭と出れば、すべて×で OK である。
○ 5. 無色透明の液体であると出れば、石油製品以外はすべて○で OK である。

問 33 〈動植物油類〉　p.73　問 35 キーレッスン参照　　　　　　　　　**解答 ③**
○ 1. 乾性油のアマニ油やキリ油は、不乾性油より自然発火しやすい。
○ 2. よう素価が大きいもの（乾性油のアマニ油等）ほど、自然発火しやすい。
× 3. 引火点の高い低いは、自然発火に関係しない。
○ 4. 乾性油がしみ込んだぼろ布を積み重ねる等熱が蓄積しやすい状態にあるほど、自然発火しやすい。
○ 5. 貯蔵中は換気をよくするほど、熱が蓄積しにくいので自然発火しにくい。

問 34 〈第1石油類（酢酸エチル）、第2石油類（酢酸）〉　　　　　　　　**解答 ①**

> ここが重要　　酢酸エチルや酢酸の性状を見て（覚えて）解答する方法もあるが、ここは簡便法（p.151　問 33「ここが重要」参照）で答えを出した。

○ 1. いずれも無色透明の液体であると出れば、石油製品以外はすべて○である。
? 2. いずれも、引火点は常温（20℃）より高い。→酢酸エチルが分からない。
? 3. いずれも、水溶性の液体である。→酢酸エチルが分からない。
? 4. いずれも、有機溶媒に溶けない。→酢酸エチルが分からない。
× 5. いずれも液比重は 1 より大きいと出れば、二硫化炭素は○、他はすべて×である。

問 35 〈第1石油類〉　p.68　問 31、
p.129　実力テスト（第2回）問 35 等のキーレッスン参照　　　　　　　　**解答 ③**
× 1. 第1石油類は、引火点が 21℃ 未満であると定められている。
× 2. アルコール類に比べて引火点が低いので、引火の危険性は大きい。
○ 3. ガソリン、ベンゼン等の第1石油類は、常温（20℃）で液状である。
× 4. 第1石油類に、発火点が 100℃ 以下のものはない。
× 5. 第1石油類に、水によく溶ける水溶性の危険物は少ない。

実力テスト（第5回）

【危険物に関する法令】

問 1 法令上、次の文の（ ）内に当てはまる語句として、正しいものはどれか。

「第1石油類とは、アセトンおよびガソリン、その他1気圧において引火点が（ ）のものをいう。」

1. 0℃ 以上
2. 20℃ を超え 50℃ 未満
3. 21℃ 未満
4. 21℃ 以上 70℃ 未満
5. 40℃ 以下

問 2 法令上、予防規程について、次のうち正しいものはどれか。

1. 予防規程を定めたときは、市町村長等の認可を受けなければならない。
2. すべての製造所等の所有者等は、予防規程を定めなければならない。
3. 予防規程は自主保安について定めたものであるから、貯蔵及び取扱いの技術基準に適合しない場合に作成しなければならない。
4. 予防規程は、危険物施設保安員が作成しなければならない。
5. 自衛消防組織を設置していれば、予防規程を定めなくてもよい。

問 3 第4類の危険物であるメタノールを、200 l 貯蔵している同一の場所に次の危険物を貯蔵した場合、法令上、指定数量以上となるものはどれか。

1. ガソリン　　　　　90 l
2. ジエチルエーテル　100 l
3. アセトン　　　　　150 l
4. 灯油　　　　　　　400 l
5. 重油　　　　　　　900 l

問 4 法令上、第4類の危険物を貯蔵する製造所等のなかには、学校、病院等から一定の距離（保安距離）を保たなければならないものがあるが、次のうち必要なものはどれか。

1. 屋外貯蔵所　　2. 販売取扱所　　3. 移動タンク貯蔵所
4. 屋内タンク貯蔵所　　5. 給油取扱所

問 5 法令上、指定数量未満の危険物を貯蔵し、又は取り扱う場合の技術上の基準を定めることとされているものは、次のうちどれか。

1. 政令
2. 危険物の規制に関する技術上の基準の細目を定める告示
3. 都道府県条例
4. 規制
5. 市町村条例

問 6 法令上、製造所等の設置又は変更について、次の文の（　）内に入る適切なものはどれか。
「製造所等の設置又は変更の許可を受けた者は、製造所等を設置したとき又は製造所等の位置、構造若しくは設備を変更したときは、（　）、これを使用してはならない。」

1. 市町村長等が行う完成検査を受け、位置、構造及び設備の技術上の基準に適合していると認められた後でなければ
2. 所有者等が自主的に検査を行い、安全を確認した後でなければ
3. 消防署長が行う完成検査を受け、火災予防上安全と認められた後でなければ
4. 市町村長等に設置又は変更工事の終了届を出した後でなければ
5. 消防署長の行う保安検査を受け、位置、構造及び設備が技術上の基準に適合していると認められた後でなければ

問 7 法令上、製造所の位置、構造及び設備の技術上の基準について、次のうち誤っているものはどれか。

1. 危険物を取り扱う建築物は、柱、床、はり及び階段を不燃材料で造らなければならない。
2. 危険物を取り扱う建築物の窓及び出入口にガラスを用いる場合は、5mm以上の厚さがなければならない。
3. 危険物を取り扱う建築物の出入口は、防火設備を設けなければならない。
4. 危険物を取り扱う建築物は、地階を有しない構造でなければならない。
5. 危険物を取り扱う建築物には、危険物を取り扱うために必要な採光、照明及び換気の設備を設けなければならない。

問 8 法令上、市町村長等による製造所等の使用停止命令の理由に該当しないものは、次のうちどれか。

1. 製造所等で危険物の取扱作業に従事している危険物取扱者が、免状の書換えをして

いない場合。
2. 危険物保安統括管理者を定めなければならない事業所において、それを定めていない場合。
3. 設置又は変更に係る完成検査を受けないで、製造所等を全面的に使用した場合。
4. 危険物保安監督者を定めなければならない製造所等において、それを定めていない場合。
5. 定期点検を行わなければならない製造所等において、それを期限内に実施していない場合。

問 9 法令上、製造所等の定期点検について、次のうち誤っているものはどれか。

1. 定期点検は、原則として1年に1回以上行わなければならない。
2. 定期点検は、製造所等の位置、構造及び設備が技術上の基準に適合しているかどうかについて行う。
3. 点検はいかなる場合においても、危険物取扱者以外のものが行ってはならない。
4. 定期点検の記録は、3年間保存しなければならない。
5. 移動タンク貯蔵所は、すべて点検対象となっている。

問 10 法令上、危険物取扱者以外の者の危険物の取扱いについて、次のうち誤っているものはどれか。

1. 製造所等では、甲種危険物取扱者の立ち会いがあれば、すべての危険物を取り扱うことができる。
2. 製造所等では、第1類の免状を有する乙種危険物取扱者の立ち会いがあっても、第2類の危険物の取扱いはできない。
3. 製造所等では、丙種危険物取扱者の立ち会いがあっても、危険物を取り扱うことはできない。
4. 製造所等以外の場所では、危険物取扱者の立ち会いがなくても、指定数量未満の危険物を市町村条例に基づき取り扱うことができる。
5. 製造所等では、危険物取扱者の立ち会いがなくても、指定数量未満であれば危険物を取り扱うことができる。

問 11 法令上、危険物取扱者免状について、次のうち誤っているものはどれか。

1. 免状を亡失又は破損等した場合は、免状を交付又は書換えをした都道府県知事に再交付を申請することができる。

2. 免状は、それを取得した都道府県の範囲内だけでなく、全国で有効である。
3. 免状の返納を命じられた者は、その日から起算して2年を経過しないと免状の交付を受けられない。
4. 免状を亡失して再交付を受けた者が亡失した免状を発見した場合は、これを10日以内に免状の再交付を受けた都道府県知事に提出しなければならない。
5. 免状の記載事項に変更を生じたときは、居住地又は勤務地を管轄する都道府県知事に書換えを申請しなければならない。

問12 法令上、製造所等の区分及び貯蔵し、又は取り扱う危険物の品名、数量等に関係なく、すべての製造所等の所有者等に共通して義務づけられているものは、次のうちどれか。
1. 製造所等に、危険物保安監督者を定めなければならない。
2. 製造所等に、自衛消防組織を設置しなければならない。
3. 製造所等の位置、構造及び設備を技術上の基準に適合するように、維持しなければならない。
4. 製造所等の火災を予防するため、予防規程を定めなければならない。
5. 製造所等に、危険物施設保安員を定めなければならない。

問13 危険物の取扱いの技術上の基準にかかわる、次の文章の（　）内に当てはまる法に定められている語句で正しいものはどれか。
「移動タンク貯蔵所から、危険物を貯蔵し又は取り扱うタンクに引火点が（　）の危険物を注入するときは、移動タンク貯蔵所の原動機を停止させること。」
1. 30℃未満　2. 35℃未満　3. 40℃未満　4. 45℃未満　5. 50℃未満

問14 法令上、危険物の運搬に関する技術上の基準について、次のうち誤っているものはどれか。
1. 指定数量以上の危険物を車両で運搬する場合は、その都度、消防長又は消防署長に届け出なければならない。
2. 運搬容器は、収納口を上方に向けて積載しなければならない。
3. 危険物又は危険物を収納した運搬容器が、著しく摩擦又は動揺を起こさないように運搬しなければならない。
4. 指定数量以上の危険物を車両で運搬する場合は、標識を掲げるほか、消火設備を備えなければならない。
5. 運搬容器の外部には、危険物の品名、数量等を表示して積載しなければならない。

問15 法令上、製造所等における危険物の貯蔵及び取扱いのすべてに共通する技術上の基準について、次のうち正しいものはどれか。
1. 危険物を保護液中に保存する場合は、当該危険物の一部を露出させておかなければならない。
2. 製造所等では、許可された危険物と同じ類、同じ数量であれば、品名については随時変更することができる。
3. 危険物のくず、かす等は、1週間に1回以上、当該危険物の性質に応じて安全な場所で廃棄その他適当な処置をしなければならない。
4. 廃油等を廃棄する場合は、焼却以外の方法で行わなければならない。
5. 危険物は、原則として海中又は水中に流出させ、又は投下してはならない。

【基礎的な物理学・化学】

問16 次の文の（　）内にあてはまる語句として、正しいものはどれか。

「二硫化炭素が完全燃焼すると（　）が発生する。」
1. 水蒸気と二酸化炭素
2. 二酸化硫黄と二酸化炭素
3. 二酸化硫黄と水蒸気
4. 一酸化炭素と二酸化硫黄
5. 一酸化炭素と二酸化炭素

問17 燃焼について、次のうち誤っているものはどれか。

1. 燃焼は可燃性物質が酸素などと反応して、大量の熱と光を発生する現象である。
2. 密閉された室内で可燃性液体が燃焼した場合には、一時に多量の発熱が起こり、圧力が急激に増大して爆発を起こすことがある。
3. 石油類は主として、蒸発により発生した蒸気が燃焼する。
4. 石油類は酸素の供給が不足すると、不完全燃焼を起こして二酸化炭素が大量に発生する。
5. 可燃性物質は、燃焼により安定な酸化物に変わる。

問18 次に示す性質を有する可燃性液体についての説明として、正しいものはどれか。

沸点‥‥‥‥111℃　　燃焼範囲‥‥‥1.2～7.1 vol％
液比重‥‥‥0.87　　引火点‥‥‥‥4.4℃

発火点……480℃　　蒸気比重……3.14
1. この液体 2 kg の容量は、1.74 l である。
2. 空気中で引火するのに十分な濃度の蒸気を液面上に発生する最低の液温は、4.4℃である。
3. 発生する蒸気の重さは、水蒸気の 3.14 倍である。
4. 111℃ になるまでは、飽和蒸気圧を示さない。
5. 炎を近づけても 480℃ になるまでは燃焼しない。

問 19 消火について、次のうち誤っているものはどれか。

1. 燃焼の三要素のうち、1つの要素を取り除けば消火できる。
2. 窒息効果による消火とは、酸素濃度を低下させて消火することである。
3. 水は比熱、気化熱が大きいため、冷却効果が大きい。
4. セルロイドのように分子内に酸素を含有する物質は、窒息効果による消火が有効である。
5. 二酸化炭素消火剤の主たる消火効果は、窒息消火である。

問 20 次の文の（　）内の A 及び B に当てはまる語句の組合せで、正しいものはどれか。

「可燃性蒸気は、空気中である濃度範囲に混合している場合にのみ燃焼する。この濃度範囲を（ A ）という。また、この（ A ）の下限値の濃度の蒸気を発生するときの液体の温度を（ B ）という。この温度になると、炎、火花等を近づけると燃焼する。」

　　　〈A〉　　　　　　〈B〉
1. 燃焼範囲　　　発火点
2. 燃焼範囲　　　引火点
3. 爆発範囲　　　自然発火温度
4. 爆発範囲　　　燃焼点
5. 燃焼範囲　　　燃焼点

問 21 静電気について、次のうち誤っているものはどれか。

1. 静電気の蓄積防止策の1つに、物体を電気的に絶縁する方法がある。
2. 静電気は人体にも帯電する。
3. 静電気による火災には、燃焼物に適応した消火法をとる。
4. 静電気は一般に電気の不導体（不良導体）の摩擦等により発生する。

5. 静電気は空気が乾燥しているときに発生しやすい。

問 22 10℃で 200 l の液体を 50℃に温めた場合、容器からこぼれないようにするためには、最低何 l の容器が必要となるか。ただし、液体の体膨張率は $1.4 \times 10^{-3} K^{-1}$ で、蒸発による減少及び容器の膨張はないものとする。
1. 201 l　　2. 202 l　　3. 212 l　　4. 213 l　　5. 214 l

問 23 有機化合物について、次のうち正しいものはどれか。

1. 水に溶けるものが多い。
2. 危険物のなかには、有機化合物に該当するものはない。
3. 無機化合物に比較して、融点が高いものが多い。
4. 無機化合物に比較して、種類が少ない。
5. 完全燃焼すると、二酸化炭素と水蒸気を発生するものが多い。

問 24 物質の状態変化について、次のうち誤っているものはどれか。

1. 氷が溶けて水になるような変化を融解という
2. 液体が気体になる変化を蒸発という
3. 気体が液体になる変化を液化という
4. 液体が固体になる変化を凝縮という
5. 固体のナフタリンが、直接気体になるような変化を昇華という

問 25 物質 A が B に変化したとき、酸化反応に該当するものは次のうちどれか。

	〈A〉	〈B〉
1.	木炭	一酸化炭素
2.	黄りん	赤りん
3.	硫黄	硫化水素
4.	水	水蒸気
5.	濃硫酸	希硫酸

【性質・火災予防・消火の方法】

問 26 危険物の類ごとの性状について、次のうち正しいものはどれか。

1. 第1類の危険物は、強い還元性の液体である。
2. 第2類の危険物は、燃えやすい固体である。
3. 第3類の危険物は、水と反応しない不燃性の液体である。
4. 第5類の危険物は、強い酸化性の固体である。
5. 第6類の危険物は、可燃性の固体である。

問27 第4類危険物の一般性状について、次のうち誤っているものはどれか。

1. 引火し炎を上げて燃える。
2. 沸点が水より高いものがある。
3. 燃焼範囲には、下限値と上限値がある。
4. 燃焼点が引火点より低いものがある。
5. 引火しても燃焼が継続しないものがある。

問28 第4類危険物の消火方法として、次のうち不適切なものはどれか。

1. 棒状の水を放射して消火する。
2. 泡消火剤を放射して消火する。
3. 二酸化炭素消火剤を放射して消火する。
4. 霧状の強化液を放射して消火する。
5. 消火粉末を放射して消火する。

問29 泡消火剤の中には、水溶性液体用泡消火剤とその他の一般の泡消火剤とがある。次の危険物が火災になった場合、水溶性液体用泡消火剤でなければ効果的に消火できない組合せはどれか。

1	エチルメチルケトン	トルエン
2	クロロベンゼン	酸化プロピレン
3	ガソリン	1-プロパノール
4	アセトアルデヒド	ベンゼン
5	アクリル酸	エタノール

問30 消火器を使用するときは、適応火災であるかどうかを、消火器の本体についている円形の標識によって判断しなければならないが、油火災用の標識の色(文字以外の部分)として、次のうち正しいものはどれか。

1. 白色　2. 黒色　3. 青色　4. 黄色　5. 赤色

問31 自動車ガソリンの一般的性状について、次のA～Dで誤っている組合せはどれか。
A. 蒸気は空気よりわずかに軽い。
B. 揮発性が大きく引火しやすい。
C. 流動などにより静電気が発生しやすい。
D. 燃焼範囲は、おおむね4.0～60vol%である。

1. AとB　2. AとD　3. BとC　4. BとD　5. CとD

問32 酢酸について、次のうち誤っているものはどれか。
1. 無色透明の液体である。
2. 水溶液は、腐食性を有している。
3. 蒸気は空気より重い。
4. 刺激性の臭気を有している。
5. 有機溶媒に溶けない。

問33 ジエチルエーテルの貯蔵、取扱いの方法として、次のうち誤っているものはどれか。
1. 直射日光を避け冷所に貯蔵する。
2. 容器は密栓する。
3. 火気及び高温体との接近を避ける。
4. 建物の内部に滞留した蒸気は、屋外の高所に排出する。
5. 水より重く水に溶けにくいので、容器等に水を張って蒸気の発生を抑制する。

問34 アセトアルデヒドの性状について、次のA～Eのうち誤っている組合せはどれか。
A. 無色透明の刺激臭のある液体である。
B. 水、エタノールには溶けない。
C. 常温（20℃）では、引火の危険性はない。
D. 沸点が低く非常に揮発しやすい。
E. 可燃性物質であり、酸化性物質と反応し火災や爆発のおそれがある。

1. AとB　2. BとC　3. CとD　4. DとE　5. AとE

問 35　第 4 類のアルコール類に共通する性状として、次のうち正しいものはどれか。

1. 無色無臭の液体である。
2. 水より重い。
3. 水への溶解力は小さい。
4. 水より沸点は低い。
5. 蒸気比重は空気より軽い。

実力テスト（第 5 回）　解答と解説

【危険物に関する法令】

問 1　〈消防法上の危険物〉　p.13　問 1 キーレッスン 2 参照　　**解答 ③**

ここが重要　類似の問題では、特殊引火物、第 1 石油類及びアルコール類が大切です。（最近の出題傾向より）

「第 1 石油類とは、アセトンおよびガソリン、その他 1 気圧において引火点が（**21℃未満**）のものをいう。」

× 1.　0℃以上
× 2.　20℃を超え 50℃未満
○ 3.　**21℃未満**
× 4.　21℃以上 70℃未満
× 5.　40℃以下

問 2　〈予防規程〉　p.14　問 2 キーレッスン参照　　**解答 ①**

○ 1.　予防規程を定めたときは、<u>市町村長等の認可を受けなければならない</u>。
× 2.　所有者等が予防規程を定めなければならないのは、<u>12 箇所ある危険物施設のうち 7 施設</u>であり、すべてではないので誤っている。
× 3.　すべての製造所等は、危険物の取扱いに当たって貯蔵及び取扱いの技術上の基準に適合させる必要があり、<u>そのうえ予防規程の必要な危険物施設が定められている</u>。
× 4.　予防規程は危険物施設保安員ではなく、**所有者等が作成するものである**。
× 5.　自衛消防組織を設置した事業所であっても、予防規程を定める必要がある。

問 3　〈指定数量〉　p.16　問 3 キーレッスン参照　　**解答 ②**

ここが重要　指定数量以上の危険物を貯蔵しようとすると消防法の規制を受け、多額の費用や時間等が必要になる。この問題は、それがどの場合かを問うている問題である。

① まず、貯蔵してあるメタノール $200l$ の指定数量の倍数を計算する

$$\frac{メタノールの貯蔵量〔l〕}{メタノールの指定数量〔l〕} = \frac{200l}{400l} = \mathbf{0.5 倍}$$

となる

② 次に、1項のガソリンから5項の重油まで、指定数量の倍数を計算した数値にメタノールの0.5倍をプラスして、**合計が1か1以上になる危険物が答えとなる**。

〈①で計算したメタノールの指定数量の倍数〉

		〈貯蔵量〉	〈指定数量〉	〈倍数〉	↓	〈合計〉
× 1.	ガソリン	$90l$ ÷	$200l$ =	0.45	+ 0.5 =	0.95 倍
○ 2.	ジエチルエーテル	$100l$ ÷	$50l$ =	2.0	+ 0.5 =	2.5 倍○
× 3.	アセトン	$150l$ ÷	$400l$ =	0.375	+ 0.5 =	0.875 倍
× 4.	灯油	$400l$ ÷	$1000l$ =	0.4	+ 0.5 =	0.9 倍
× 5.	重油	$900l$ ÷	$2000l$ =	0.45	+ 0.5 =	0.95 倍

注意：合計した数値が2.5倍と、指定数量の1倍を超えているジエチルエーテルが答えである。

問 4 〈保安距離・保有空地〉 p.18 問4 キーレッスン1参照　　**解答 ①**

○ 1. 屋外貯蔵所　　　× 2. 販売取扱所　　× 3. 移動タンク貯蔵所
× 4. 屋内タンク貯蔵所　　× 5. 給油取扱所

問 5 〈指定数量未満の危険物の貯蔵又は取扱い〉　　**解答 ⑤**

ココが重要 指定数量未満の危険物の貯蔵又は取扱いについては、**各市町村の火災予防条例において技術上の基準**が定められている。

× 1. 政令
× 2. 危険物の規制に関する技術上の基準の細目を定める告示
× 3. 都道府県条例
× 4. 規制
○ 5. 市町村条例

問 6 〈各種申請手続き（変更許可）〉 p.23 問7 キーレッスン1参照　**解答 ①**

ココが重要 製造所等の設置や変更の許可を受けた者が、その工事が完了した時点で**市町村長等が行う完成検査**を受け、これが技術上の基準に適合していると認められた後でなければ、これを使用してはならないと定められている。

「製造所等の設置又は変更の許可を受けた者は、製造所等を設置したとき又は製造所等の位置、構造若しくは設備を変更したときは、（**市町村長等が行う完成検査**

を受け、位置……認められた後でなければ)、これを使用してはならない。」
- ○ 1. **市町村長等が行う完成検査を受け**、位置、構造及び設備の技術上の基準に適合していると認められた後でなければ
- × 2. 所有者等が自主的に検査を行い、安全を確認した後でなければ
- × 3. 消防署長が行う完成検査を受け、火災予防上安全と認められた後でなければ
- × 4. 市町村長等に設置又は変更工事の終了届を出した後でなければ
- × 5. 消防署長の行う保安検査を受け、位置、構造及び設備が技術上の基準に適合していると認められた後でなければ

問 7 〈製造所〉　　　　　　　　　　　　　　　　　　　　　　　　**解答 ②**

- ○ 1. 危険物を取り扱う建築物は、柱、床、はり及び階段を不燃材料で造らなければならないと定められている。
- × 2. 建築物の窓及び出入口にガラスを用いる場合は、網入りガラスを用いると定められているが、**5 mm 以上という厚さの基準はないので誤っている。**
- ○ 3. 危険物を取り扱う建築物の出入口は、防火設備を設けなければならない。
- ○ 4. 危険物を取り扱う建築物は、地階を有しない構造でなければならない。
- ○ 5. 建築物には、採光、照明及び換気の設備を設けなければならない。

キーレッスン　製造所の一般的な構造と設備の基準

1. **構　造**
① 建築物は地階を有しないこと。
② 建築物の壁、柱、床、はり及び階段を不燃材料で造るとともに、延焼のおそれのある外壁を出入り口以外の開口部を有しない耐火構造の壁とすること。
③ 屋根は不燃材料で造るとともに、金属板等の軽量な不燃材料でふくこと。
注意：屋根を耐火構造とすると、建物内で爆発があったとき被害が拡大するおそれがある。このため爆風が上に抜けるように、不燃材料となっている。
④ 窓、及び出入り口は防火設備とし、ガラスは網入りガラスとする（ガラスの厚さに 5 mm 等の規定はない）。
⑤ 床は危険物が浸透しない構造とし、適当な傾斜をつけ、かつ、貯留設備を設ける。

2. **設　備**
① 建築物には採光、照明、換気の設備を設ける。
② 可燃性蒸気又は微粉等が滞留する建築物には、屋外の高所に排出する設備を設ける。また、電気機器は防爆構造とすること。
③ 設備には、必要に応じて温度測定装置、圧力計及び安全装置を設ける。

④ 危険物を加熱し、又は乾燥する設備には、直火を用いない。
⑤ 静電気が発生するおそれのある設備には、接地（アース）等の除去する装置を設けること。
⑥ 配管は十分な強度を有するものとし、最大常用圧力の 1.5 倍以上の水圧試験で異常がないものでなければならない。
⑦ 配管を地下に埋設する場合には、地盤面にかかる重量が配管にかからないように保護すること。
⑧ 指定数量の 10 倍以上の危険物を貯蔵し、又は取り扱う施設には、避雷設備を設けること。

3. 最近の試験問題
① 建築物は、壁、柱、床、はり及び階段を不燃材料で造るとともに、屋根は耐火構造としなければならない。　　　　　　　　　　　　　　　　　　　　　　　　答：×
→屋根は不燃材料で造り、金属板等の軽量な不燃材料でふくと定められている。

問 8　〈法令違反に対する措置〉　p.25　問 8 キーレッスン 2、3、4 参照　　**解答①**
× 1. 危険物取扱者が免状の書換えをしていない場合は、免状返納命令の対象となることがあっても、製造所等の使用停止命令の対象とはならない。→キーレッスン 4. 許可の取消し又は使用停止命令の対象外③に該当する。
○ 2. 危険物保安統括管理者を定めなければならない事業所において、それを定めていない場合。→キーレッスン 3. 使用停止命令②に該当する。
○ 3. 設置又は変更に係る完成検査を受けないで、製造所等を全面的に使用した場合。→キーレッスン 2. 許可の取消し、又は使用停止命令②に該当する。
○ 4. 危険物保安監督者を定めなければならない製造所等において、それを定めていない場合。→キーレッスン 3. 使用停止命令③に該当する。
○ 5. 定期点検を行わなければならない製造所等において、それを期限内に実施していない場合。→キーレッスン 2. 許可の取消し、又は使用停止命令⑤に該当する。

問 9　〈定期点検〉　p.26　問 9 キーレッスン参照　　**解答③**
○ 1. 定期点検は、原則として 1 年に 1 回以上行わなければならない。
○ 2. 定期点検は、製造所等の位置、構造及び設備が技術上の基準に適合しているかどうかについて行う。
× 3. 危険物取扱者以外の危険物施設保安員も点検ができると定められているし、危険物取扱者以外の者（作業者）であっても、危険物取扱者（甲種、乙種、丙種）の立ち会いがあれば点検ができると定められている。
○ 4. 定期点検の記録は、原則として 3 年間保存しなければならない。

○ 5. 移動タンク貯蔵所は、容量に関係なくすべて点検対象となっている。

問 10 〈危険物取扱者〉 p.31 問 11 キーレッスン参照　　**解答⑤**

ココが重要　給油取扱所（ガソリンスタンド）ではミニバイクへの $1l$ の給油でも、危険物取扱者以外の者は、危険物取扱者の立ち会いがなければ給油できない。

○ 1. 製造所等では、甲種危険物取扱者の立ち会いがあれば、第1類～第6類までのすべての危険物を取り扱うことができる。
○ 2. 製造所等では、第1類の免状を有する乙種危険物取扱者の立ち会いがあっても、第2類の危険物の取扱いはできない。→第1類の立ち会いはOKである。
○ 3. 製造所等では、丙種危険物取扱者の立ち会いがあっても、危険物を取り扱うことはできない。→丙種は立ち会いができない。
○ 4. 製造所等以外の場所（一般家庭）では、危険物取扱者の立ち会いがなくても、指定数量未満の危険物（灯油等）を市町村条例に基づき取り扱うことができる。
× 5. 製造所等では指定数量未満であっても危険物取扱者以外の者は、危険物取扱者の立ち会いがなければ、危険物を取り扱うことができないと定められている。

問 11 〈危険物取扱者免状の交付・返納等〉 p.33 問 12 キーレッスン参照　　**解答③**

○ 1. 免状を亡失等した場合は、免状を交付又は書換えをした都道府県知事に再交付を申請することができると定められている。
○ 2. 免状は、それを取得した都道府県の範囲内だけでなく、全国で有効である。
× 3. 免状の返納を命じられた者は、その日から起算して**2年ではなく1年**を経過しないと、新たに試験に合格しても免状の交付を受けられない。
○ 4. 免状を亡失して再交付を受けた者が亡失した免状を発見した場合は、これを10日以内に免状の再交付を受けた都道府県知事に提出しなければならない。
○ 5. 免状の記載事項に変更を生じたときは、居住地又は勤務地を管轄する都道府県知事に書換えを申請しなければならない。

問 12 〈所有者等の責務〉　　**解答③**

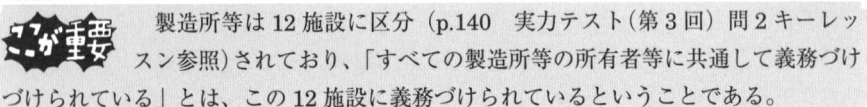

ココが重要　製造所等は12施設に区分（p.140　実力テスト（第3回）問2キーレッスン参照）されており、「すべての製造所等の所有者等に共通して義務づけられている」とは、この12施設に義務づけられているということである。

× 1. 危険物保安監督者は12ある危険物施設のうち、**移動タンク貯蔵所を除く11施設**に選任が必要である。
× 2. 自衛消防組織を設置する必要があるのは、3施設である。
○ 3. 製造所等の位置、構造及び設備を技術上の基準に適合するように維持することは、

12箇所あるすべての危険物施設の所有者等に定められた責務である。
× 4. 製造所等の火災を予防するための予防規程は、給油取扱所をはじめ7施設に定める必要がある。
× 5. 危険物施設保安員は、3施設に定める必要がある。

キーレッスン 所有者等の責務

1. 所有者等の責務
① 製造所等は、常に安全な状態が維持され、災害の防止が図られなければならない。そのために、すべての製造所等の所有者、管理者等は、製造所等の位置、構造及び設備を技術上の基準に適合するように維持管理する義務がある。
② 市町村長等は、製造所等の位置、構造及び設備が技術上の基準に適合していないときには、修理、改造、移転を命じることができる。
③ 製造所等において危険物の流出、その他の事故が発生したときは、危険物の拡散防止及び除去、その他災害発生防止のための応急措置を講じなければならない。

2. 最近の試験問題
① 所有者等は、事故現場付近に在る者を消防活動に従事させる。　　　答：×
　→事故現場付近に在る者には、製造所等に関係のない一般の市民等も入るので誤っている。

問 13 〈移動タンク貯蔵所の基準〉 p.21 問6 キーレッスン3 参照　　**解答 ③**

「移動タンク貯蔵所から、危険物を貯蔵し又は取り扱うタンクに引火点が（40℃未満）の危険物を注入するときは、移動タンク貯蔵所の原動機を停止させること。」

× 1. 30℃未満　　× 2. 35℃未満　　○ 3. **40℃未満**
× 4. 45℃未満　　× 5. 50℃未満

問 14 〈運搬の基準〉 p.36 問14 キーレッスン参照　　**解答 ①**

ここが重要　法令上、指定数量以上の危険物を車両で運搬する場合は、「危」の標識を掲げ「消火器」を備えるという規制はあるが、消防署長等に届け出るという定めはない。

× 1. 指定数量以上の危険物を車両で運搬する場合であっても、消防長又は消防署長に届け出る必要はない。
○ 2. すべての運搬容器は栓の緩み等による事故防止のため、収納口を上方に向けて積載しなければならないと定められている。
○ 3. 運搬容器は、著しく摩擦又は動揺を起こさないように運搬しなければならない。

○ 4. 指定数量以上の危険物を車両で運搬する場合は、「危」の標識を掲げるほか、消火設備を備えなければならない。
○ 5. 灯油容器の外部に灯油、18ℓ、火気厳禁等を表示して積載しなければならない。

問 15 〈貯蔵・取扱いの基準〉　p.38　問15 キーレッスン参照　　**解答⑤**

× 1. 保護液中に保存している危険物は、保護液から露出させてはならないと定められている。露出すると、有毒物質の蒸発の原因となるのであってはならない。
× 2. 製造所等では、許可された危険物と同じ類、同じ数量であっても、品名について変更することはできない。
× 3. 危険物のくず、かす等は、1週間ではなく1日に1回以上、当該危険物の性質に応じて安全な場所で廃棄その他適当な処置をしなければならない。
× 4. 廃油等を廃棄する場合は、安全な場所で見張人を付ければ焼却できる。
○ 5. 危険物による海洋汚染や火災拡大の危険性から、危険物を海中又は水中に流出させ、又は投下してはならないと定められている。

【基礎的な物理学・化学】

問 16 〈完全燃焼・不完全燃焼〉
　　　　p.119　実力テスト（第2回）問16 キーレッスン4参照　　**解答②**

> **ここが重要**
> 二硫化炭素（CS_2）が完全燃焼すると
> C（炭素）+ O_2 → CO_2（二酸化炭素）
> S（硫黄）+ O_2 → SO_2（二酸化硫黄＝有毒）が発生する。
> ＊　炭素や硫黄が完全燃焼すると、二酸化○○が発生すると覚える。

「二硫化炭素が完全燃焼すると（二酸化硫黄と二酸化炭素）が発生する。」
× 1. 水蒸気と二酸化炭素
○ 2. 二酸化硫黄と二酸化炭素
× 3. 二酸化硫黄と水蒸気
× 4. 一酸化炭素と二酸化硫黄
× 5. 一酸化炭素と二酸化炭素

問 17 〈燃焼の基礎知識、完全燃焼・不完全燃焼〉
　　　　p.119　実力テスト（第2回）問16 キーレッスン4参照　　**解答④**

○ 1. 燃焼は可燃性物質が酸素などと反応して、大量の熱と光を発生する現象である。
　　→燃焼の定義
○ 2. 密閉された室内で可燃性液体が燃焼した場合には、一時に多量の発熱が起こり、圧力が急激に増大して爆発を起こすことがある。

○ 3. 石油類は主として、蒸発により発生した蒸気が燃焼するので蒸発燃焼という。
× 4. 石油類は酸素の供給が不足すると、**不完全燃焼を起こして二酸化炭素（CO₂）ではなく一酸化炭素（CO）が大量に発生する**。
○ 5. 可燃性物質（炭素＝C）は、燃焼により安定な酸化物（二酸化炭素＝CO₂）に変わる。

問 18　〈燃焼の総合問題〉引火点等燃焼に関連するキーレッスン参照　　**解答 ②**

沸点………111℃　　　　燃焼範囲……1.2 ～ 7.1 vol%
液比重……0.87　　　　引火点………4.4℃
発火点……480℃　　　蒸気比重……3.14

× 1. この液体 2 kg の容量は、1.74 l ではなく 2.30 l である。2 kg（重さ）÷ 0.87（液比重）＝ 2.30 l（容量）〔実用上の計算式を活用〕
○ 2. 空気中で引火するのに十分な濃度の蒸気を液面上に発生する最低の液温は、→この文章は引火点の定義-1 なので、**4.4℃ は正しい**。
× 3. 発生する蒸気の重さは、**水蒸気ではなく空気**の 3.14 倍である。
× 4. この液体を空間容積の小さい容器に入れると、90℃ でも飽和蒸気圧を示す。ただし、このときの液体の蒸気圧は 1 気圧より低い。
× 5. 炎を近づけると引火点の 4.4℃ で引火する。480℃ は発火点であり誤っている。

問 19　〈消火の基礎知識〉　p.45　問 19 キーレッスン参照　　**解答 ④**

○ 1. 燃焼の三要素のうち、1 つの要素を取り除けば消火できる。
○ 2. 窒息効果による消火とは、酸素濃度を 21 vol% から 14 ～ 15 vol% に低下させて消火することである。
○ 3. 水は比熱、気化熱が大きいので冷却効果により、燃焼物から熱を奪い周囲の温度を下げて消火する。
× 4. セルロイドのように分子内に酸素を含有する物質は、泡消火剤等の窒息効果による消火をしても、内部から酸素が放出されるので効果がない。
○ 5. 二酸化炭素消火剤の主たる消火効果は、窒息消火である。

問 20　〈燃焼範囲〉　　**解答 ②**

ココが重要　燃焼範囲と引火点は関連があり、燃焼範囲の下限値を引火点という。

「可燃性蒸気は、空気中である濃度範囲に混合している場合にのみ燃焼する。この濃度範囲を（A：**燃焼範囲又は爆発範囲**）という。また、この（A）の下限値の濃度の蒸気を発生するときの液体の温度を（B：**引火点**）という。この温度になると、炎、火花等を近づけると燃焼する。」

	〈A〉	〈B〉
×1.	燃焼範囲○	発火点×
○2.	燃焼範囲○	引火点○
×3.	爆発範囲	自然発火温度×
×4.	爆発範囲	燃焼点×
×5.	燃焼範囲○	燃焼点×

キーレッスン　燃焼範囲（爆発範囲）

1. 燃焼範囲の定義
燃焼範囲とは、空気中において燃焼することができる可燃性蒸気の濃度範囲のこと。

2. 燃焼範囲の考え方

《ガソリンの燃焼範囲⇒1.4～7.6 vol%》

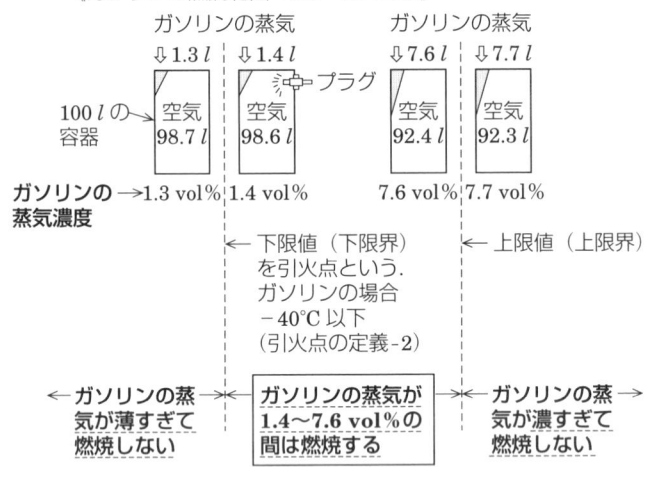

ガソリンの蒸気濃度	1.3 vol%	1.4 vol%	7.6 vol%	7.7 vol%
ガソリンの蒸気	↓1.3 l	↓1.4 l	↓7.6 l	↓7.7 l
100 l の容器 空気	98.7 l	98.6 l	92.4 l	92.3 l

←下限値（下限界）を引火点という．ガソリンの場合 －40℃以下（引火点の定義-2）

←上限値（上限界）

←ガソリンの蒸気が薄すぎて燃焼しない

ガソリンの蒸気が1.4～7.6 vol%の間は燃焼する

ガソリンの蒸気が濃すぎて燃焼しない→

① 可燃性蒸気と空気が一定の混合割合にあるときは燃焼するが、薄すぎても濃すぎても燃焼しない。ガソリンの場合は、1.4～7.6 vol%の間で燃焼する。
② 燃焼範囲が広いほど危険性が大きい。→次図のAとBでは、Bが危険。
③ 燃焼範囲の下限界が低いほど危険性が大きい。→次図のAとCでは、Aが危険。
④ 燃焼範囲の下限値の濃度の蒸気を発生するときの液温が引火点である。
　ガソリンの場合は、1.4 vol%→－40℃以下である。

〈燃焼範囲の比較〉

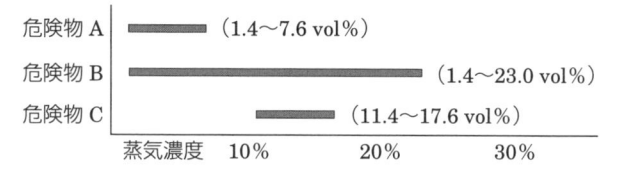

危険物 A　（1.4〜7.6 vol%）
危険物 B　（1.4〜23.0 vol%）
危険物 C　（11.4〜17.6 vol%）
　　　蒸気濃度　10%　　20%　　30%

〈燃焼範囲〉

特殊引火物 [vol%]		その他の危険物 [vol%]	
ジエチルエーテル	1.9〜36	メチルアルコール	6.0〜36
二硫化炭素	1.3〜50	エチルアルコール	3.3〜19
アセトアルデヒド	4.0〜60	**ガソリン**	**1.4〜7.6**
酸化プロピレン	2.3〜36	軽油	1.0〜6.0

※ 特殊引火物とアルコール類は、燃焼範囲が広くて危険である。

3. 燃焼範囲の計算

$$可燃性蒸気の濃度[vol\%] = \frac{可燃性蒸気の量[l]}{可燃性蒸気の量[l] + 空気の量[l]} \times 100$$

問 21　〈静電気〉　p.50 問 21 キーレッスン参照　　**解答①**

× 1. 静電気の蓄積を防止するには、接地（アース）等をして静電気を逃がしてやればよい。物体を電気的に絶縁する（電気が流れない）と、静電気が蓄積して余計に危険である。
○ 2. 冬季に車から降りるとき、指先に「ビリッ」と小さなショックを感じるのは、人体に帯電（蓄積）した静電気が放電したためである。
○ 3. 静電気によるガソリン火災には、燃焼物（ガソリン）に適応した消火法をとる。
○ 4. 静電気は一般に化学繊維、ガソリン等の電気の不導体（不良導体）の摩擦等により発生する。
○ 5. 静電気は空気が乾燥している冬季には、漏れにくく（逃げにくく）なるので発生しやすく蓄積しやすい。

問 22　〈液体（ガソリン）の膨張計算〉　　**解答③**

10℃で 200 l の液体を 50℃ に温めた場合、容器からこぼれないようにするためには、最低何 l の容器が必要となるか。ただし、液体の体膨張率は $1.4 \times 10^{-3} K^{-1}$ で、蒸発による減少及び容器の膨張はないものとする。

液体（ガソリン）の膨張計算式

> 液体の膨張した分 [l] = 液体の元の体積 [l] × 液体の体膨張率 × 温度差 [℃]

① 液体の膨張（増加）した体積の計算

$x = 200\,l \times 1.4 \times 10^{-3}\mathrm{K}^{-1} \times (50-10)℃$

$x = 200 \times 1.4 \times \dfrac{1}{1\,000} \times 40 \quad \left(10^{-3} は \dfrac{1}{1\,000} になる。\right)$

$x = 2 \times 1.4 \times 4 = 8 \times 1.4 = 11.2$

② 液体全量の体積の計算

全量〔l〕＝元の体積＋増加した体積＝$200\,l + 11.2\,l = 211.2\,l$

よって、こぼれない容器は3項212 l、4項213 l、5項214 lであるが、設問にある最低の容器は3項の **212 l** となる。

キーレッスン　熱膨張

1. 液体の膨張

① タンクや容器に液体の危険物を入れる場合に<u>空間容積を必要とする理由は？</u>

→<u>液体の体膨張により容器の破損を防ぐため</u>（物体は温度が高くなるにつれて体積が増える。膨張しない容器であれば、圧力が高くなる）。

② 体膨張率

　　　　　大　　中　　小
体膨張率：気体 ＞ 液体 ＞ 固体　　気体が一番大きい。

2. 液体（ガソリン）の膨張計算

（液体の種類により、体膨張率は異なる。）

　　液体の膨張した分〔l〕＝液体の元の体積〔l〕×液体の体膨張率×温度差〔℃〕

問 23 〈有機化合物〉　　　解答 ⑤

ココが重要　有機化合物と出たら、ガソリン（混合物ではあるが）を想像して解答すると正解しやすい。

× 1. 有機化合物は、水に<u>溶けない</u>ものが多い。
× 2. 第4類の危険物は、大半が有機化合物である。
× 3. 食塩や硫酸等の無機化合物に比較して、<u>融点が低いものが多い。融点の低いガソリン、アルコール等は液体</u>であり、高い鉄は固体である。
× 4. 無機化合物に比較して、種類が多い。
○ 5. ガソリン（炭素と水素が主成分）等が完全燃焼すると、二酸化炭素と水蒸気を発生する。

キーレッスン 有機化合物

1. 化合物

有機化合物→炭素（C）の化合物（エチルアルコール = C_2H_5OH 等）

　　ガソリンは、有機化合物が数十種類混ざりあった混合物である。

　　炭素原子の結合の仕方により、鎖式化合物と環式化合物がある。

無機化合物→一般に有機化合物以外の化合物（硫酸 = H_2SO_4 等）

ガソリン　灯油　アルコール　　　　　　　　硫酸　　食塩

（混合物）（混合物）
＜有機化合物＞　　　　　　　　　　　＜無機化合物＞
有機は炭素（C）を含む

2. 有機化合物の特性

① 成分元素は、主に炭素（C）、水素（H）、酸素（O）、窒素（N）で一般に可燃性。
② 完全燃焼すると二酸化炭素と水蒸気（水）になるものが多い。
③ 一般に水に溶けにくく、有機溶媒（アルコール、エーテル等）によく溶ける。
④ 一般に融点、沸点の低いものが多い。
　→ガソリン、灯油、軽油、重油、潤滑油等の石油製品の中で、ガソリンの沸点が一番低く蒸発しやすい。また引火点が低く危険性が大きい。
⑤ 一般に電気の不導体（電気が流れない）で、静電気が発生しやすい。

問 24 〈物質の三態〉　　　　解答 ④

ここが重要　物質の三態の変化する名称の問題では、物体が変化する相手側の一文字を使うか関連のある文字を使って名前を付けてある場合が多い。事例としては、1～5項の点線の部分を参照のこと。

○ 1. 氷が溶けて水になるような変化を融解という。（融＝溶ける）
○ 2. 液体が気体になる変化を蒸発または気化という。
○ 3. 気体が液体になる変化を液化という。
× 4. 液体が固体になる変化を凝固といい、凝縮は誤っている。また、「ここが重要」にも記載したように、凝縮には点線を引いた「固」が使われていないので誤っているのが分かる。
○ 5. 固体のナフタリン（防虫剤）が、直接気体になるような変化を昇華という。

キーレッスン 物質の三態

① 物質は、条件（温度や圧力）によって固体、液体、気体に変化する。これを、物質の三態という。

〈物質の三態の図〉

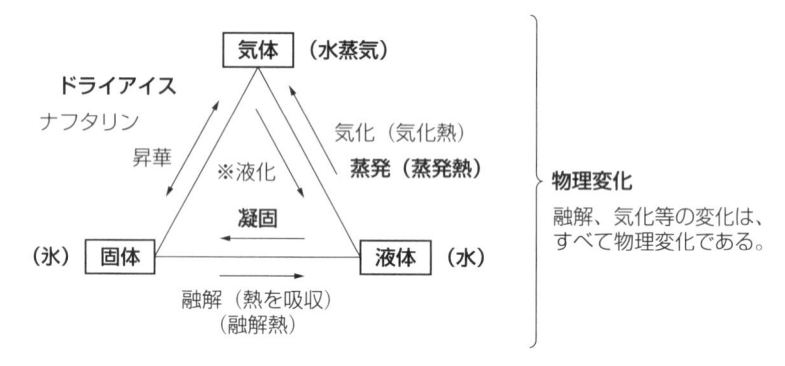

```
                気体 （水蒸気）
        ドライアイス
        ナフタリン        気化（気化熱）
           昇華          蒸発（蒸発熱）      ┐
                ※液化                        │
                凝固                         │ 物理変化
                                             │ 融解、気化等の変化は、
   (氷) 固体 ──────────── 液体 (水)          │ すべて物理変化である。
           融解（熱を吸収）                   ┘
           （融解熱）
```

※ 気体が液体になることを液化又は凝縮という

② 熱の吸収・放出
- 固体の氷は、<u>熱を吸収</u>して水になる。
- 気体の水蒸気は、<u>熱を放出</u>して水になる。

問 25 〈酸化と還元〉 p.56 問25 キーレッスン参照　　　解答①

> **ココが重要**　酸化反応とは物質が酸素（O_2）と化合する反応で、燃焼も酸化反応の一種である。$C + O_2 \longrightarrow CO_2$ は、試験に大切な酸化反応の例である。

　　　　〈A〉　　　　　〈B〉
○ 1.　木炭（C）　　一酸化炭素（CO）→木炭が不完全燃焼して一酸化炭素になったもので、酸化反応である。
× 2.　黄りん（P）　赤りん（P）→<u>同素体</u>であり、元素記号からも酸化反応していない（酸素と化合していない）。
× 3.　硫黄（S）　　硫化水素（H_2S）→物質が水素（H_2）と化合する反応は、**還元反応**である。
× 4.　水（H_2O）　水蒸気（H_2O）→<u>液体が気体に変化しただけ</u>である。
× 5.　濃硫酸　　　希硫酸→濃硫酸の<u>濃度が薄くなっただけ</u>である。

【性質・火災予防・消火の方法】

問 26 〈危険物の類ごとの性質〉　p.58　問 26 キーレッスン参照　　解答②

※　点線の部分が誤っている。
- × 1．第 1 類の危険物は、強い還元性の液体である。→酸化性の固体である。
- ○ 2．第 2 類の危険物は、燃えやすい固体であり硫黄等が該当する。
- × 3．第 3 類の危険物は、水と反応しない不燃性の液体である。→自然発火性物質及び水と反応する禁水性物質で固体又は液体である。
- × 4．第 5 類の危険物は、強い酸化性の固体である。→自己反応性物質の固体又は液体である。
- × 5．第 6 類の危険物は、可燃性の固体である。→不燃性で酸化性の液体である。

問 27 〈第 4 類に共通する特性〉　p.60　問 27 キーレッスン参照　　解答④

> **ココが重要**　第 4 類はすべて引火するが、引火する物質であればすべて燃焼点は引火点より約 10℃ 程高い。

- ○ 1．第 4 類の危険物は、引火し炎を上げて燃える。
- ○ 2．第 4 類の第 2、第 3 石油類であれば、沸点はほとんどすべてが水より高い。
- ○ 3．ガソリンの燃焼範囲は、下限値 1.4 vol％で上限値 7.6 vol％である。
- × 4．一般に燃焼点は、引火点より約 10℃ 程高い。引火する物質であれば、すべて燃焼点は引火点より高い。
- ○ 5．引火点の低いガソリン（－40℃ 以下）は引火すれば継続して燃焼するが、高いギヤー油（220℃）等は引火しても燃焼が継続しない場合がある。

問 28 〈第 4 類に共通する消火の方法〉　p.65　問 29 キーレッスン参照　　解答①

- × 1．第 4 類の危険物に棒状の水を放射して消火するのは、消火できないうえに、燃焼している危険物が水に浮いて火面が広がり危険性が増大する。
- ○ 2．泡消火剤の放射は窒息効果があるので、第 4 類の火災に最適である。
- ○ 3．二酸化炭素消火剤の放射は窒息効果があるので、第 4 類の火災に適している。
- ○ 4．霧状の強化液は抑制効果があるので、第 4 類の火災に適している。
- ○ 5．消火粉末は窒息効果と抑制効果とがあるので、第 4 類の火災に適している。

問 29 〈第 4 類に共通する消火の方法〉　p.65　問 29 キーレッスン参照　　解答⑤

> **ココが重要**　水溶性液体用泡消火剤でなければ効果的に消火できないということは、水溶性危険物の組合せはどれかを問うている問題である。

×1	エチルメチルケトン	△	トルエン	×
×2	クロロベンゼン	×	酸化プロピレン	○
×3	ガソリン	×	1-プロパノール	?
×4	アセトアルデヒド	○	ベンゼン	×
○5	アクリル酸	?	エタノール	○

○：水溶性
△：少し溶ける
×：非水溶性

注意：5項のアクリル酸は**?** であるが、1～4項までの物品にすべて×印があるので、答えは5項以外にない。資料によると、アクリル酸も水溶性液体である。

問 30 〈第4類に共通する消火の方法〉 p.65 問29 キーレッスン参照　**解答④**

> **ここが重要** なたね油は黄色と覚える。

×1. 白色　×2. 黒色　×3. 青色　○4. 黄色　×5. 赤色

問 31 〈第1石油類（ガソリン）〉 p.68 問31 キーレッスン参照　**解答②**

×A. 空気と比較するのは蒸気比重で、蒸気は空気の3～4倍重い。
○B. 自動車ガソリンは沸点が低く（揮発性が大きく）、また引火点が低いので引火しやすい。
○C. 液比重が軽く粘性もないので流動性がよく、静電気が発生しやすい。
×D. 燃焼範囲は、おおむね1～8 vol%である。

×1. AとB　○2. AとD　×3. BとC　×4. BとD　×5. CとD

問 32 〈第2石油類（酢酸）〉
　　　p.101　実力テスト（第1回）問33 キーレッスン参照　**解答⑤**

> **ここが重要** 簡便法では、有機溶媒によく溶けると出ればすべて○である。
> （p.151 問33「ここが重要」の簡便法を参照）

○1. 酢酸は無色透明の液体である。無色透明と出れば、石油製品以外はすべて○でOKである。
○2. 水溶液は、腐食性を有している。
○3. 第4類の危険物の蒸気（蒸気比重）は、すべて空気より重い。
○4. 刺激性、芳香等具体的な臭気であれば○。無色無臭と出ればすべて×。
×5. アルコールやアセトン等の有機溶媒（ペンキのうすめ液等）によく溶ける。

問 33　〈第 4 類に共通する火災予防の方法〉　p.63　問 28 キーレッスン参照
　　　　〈特殊引火物〉p.72　問 34 キーレッスン参照　　　　　　　**解答 ⑤**
○ 1. 直射日光を避け冷所に貯蔵する。→直射日光に触れると爆発性の過酸化物を生成するので危険である。
○ 2. 容器は密栓する。→沸点が低く蒸発（揮発）しやすいので、蒸気の漏れを防ぐことは火災予防上大切である。
○ 3. 火気及び高温体との接近を避ける。→火災予防上大切な措置である。
○ 4. 建物の内部に滞留した蒸気は、屋外の高所に排出する。→蒸気は空気の数倍重いので、高所から地表に落ちる間に拡散される。
× 5. 水より重く水に溶けにくいので、容器等に水を張って蒸気の発生を抑制する。→これは二硫化炭素の貯蔵の方法であり誤っている。

問 34　〈特殊引火物〉　p.72　問 34 キーレッスン参照　　　　　**解答 ②**
○ A. 無色透明の刺激臭のある液体であると出れば、すべて○で OK である。
× B. アセトアルデヒドは水溶性なので、水、エタノールによく溶ける。
× C. 引火点が一番低い特殊引火物なので、常温（20℃）では引火の危険性がある。
○ D. 特殊引火物であるアセトアルデヒドの沸点は、低く非常に揮発しやすい。
○ E. 可燃性物質であり、第 6 類の酸化性液体と反応し火災や爆発のおそれがある。
× 1. A と B　○ 2. B と C　× 3. C と D　× 4. D と E　× 5. A と E

問 35　〈アルコール類〉
　　　　p.100　実力テスト（第 1 回）　問 32 キーレッスン参照　　**解答 ④**

> **ここが重要**　アルコール類の沸点は 100℃ 以下で水より低いと覚えれば、沸点に関するどのような問題にも対処できる。

× 1. 無色無臭の液体であると出れば、すべて×である。
× 2. アルコール類が水より重いと出れば、二硫化炭素以外はすべて×である。
× 3. アルコール類は水溶性なので、水への溶解力は極めて大きい。
○ 4. アルコール類の沸点は 100℃ 以下で、水より低い。
× 5. 第 4 類の危険物の蒸気比重は、すべて空気より重い。

実力テスト (第6回)

【危険物に関する法令】

問 1 消防法別表に品名として記載されていない物品は、次のうちどれか。

1. 過酸化水素
2. 硫黄
3. 赤りん
4. ナトリウム
5. プロパン

問 2 法令上、貯蔵所の区分により、屋外貯蔵所で貯蔵し又は取り扱うことができる危険物として定められていないものは、次のうちどれか。

1. 硫黄
2. 引火性固体（引火点が0℃以上のものに限る。）
3. アルコール類
4. 第2石油類
5. 黄りん

問 3 法令上、製造所等において第4類に該当する危険物2 000 l を取り扱う場合、指定数量の倍数で、次のうち正しいものはどれか。

1. 特殊引火物であれば、40倍である。
2. 第1石油類の非水溶性液体であれば、20倍である。
3. アルコール類であれば、10倍である。
4. 第2石油類の非水溶性液体であれば、5倍である。
5. 第3石油類の水溶性液体であれば、1倍である。

問 4 法令上、製造所等のうち特定の建築物との間に、一定の距離（保安距離）を保たなければならないものがあるが、次のうち必要がないものはどれか。

1. 給油取扱所
2. 屋内貯蔵所
3. 屋外タンク貯蔵所
4. 屋外貯蔵所
5. 製造所

問 5 第5種の消火設備の基準について、次の文の（　）に当てはまる法令に定められている数値で、正しいものはどれか。

「第5種の消火設備は、製造所にあっては防護対象物の各部分から一つの消火設備に至る歩行距離が（　）m以下になるように設けなければならない。ただし、第1種〜第4種までの消火設備と併置する場合にあっては、この限りではない。」

1. 1　　2. 6　　3. 20　　4. 30　　5. 50

問 6 法令上、製造所等に設ける標識、掲示板について、次のうち誤っているものはどれか。

1. 給油取扱所には、「給油中エンジン停止」と表示した掲示板を設けなければならない。
2. 第4類の危険物を貯蔵する地下タンク貯蔵所には、「取扱注意」と表示した掲示板を設けなければならない。
3. 第5類の危険物を貯蔵する屋内貯蔵所には、「火気厳禁」と表示した掲示板を設けなければならない。
4. 灯油を貯蔵する屋内タンク貯蔵所には、危険物の類別、品名及び最大数量等を表示した掲示板を設けなければならない。
5. 移動タンク貯蔵所には、「危」と表示した標識を車両の前後の見やすい箇所に設けなければならない。

問 7 法令上、給油取扱所の仮使用の説明として、次のうち正しいものはどれか。

1. 給油取扱所の設置許可を受けたが、完成検査前に使用したいので仮使用の申請を行う。
2. 給油取扱所において専用タンクを含む全面的な変更許可を受けたが、工事中も営業を休むことができないので、変更部分について仮使用の申請を行う。
3. 給油取扱所の完成検査を受けたが、一部が不合格となったので完成検査に合格した部分のみを使用するために、仮使用の申請を行う。
4. 給油取扱所の専用タンクの取替工事中、鋼板製ドラムから自動車の燃料タンクに直接給油するために、仮使用の申請を行う。
5. 給油取扱所の事務所を改装するため変更許可を受けたが、その工事中に変更部分以外の一部を使用するために、仮使用の申請を行う。

問 8 法令上、市町村長等の命令として、次のうち誤っているものはどれか。

1. 製造所等を設置したとき、完成検査を受けないで当該製造所等を使用したときは、

使用の停止を命ずることができる。
2. 許可を受けないで製造所等の位置、構造又は設備を変更したときは、仮使用承認申請の提出を命ずることができる。
3. 製造所等以外の場所で、仮貯蔵又は仮取扱いの承認を受けないで、指定数量以上の危険物を貯蔵し又は取り扱っているときは、当該危険物の除去、その他危険物による災害防止のために、必要な措置をすることを命ずることができる。
4. 製造所等の位置、構造及び設備が技術上の基準に適合していないときは、これらを修理し、改造し又は移転を命ずることができる。
5. 製造所等における危険物の貯蔵又は取扱いの方法が、技術上の基準に違反しているときは、当該基準に従って危険物を貯蔵し又は取り扱うことを命ずることができる。

問9 法令上、次のA〜Eの製造所等のうち、定期点検を行わなければならないもののみの組合せはどれか。

A. 指定数量の倍数が10以上の製造所
B. 屋内タンク貯蔵所
C. 移動タンク貯蔵所
D. 地下タンクを有する給油取扱所
E. 簡易タンク貯蔵所

1. ABE　　2. ACD　　3. ADE　　4. BCD　　5. BCE

問10 法令上、危険物保安監督者の業務について、次のうち正しい組合せはどれか。

A. 製造所等において危険物取扱者以外の者は、危険物保安監督者が立ち会わない限り、危険物を取り扱うことができない。
B. 危険物の取扱作業に関して保安の監督をする場合には、誠実にその職務を行わなければならない。
C. 選任の要件である6か月以上の実務経験は、製造所等に限定されない。
D. 危険物施設保安員を置かなくてもよい製造所等の危険物保安監督者は、規則で定める危険物施設保安員の業務を行わなければならない。

1. AB　　2. AC　　3. AD　　4. BC　　5. BD

問11 法令上、運搬する容器の外部には、収納する危険物に応じた注意事項を表示し積載しなければならないが、次のうち正しいものはどれか。

1. 第5類の危険物にあっては、火気厳禁、衝撃注意
2. 第4類の危険物にあっては、火気注意、禁水

3. 第3類の危険物にあっては、衝撃注意、可燃物接触注意
4. 第2類の危険物にあっては、可燃物接触注意、空気接触注意
5. 第1類の危険物にあっては、火気厳禁、空気接触注意

問12 法令上、危険物の取扱作業の保安に関する講習を受けなければならない期間を過ぎているものは、次のうちどれか。

1. 5年前に製造所等において危険物の取扱作業に従事していたが、2年前に危険物取扱者免状の交付を受けた者。
2. 2年前に免状の交付を受け、その後危険物の取扱作業に従事していなかったが、6か月前から危険物取扱作業に従事した者。
3. 3年6か月前に免状の交付を受けたが、製造所等において危険物の取扱作業に従事していない者。
4. 2年前に講習を受けその後危険物の取扱作業に従事していなかったが、1年前から製造所等において危険物の取扱作業に従事している者。
5. 4年前に講習を受けその後危険物の取扱作業に従事していなかったが、1年6か月前から製造所等において危険物の取扱作業に従事している者。

問13 法令上、製造所等における危険物の貯蔵及び取扱いの技術上の基準について、次のうち誤っているものはどれか。

1. 屋外貯蔵タンクの周囲に防油堤がある場合は、その水抜口は普段は閉めておくこと。
2. 屋内貯蔵タンクの元弁は、危険物を入れ又は出すとき以外は閉鎖しておくこと。
3. 地下貯蔵タンクの計量口は、計量するとき以外は閉鎖しておくこと。
4. 簡易貯蔵タンクの通気管は、危険物を入れ又は出すとき以外は閉鎖しておくこと。
5. 移動タンク貯蔵所の底弁は、使用するとき以外は完全に閉鎖しておくこと。

問14 法令上、危険物取扱者免状の書換えについて、次の文の（ ）の中に当てはまる語句として、正しものはどれか。

「免状の記載事項とされている写真が撮影後（ ）年を経過したものは、遅滞なく居住地又は勤務地を管轄する都道府県知事にその書換えを申請しなければならない。」

1. 3　　2. 5　　3. 10　　4. 15　　5. 20

問15 法令上、危険物の貯蔵、取扱い基準として、次のうち誤っているものはどれか。

1. 危険物のくず、かす等は、1日に1回以上廃棄、処置をすること。

2. 可燃性蒸気が漏れるおそれのある場所で、火花を発する機械器具、工具などを使用する場合は、注意をして使用すること。
3. 屋外貯蔵タンク、地下貯蔵タンク又は屋内貯蔵タンクの元弁及び注入口の弁又は蓋は、危険物を入れ、又は出すとき以外は、閉鎖しておくこと。
4. 危険物を保護液中に貯蔵する場合は、危険物を露出させてはならない。
5. 法別表の類を異にする危険物は、原則として同一の貯蔵所（耐火の隔壁で完全に区分された室が2以上ある貯蔵所においては、同一の室）において貯蔵しないこと。

【基礎的な物理学・化学】

問16 固体可燃物の燃えやすい条件として、次の組合せのうち最も適切なものはどれか。

〈燃焼熱〉　〈熱伝導率〉　〈空気との接触面積〉
1. 小　　　　小　　　　　　小
2. 小　　　　大　　　　　　大
3. 大　　　　大　　　　　　大
4. 大　　　　小　　　　　　大
5. 大　　　　大　　　　　　小

問17 次の燃焼に関する記述の下線の箇所で、誤っているものはどれか。

「物質が<u>酸素と反応</u>して酸化物を生成する反応を酸化といい、<u>熱と光の発生</u>を伴うものを燃焼という。有機物が完全燃焼する場合は、酸化反応によって安定な酸化物に変わるが、<u>炭素の供給不足</u>などの場合は、<u>一酸化炭素</u>、アルデヒド、すすなどが多く発生し<u>不完全燃焼</u>となる。」

1. 酸素と反応
2. 熱と光の発生
3. 炭素の供給不足
4. 一酸化炭素
5. 不完全燃焼

問18 ある危険物の引火点、発火点および燃焼範囲を測定したところ、次のような性状を示した。

　　　引火点………−40℃　　　　　発火点……300℃
　　　燃焼範囲……1.4〜7.6 vol%

次の条件のみで燃焼が起こらないものはどれか。

1. 蒸気5lと空気95lとの混合気体に点火した。
2. 液温が0℃のときに炎を近づけた。
3. 400℃の高温体に接触させた。
4. 100℃まで加熱した。
5. 蒸気が8l含まれている空気200lに点火した。

問19 消火に関する次の文の（　）内のA～Cに該当する語句の組合せで、正しいものはどれか。

「一般に燃焼に必要な酸素の供給源は空気である。空気中には約（　A　）％の酸素が含まれており、この酸素濃度を燃焼に必要な濃度以下にする消火方法を（　B　）という。物質により燃焼に必要な濃度は異なるが、一般に石油類では、酸素濃度を（　C　）％以下にすると燃焼は停止する。」

　　〈A〉　　〈B〉　　〈C〉
1. 25　　窒息消火　　20
2. 21　　除去消火　　18
3. 25　　除去消火　　14
4. 21　　窒息消火　　14
5. 21　　除去消火　　20

問20 次の液体について、引火点及び燃焼範囲の下限界の数値として考えられる組合せはどれか。

「ある引火性液体は、40℃で液面付近に濃度8vol％の可燃性蒸気を発生した。この状態でマッチの火を近づけたところ引火した。」

〈引火点〉　〈燃焼範囲の下限界〉
1. 25℃　　　　10 vol％
2. 30℃　　　　 6 vol％
3. 35℃　　　　12 vol％
4. 40℃　　　　15 vol％
5. 45℃　　　　 4 vol％

問21 静電気に関する記述のうち、正しいもののみを掲げている組合せはどれか。

A. 液体を配管で移送するときに発生する静電気の帯電量は、流速に反比例する。
B. 電気の不導体には、静電気は蓄積しにくい。
C. 湿度が高いときには、静電気は蓄積しにくい。

D. 接地（アース）は、静電気除去の有効な手段である。
1. AとB　　2. BとC　　3. CとD　　4. AとD　　5. BとD

問22　有機化合物の一般的性状について、次のうち誤っているものはどれか。

1. 種類が非常に多いが、構成元素の種類は少ない。
2. 反応速度は小さく、触媒を必要とする反応が多い。
3. 炭素原子に水素、酸素、窒素、硫黄、リン、ハロゲン原子等が共有結合で結び付いた構造のものである。
4. 無機化合物に比べて、融点、沸点が高い。
5. 水に溶けにくく、有機溶媒に溶けやすいものが多い。

問23　熱の移動の説明で、次のうち誤っているものはどれか。

1. ストーブに近付くと、ストーブに向いている方が温かくなるのは、放射熱によるものである。
2. ガスコンロで水を沸かすと水の表面が温かくなるのは、熱の伝導によるものである。
3. コップに湯を入れるとコップが温かくなるのは、熱の伝導によるものである。
4. 冷房装置で冷やされた空気により室内全体が冷やされるのは、熱の対流によるものである。
5. 太陽で地上の物が温められて温度が上昇するのは、放射熱によるものである。

問24　触媒を用いた化学反応に関する一般的な説明について、次のA～Dのうち正しい組合せはどれか。

A. 可逆反応の平衡に影響を及ぼさない。
B. 反応の活性化エネルギーを大きくする。
C. 反応速度を大きくする。
D. 反応熱は触媒があることによって小さくなる。
1. AとB　　2. AとC　　3. BとC　　4. BとD　　5. CとD

問25　次の物質の組合せのうち、単体、化合物および混合物の3種類に分類した場合、混合物のみのものはどれか。

1. 硝酸と酸素
2. 硝酸と塩化ナトリウム
3. 酸素と空気

4. 石油と空気
5. 塩化ナトリウムと水銀

【性質・火災予防・消火の方法】

問26 第1類から第6類の危険物の性状等について、次のうち正しいものはどれか。

1. 1気圧において、常温（20℃）で引火するものは必ず危険物である。
2. すべての危険物には引火点がある。
3. 危険物は必ず燃焼する。
4. すべての危険物は、分子内に炭素、酸素または水素のいずれかを含有している。
5. 危険物は1気圧において、常温（20℃）で液体または固体である。

問27 引火点が21℃未満のものが、次のA～Eのなかでいくつあるか。

A. アセトン
B. 軽油
C. 灯油
D. ジエチルエーテル
E. ギヤー油

1. 1つ　　2. 2つ　　3. 3つ　　4. 4つ　　5. 5つ

問28 ガソリンを貯蔵していたタンクに、そのまま灯油を入れると爆発することがあるので、その場合は、タンク内のガソリン蒸気を完全に除去してから灯油を入れなければならないとされている。この理由として、次のうち妥当なものはどれか。

1. タンク内のガソリン蒸気が灯油と混合して、灯油の発火点が著しく低くなるから。
2. タンク内のガソリン蒸気が灯油の流入により断熱圧縮されて発熱し、発火点以上になることがあるから。
3. タンク内のガソリン蒸気が灯油と混合して熱を発生し、発火することがあるから。
4. タンク内に充満していたガソリン蒸気が灯油に吸収されて燃焼範囲内の濃度に下がり、灯油の流入により発生する静電気の放電火花で引火することがあるから。
5. タンク内のガソリン蒸気が灯油の蒸気と化合して、自然発火しやすい物質ができるから。

問29 二硫化炭素の屋外貯蔵タンクを水槽に入れ、水没する理由として、次のうち正しいものはどれか。

1. 可燃物との接触を避けるため。
2. 水と反応して安定な物質をつくるため。
3. 可燃性蒸気が発生するのを防ぐため。
4. 不純物の混入を防ぐため。
5. 空気と接触して爆発性の物質ができるのを防ぐため。

問30 第4類の危険物の消火について、次のうち最も適切なものはどれか。

1. 液温を引火点以下にする。
2. 可燃性蒸気の発生を抑制する。
3. 空気の供給を遮断するか、又は燃焼を化学的に抑制する。
4. 蒸気の濃度を低下させる。
5. 可燃物を取り除く。

問31 ガソリンの性状として、次のうち正しいものはどれか。

1. 蒸気比重は1より小さい。
2. 二硫化炭素より発火点は低い。
3. ジエチルエーテルより燃焼範囲は広い。
4. 自動車ガソリンの引火点は、一般に−40℃以下である。
5. 水より重い。

問32 重油の性状について、下記の文章のA〜Eで、誤っているものはどれか。

「C重油は、(A)暗褐色又は黒褐色の液体で、(B)引火点は一般に70℃以上と高く、(C)常温（20℃）で取り扱っている限り引火しないが、いったん燃え始めると(D)ガソリンより消火困難な場合がある。大量に燃えている火災の消火には(E)棒状注水が適する。」

1. A　　2. B　　3. C　　4. D　　5. E

問33 灯油の性質について、次のうち正しいものはどれか。

1. 常温（20℃）でも引火の危険性がある。
2. 水によく溶ける。
3. ぼろ布などにしみこんだものは、自然発火する危険性がある。

4. 蒸気は空気よりも重い。
5. 発火点は100℃より低い。

問34 ベンゼンの性状等で、次のうち誤っているものはどれか。

1. 揮発性のある無色透明の液体で芳香性がある。
2. 水によく溶けるが、多くの有機溶剤には溶けない。
3. 一般に樹脂、油脂等をよく溶かす。
4. 融点が5.5℃であるため、冬季には固化することがある。
5. 蒸気は毒性が強いため吸入すると危険である。

問35 メタノールとエタノールの共通する性状で、次のうち誤っているものはどれか。

1. メタノールの蒸気は有毒である。
2. いずれも揮発性で無色透明の液体である。
3. いずれも引火点は、常温（20℃）以下である。
4. いずれも水溶性で、濃度が低くなるほど引火点が低くなる。
5. いずれも一般の泡消火剤は効果がない。

実力テスト（第6回）解答と解説

【危険物に関する法令】

問1 〈消防法上の危険物〉 p.12 問1 キーレッスン参照 **解答⑤**

> ココが重要　キーレッスン1の危険物でないプロパン、水素等をキッチリと覚えよう！

○ 1. 過酸化水素→第6類の危険物
○ 2. 硫黄→第2類の危険物
○ 3. 赤りん→第2類の危険物
○ 4. ナトリウム→第3類の危険物
× 5. プロパン→気体なので消防法上の危険物ではない。

問2 〈屋外貯蔵所〉 **解答⑤**

> ココが重要　屋外貯蔵所で貯蔵できる危険物
> ① 第2類→硫黄、引火性固体（引火点0℃以上のもの）
> ② 第4類→第1石油類（引火点0℃以上のもの）、アルコール類～動植物油類

○ 1. 硫黄→第 2 類の危険物
○ 2. 引火性固体（引火点が 0℃以上のものに限る）→第 2 類の危険物
○ 3. アルコール類→第 4 類の危険物
○ 4. 第 2 石油類→第 4 類の危険物
× 5. 黄りん→第 3 類の危険物は屋外貯蔵所に貯蔵できない。

キーレッスン 屋外貯蔵所

1. 位置・構造・設備
① 貯蔵場所は湿潤でなく、かつ、排水のよい場所。周囲には、さく等を設けて明確に区画すること。
② 架台は不燃材料で造るとともに、堅固な地盤面に固定すること（可動式の架台は、動くと危険なので設置してはならない）。
③ 架台の高さ　6 m 未満
2. 屋外貯蔵所に貯蔵できる危険物（○印）、できない危険物（×印）
○硫黄（第 2 類）
○引火性固体（引火点 0℃以上のもの）
○トルエン（引火点 4℃）→第 1 石油類は、引火点 0℃以上 OK。
○アルコール類、第 2 石油類（灯油、軽油等）～動植物油類のすべて OK。
×ナトリウム　　×カリウム　　×炭化カルシウム（カーバイド）　　×黄りん
×赤りん　　×鉄粉　　×過酸化水素　　×塩素酸塩類
×特殊引火物　　×ガソリン（引火点 −40℃）　　×アセトン（−20℃）
×ベンゼン（−11℃）→第 4 類は特殊引火物と引火点が 0℃未満の第 1 石油類がダメ。

問 3 〈指定数量〉 p.16　問 3 キーレッスン 2 参照　　**解答 ①**
○ 1. 特殊引火物であれば、$2\,000\,l \div 50\,l = 40$ 倍であり正しい。
× 2. 第 1 石油類の非水溶性液体であれば、$2\,000\,l \div 200\,l = 10$ 倍であり誤っている。
× 3. アルコール類であれば、$2\,000\,l \div 400\,l = 5$ 倍であり、10 倍は誤っている。
× 4. 第 2 石油類の非水溶性であれば、$2\,000\,l \div 1\,000\,l = 2$ 倍であり誤っている。
× 5. 第 3 石油類の水溶性であれば、$2\,000\,l \div 4\,000\,l = 0.5$ 倍であり誤っている。

問 4 〈保安距離・保有空地〉 p.18　問 4 キーレッスン 1 参照　　**解答 ①**

ココが重要　保安距離の必要がない危険物施設（最近の出題傾向より）
① 給油取扱所→保安距離が必要であれば、一般住宅から 10 m 以上の距離を保つ必要がある。現実には給油取扱所（ガソリンスタンド）のすぐ横に一般

住宅がある。
② 屋内タンク貯蔵所
× 1. 給油取扱所　　○ 2. 屋内貯蔵所（タンクはなし）
○ 3. 屋外タンク貯蔵所　○ 4. 屋外貯蔵所　○ 5. 製造所

問 5 〈消火設備〉 **p.20** 問5キーレッスン2参照　　**解答 ③**

ココが重要　消火設備の設置方法
① 第4種消火設備→防護対象物までの歩行距離が、**30 m**以下
② 第5種消火設備→防護対象物までの歩行距離が、**20 m**以下

「第5種の消火設備は、製造所にあっては防護対象物の各部分から一つの消火設備に至る歩行距離が（**20**）m 以下になるように設けなければならない。ただし、第1種～第4種までの消火設備と併置する場合にあっては、この限りではない。」
× 1. 1　　× 2. 6　　○ 3. **20**　　× 4. 30　　× 5. 50

問 6 〈標識・掲示板〉　　**解答 ②**

ココが重要　危険物の性質に応じた注意事項を表示した掲示板
火気厳禁と表示する危険物（他は省略）
● 第2類の引火性固体　　● 第4類すべて　　● 第5類すべて
注意：火気厳禁の項目を覚えるのがポイントである。（最近の出題傾向より）

○ 1. 給油取扱所には、「給油中エンジン停止」と表示した掲示板を設ける。
× 2. 第4類の危険物を貯蔵する地下タンク貯蔵所には、「取扱注意」ではなく「火気厳禁」と表示した掲示板を設けなければならない。
○ 3. 第5類の危険物を貯蔵する屋内貯蔵所には、「火気厳禁」と表示した掲示板を設けなければならないと定められている。
○ 4. 灯油を貯蔵する屋内タンク貯蔵所には、危険物の類別、品名及び最大数量等を表示した掲示板を設けなければならないと定められている。
○ 5. 移動タンク貯蔵所には、「危」と表示した標識を設けなければならない。

キーレッスン　標識・掲示板

1. 標識
① 製造所等　幅0.3 m以上　長さ0.6 m以上　色は地を白色で文字を黒色
② 移動タンク貯蔵所　0.3～0.4 m平方　地が黒字の板に黄色の反射塗料で「危」と表示し、車両の前後の見やすい箇所に掲げる。

2. 掲示板等

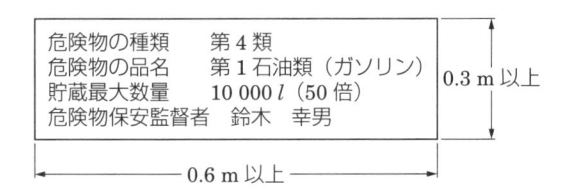

① 掲示板

```
危険物の種類    第4類
危険物の品名    第1石油類（ガソリン）
貯蔵最大数量    10 000 l（50倍）
危険物保安監督者  鈴木 幸男
```
縦 0.3 m 以上／横 0.6 m 以上

3. 危険物の性質に応じた注意事項を表示した掲示板

① 火気厳禁と表示する危険物（他は省略）
- 第2類の引火性固体（固形アルコール等）　・第4類すべて
- 第5類すべて

注意：火気厳禁の項目を覚えるのがポイントである。（最近の出題傾向より）

問 7 〈各種申請手続き（仮使用）〉　p.23　問7 キーレッスン2 参照　**解答⑤**

> **ここが重要**　仮使用の申請は、変更許可を受けた場合にのみ発生し、次の場合は発生しない。
> ① 設置許可（製造所等の新設）に仮使用（仮営業）は発生しない。
> ② 製造所等の全面的な変更工事中に仮使用（仮営業）は発生しない。

× 1. 給油取扱所の設置許可を受けた新設の工事に、既存の設備を使って仮使用（仮営業）をすることはあり得ないので誤っている。
× 2. 専用タンクを含む全面的な変更許可を受けた工事中は、設備が何も残っていないということを意味しているので仮営業はできない。
× 3. 法令上、一部が不合格となった完成検査で、合格した部分のみを使用することはできない。
× 4. 法令上、鋼板製ドラムから自動車の燃料タンクに、直接給油はできない。
○ 5. 給油取扱所の事務所を改装するため変更許可を受けたが、その工事中に変更部分以外の一部を使用するために、仮使用の申請を行うのは正しい。

問 8 〈法令違反に対する措置〉　p.24　問8 キーレッスン参照　**解答②**

○ 1. 製造所等を設置したとき、完成検査を受けないで当該製造所等を使用したときは、使用の停止を命ずることができると定められている。
× 2. 製造所等の位置、構造又は設備を無許可変更したときは、許可の取消し又は使用停止を命ずることができる。
○ 3. 仮貯蔵等の承認を受けないで、指定数量以上の危険物を取り扱っているときは、

災害防止のために、必要な措置をすることを命ずることができる。
○ 4. 製造所等の位置、構造及び設備が技術上の基準に適合していないときは、これらを修理し、改造し又は移転を命ずることができる。
○ 5. 危険物の貯蔵又は取扱いの方法が、技術上の基準に違反しているときは、当該基準に従って危険物を貯蔵し又は取り扱うことを命ずることができる。

問 9 〈定期点検〉 p.26 問9 キーレッスン参照　　解答②

ココが重要　定期点検の対象外は、次の3施設である。
● 屋内タンク貯蔵所　　● 簡易タンク貯蔵所　　● 販売取扱所

○ A. 指定数量の倍数が10以上の製造所
× B. 屋内タンク貯蔵所
○ C. 移動タンク貯蔵所
○ D. 地下タンクを有する給油取扱所
× E. 簡易タンク貯蔵所

× 1. ABE　○ 2. ACD　× 3. ADE　× 4. BCD　× 5. BCE

問 10 〈危険物保安監督者〉 p.28 問10 キーレッスン参照　　解答⑤

× A. 危険物取扱者以外の者は、<u>甲種又は乙種危険物取扱者が立ち会えば危険物を取り扱うことができる</u>。危険物保安監督者に限定されない。
○ B. 保安の監督をする場合には、誠実にその職務を行わなければならない。
× C. 選任の要件である6か月以上の実務経験は、<u>製造所等に限定される</u>。
○ D. 危険物施設保安員を置かなくてもよい製造所等の危険物保安監督者は、規則で定める危険物施設保安員の業務を行わなければならない。

× 1. AB　× 2. AC　× 3. AD　× 4. BC　○ 5. BD

問 11 〈運搬の基準〉 p.36 問14 キーレッスン参照　　解答①

ココが重要　運搬容器への収納する危険物に応じた注意事項
① 第4類　　火気厳禁
② 第5類　　火気厳禁、衝撃注意

○ 1. 第5類の危険物　　火気厳禁○　　衝撃注意○
× 2. 第4類の危険物　　火気注意×　　禁水→灯油容器は火気厳禁のみ
? 3. 第3類の危険物　　衝撃注意　　　可燃物接触注意
? 4. 第2類の危険物　　可燃物接触注意　空気接触注意
× 5. 第1類の危険物　　火気厳禁×　　空気接触注意

問 12 〈保安講習〉 p.34 問13 キーレッスン参照　　　　　　　　**解答⑤**

○ 1. 5年前に製造所等において危険物の取扱作業に従事していたが、2年前に危険物取扱者免状の交付を受けた者は、残り1年と少しの余裕がある。
○ 2. 2年前に免状の交付を受け、その後危険物の取扱作業に従事していなかったが、6か月前から危険物取扱作業に従事した者は、残り1年と少しの余裕がある。
○ 3. 3年6か月前に免状の交付を受けたが、製造所等において危険物の取扱作業に従事していない者は、受ける必要はない。
○ 4. 2年前に講習を受けその後危険物の取扱作業に従事していなかったが、1年前から危険物の取扱作業に従事している者は、残り1年と少しの余裕がある。
× 5. 4年前に講習を受けその後作業に従事していなかったが、1年6か月前から危険物の取扱作業に従事している者は、従事した日から1年以内に受講するように定められているので、受講期間を6か月オーバーしている。

問 13 〈貯蔵・取扱いの基準〉 p.38 問15 キーレッスン参照　　　　　**解答④**

○ 1. 屋外貯蔵タンクの防油堤の水抜口は、普段は閉めておくことと定められている。
○ 2. 屋内貯蔵タンクの元弁は、危険物を入れ又は出すとき以外は閉鎖しておくこと。
○ 3. 地下貯蔵タンクの計量口は、計量するとき以外は閉鎖しておくこと。
× 4. 簡易貯蔵タンクの通気管は、危険物を入れ又は出すとき以外（使っていないとき）は閉鎖しておくという規定はない。
○ 5. 移動タンク貯蔵所の底弁は、使用するとき以外は完全に閉鎖しておくこと。

問 14 〈危険物取扱者免状の交付等〉 p.33 問12 キーレッスン参照　　**解答③**

「免状の記載事項とされている写真が撮影後（**10**）年を経過したものは、遅滞なく居住地又は勤務地を管轄する都道府県知事にその書換えを申請しなければならない。」

× 1. 3　　× 2. 5　　○ 3. 10　　× 4. 15　　× 5. 20

問 15 〈貯蔵・取扱いの基準〉 p.38 問15 キーレッスン参照　　　　　**解答②**

○ 1. 危険物のくず、かす等は、1日に1回以上廃棄、処置をすること。
× 2. 可燃性蒸気が漏れるおそれのある場所で、火花を発する機械器具、工具などを使用しないこと。注意をして使用しても、危険なことに変わりはない。
○ 3. 屋外貯蔵タンク、地下貯蔵タンク又は屋内貯蔵タンクの元弁及び注入口の弁又は蓋は、危険物を入れ、又は出すとき以外は、閉鎖しておくこと。
○ 4. 危険物を保護液中に貯蔵する場合は、危険物を露出させてはならない。
○ 5. 法別表の類を異にする危険物は、原則として同一の貯蔵所（耐火の隔壁で完全に区分された室が2以上ある貯蔵所においては、同一の室）に貯蔵しないこと。

【基礎的な物理学・化学】

問 16 〈燃焼の難易〉 p.49 問 20 キーレッスン 1 参照　　解答 ④

〈燃焼熱〉　〈熱伝導率〉　〈空気との接触面積〉
- × 1.　小 ×　　　小 ○　　　　小 ×
- × 2.　小 ×　　　大 ×　　　　大 ○
- × 3.　大 ○　　　大 ×　　　　大 ○
- ○ 4.　大 ○　　　小 ○　　　　大 ○
- × 5.　大 ○　　　大 ×　　　　小 ×

問 17 〈燃焼の基礎知識、完全燃焼と不完全燃焼〉
　　　p.119　実力テスト(第 2 回) 問 16 キーレッスン参照　　解答 ③

「物質が（○）酸素と反応して酸化物を生成する反応を酸化といい、（○）熱と光の発生を伴うものを燃焼という。有機物が完全燃焼する場合は、酸化反応によって安定な酸化物に変わるが、（×）炭素の供給不足などの場合は、（○）一酸化炭素、アルデヒド、すすなどが多く発生し（○）不完全燃焼となる。」

- ○ 1.　酸素と反応
- ○ 2.　熱と光の発生
- × 3.　炭素の供給不足→**酸素の供給不足**
- ○ 4.　一酸化炭素
- ○ 5.　不完全燃焼

問 18 〈燃焼の総合問題〉 発火点等燃焼に関連するキーレッスン参照　　解答 ④

引火点………−40℃　　　　発火点……300℃
燃焼範囲……1.4 ～ 7.6 vol%

- ○ 1.　蒸気 5 l と空気 95 l との混合気体の濃度は、5 vol% で燃焼範囲内であり点火すると燃焼する。
- ○ 2.　引火点は −40℃ なので、液温が 0℃ のときに炎を近づけると引火して燃焼する。
- ○ 3.　発火点は 300℃ なので、400℃ の高温体に接触させると発火して燃焼する。
- × 4.　100℃ まで加熱しても、炎を近づけないと燃焼しない。
- ○ 5.　蒸気が 8 l 含まれている空気 200 l の混合気体の濃度は、4 vol% で燃焼範囲内であり点火すると燃焼する。

問 19 〈消火の基礎知識〉 p.45 問 19 キーレッスン参照　　解答 ④

「一般に燃焼に必要な酸素の供給源は空気である。空気中には約（A：**21**）% の酸素が含まれており、この酸素濃度を燃焼に必要な濃度以下にする消火方法を（B：

窒息消火）という。物質により燃焼に必要な濃度は異なるが、一般に石油類では、酸素濃度を（C：**14**）％以下にすると燃焼は停止する。」

	〈A〉	〈B〉	〈C〉
× 1.	25 ×	窒息消火○	20 ×
× 2.	21 ○	除去消火×	18 ×
× 3.	25 ×	除去消火×	14 ○
○ 4.	**21** ○	**窒息消火**○	**14** ○
× 5.	21 ○	除去消火×	20 ×

(問 20) 〈引火点、燃焼範囲〉
p.192 実力テスト（第 5 回）問 20 キーレッスン参照　　解答②

ここが重要 可燃性蒸気にマッチの火を近づけたところ引火したということから、設問の引火性液体は燃焼範囲内にあると判断できる。引火した 40℃ と濃度 8 vol％ を下図の▲点と仮定すれば、求める燃焼範囲の下限界（下限値）と引火点（引火点の定義-2）は図にもあるように、必ず▲点の左側の低い方にあるはずである。よって、**下限界（下限値）は 8% 以下**に、**引火点は 40℃ 以下**に○印をすればよい。両方に○印のある 2 項が答えとなる。

	〈引火点〉	〈燃焼範囲の下限界〉
× 1.	25℃ ○	10 vol％
○ 2.	**30℃** ○	**6 vol％** ○
× 3.	35℃ ○	12 vol％
× 4.	40℃ ○	15 vol％
× 5.	45℃	4 vol％ ○

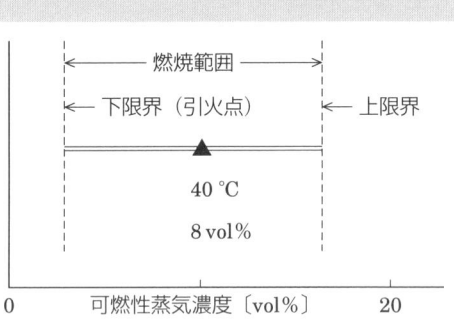

燃焼範囲
←── 下限界（引火点）　　　　上限界 ──→
▲
40 ℃
8 vol％
0　　　可燃性蒸気濃度〔vol％〕　　20

(問 21) 〈静電気〉 p.50 問 21 キーレッスン参照　　解答③

ここが重要 流速が早くなると摩擦が増えるので、静電気の発生量は多くなり帯電量も増加する。乱流が起こると静電気の発生量、帯電量は、より多くなる。

× A. 液体を配管で移送するときに発生する静電気の**帯電量は、流速に比例する**。
× B. 電気の不導体である**ガソリンは、静電気を蓄積しやすい**。
○ C. 湿度が高い梅雨どきや夏には、静電気が漏れやすい（逃げやすい）ので蓄積しにくい。
○ D. 接地（アース）は、静電気除去の有効な手段である。

× 1. A と B 　× 2. B と C 　○ 3. C と D 　× 4. A と D 　× 5. B と D

[問 22] 〈有機化合物〉
p.195 実力テスト(第5回) 問23 キーレッスン参照　　解答④

ココが重要　融点や沸点が低い危険物の特長
① 融点→融点（固体から液体になる温度）が－114℃と低いエタノールは液体であり、逆に高い鉄は固体である。第4類の危険物はすべて液体であり、融点は低い。
② 沸点→沸点の低いガソリン（40〜220℃）は、蒸発（揮発）しやすい。第4類の危険物は、沸点の低いものが多い。

○1. アルコール類、ベンゼン等の有機化合物は、食塩や硫酸等の無機化合物に比べて種類が多い。構成元素の種類は、炭素、水素、酸素、窒素等と少ない。
?2. 反応速度は小さく、触媒を必要とする反応が多い。
?3. 炭素原子に水素、酸素、窒素、硫黄、リン、ハロゲン原子等が共有結合で結び付いた構造のものである。
×4. 有機化合物は、無機化合物に比べて融点、沸点が低い。
○5. 有機化合物は非水溶性で水に溶けにくい物品が多く、アルコール、アセトン、ジエチルエーテル等の有機溶媒に溶けやすいものが多い。
注意：2項、3項は?であるが、4項が×なので○印になるはずである。

[問 23] 〈熱の移動〉　p.125　実力テスト(第2回) 問25 キーレッスン参照　　解答②

ココが重要　対流→鉄釜のふろで湯を沸かすと、火に近い下部よりも表面が温かくなる現象（水は温まると比重が軽くなり上部（表面）に移動する）。

○1. ストーブに近付くと、ストーブに向いている方が温かくなるのは、空気中を熱が伝わる放射熱によるものである。
×2. 水を沸かすと水の表面が温かくなるのは、熱の対流によるものである。
○3. コップに湯を入れるとコップが温かくなるのは、熱の伝導によるものである。
○4. 冷房装置で冷やされた空気により室内全体が冷やされるのは、熱の対流（冷やされて冷たい空気は下に、温まった空気は上に移動する）によるものである。
○5. 太陽で地上の物が温められて温度が上昇するのは、放射熱によるものである。

[問 24] 〈反応の速さと化学平衡〉　　解答②

ココが重要　"なぜ"そうなるのかではなく、答えだけを覚えよう！
① 一番簡単に、答えは2項と覚える。
② A、Cが○でB、Dが×と覚える。
③ A. 可逆反応の平衡に影響を及ぼさない。→○
　　B. 反応の活性化エネルギーを大きくではなく小さくする。→×

実力テスト（第6回）解答と解説　217

というふうに A ～ D までを覚える。
　可能であれば③を、難しければ② or ①の方法で覚えよう！
- ○ A. 可逆反応の平衡に影響を及ぼさない。
- × B. 反応の活性化エネルギーを大きくするではなく小さくする。
- ○ C. 反応速度を大きく（速く）する。
- × D. 反応熱は触媒があることによって小さくなるではなく変わらない。
- × 1.　A と B　　○ 2.　A と C　　× 3.　B と C　　× 4.　B と D　　× 5.　C と D

問 25　〈単体・化合物・混合物〉　p.52　問 22 キーレッスン 3 参照　　**解答 ④**

ココが重要　代表的な混合物
　　　　　① 空気(酸素＋窒素)、② 食塩水(食塩＋水)、③ ガソリン等の石油製品

- × 1. 硝酸（化合物）と酸素（単体）
- × 2. 硝酸（化合物）と塩化ナトリウム（化合物）
- × 3. 酸素（単体）と空気（混合物）
- ○ 4. 石油（混合物）と空気（混合物）
- × 5. 塩化ナトリウム（化合物）と水銀（単体）

【性質・火災予防・消火の方法】

問 26　〈危険物の類ごとの性質〉　p.58　問 26 キーレッスン参照　　**解答 ⑤**

- × 1. プロパンガスは、常温（20℃）でマッチの火により引火し燃焼するが消防法上の危険物ではなく、高圧ガスである。
- × 2. 第 1 類や第 6 類の酸化性の危険物は、燃焼しないので引火点はない。
- × 3. 第 1 類（酸化性の固体）や第 6 類（酸化性の液体）の危険物は、燃焼しない。
- × 4. 第 2 類危険物の硫黄（S）や赤りん（P）は、分子内に炭素（C）、酸素（O）または水素（H）のいずれをも含有していない。
- ○ 5. 危険物は 1 気圧において、常温（20℃）で液体または固体であり気体はない。

問 27　〈第 4 類に共通する特性〉　裏表紙の第 4 類危険物の特性一覧表参照　　**解答 ②**

ココが重要　油（あぶら）の付く危険物の引火点は、すべて **21℃** を超える。また、引火点が **21℃** 未満の危険物は、特殊引火物と第 1 石油類である。

- ○ A. アセトン→ **− 20℃**（第 1 石油類）
- × B. 軽油→ **45℃** 以上（第 2 石油類）
- × C. 灯油→ **40℃** 以上（第 2 石油類）
- ○ D. ジエチルエーテル→ **− 45℃**（特殊引火物）
- × E. ギヤー油→ **220℃**（第 4 石油類）

×1. 1つ　○2. 2つ　×3. 3つ　×4. 4つ　×5. 5つ

問 28 〈事故事例〉　　　　　　　　　　　　　　　　　　　　　　　解答 ④
- ×1. ガソリン蒸気が灯油と混合しても、ガソリンの発火点は、約 300℃と灯油（220℃）より高いので、灯油の発火点が低くなることはない。
- ×2. タンク内のガソリン蒸気が灯油の流入により、断熱圧縮されることはない。
- ×3. タンク内のガソリン蒸気が灯油と混合しても、熱を発生することはない。
- ○4. タンク内に充満していた**ガソリン蒸気（沸点が低いので蒸発量が多い）が灯油に吸収されて燃焼範囲内の濃度に下がり、灯油の流入により発生する静電気の放電火花で引火することがある**から。
- ×5. タンク内のガソリン蒸気が灯油の蒸気と混合することはあっても、化合することはない。また、自然発火しやすい物質ができることもない。

問 29 〈第 4 類に共通する火災予防の方法〉　p.63　問 28 キーレッスン 1　解答 ③

ここが重要　二硫化炭素の蒸気は有毒なので、蒸気の発生を抑制することが水没貯蔵の目的である。また、水没貯蔵する危険物は、比重が水より重く水に溶けないことが前提である。

- ×1. 可燃物との接触を避けるため、水没貯蔵する必要はない。
- ×2. 二硫化炭素は水と反応しない。
- ○3. 二硫化炭素を貯蔵しているタンクに水を入れ水没貯蔵すると、比重の軽い水が二硫化炭素の上に浮いて蓋の役目をし、有毒な可燃性蒸気が発生するのを防ぐことができる。
- ×4. 不純物の混入を防ぐため、水没貯蔵する必要はない。
- ×5. 空気と接触して爆発性の物質ができるのは、ジエチルエーテルである。

問 30 〈第 4 類に共通する消火の方法〉　p.65　問 29 キーレッスン参照　解答 ③
- ×1. 消火剤で、ガソリンの液温を引火点の－40℃以下にすることは不可能である。
- ×2. 第 4 類の引火性液体は、火災時の高温により蒸発が激しくなるので、消火剤で**可燃性蒸気の発生を抑制するのは難しい**。
- ○3. 第 4 類の危険物の消火には、**泡**等で**空気の供給**を**遮断する**か、又はハロゲン化物消火剤等で**燃焼を化学的に抑制する**方法が最も効果的である。
- ×4. 第 4 類の液体の危険物は、火災時には可燃性蒸気の発生が激しいので、消火剤で蒸気の濃度を低下させるのは難しい。
- ×5. 第 4 類の引火性液体は、可燃物を取り除く**除去消火**の方法は使えない。

問 31 〈第1石油類（ガソリン）〉　p.68　問31 キーレッスン参照　　**解答④**
× 1. 第4類の危険物の蒸気比重は、すべて**1**より大きい。
× 2. 二硫化炭素の発火点は第4類の危険物では一番低い**90℃**であり、ガソリンはそれより相当高い約**300℃**である。
× 3. 特殊引火物であるジエチルエーテルの燃焼範囲は、ガソリンの1.4〜7.6 vol%に比べて約5倍広い。**特殊引火物の燃焼範囲は広くて危険と覚えれば、数値を覚えなくてもすべて答えが出る。**
○ 4. 自動車ガソリンの引火点は、一般に－40℃以下であり、正しい。
× 5. 水より重いと出れば、二硫化炭素（液比重1.3）以外はすべて×である。

問 32 〈第3石油類（重油）〉　p.69　問32 キーレッスン参照　　**解答⑤**
「C重油は、(A：○) 暗褐色又は黒褐色の液体で、(B：○) 引火点は一般に70℃以上と高く、(C：○) 常温（20℃）で取り扱っている限り引火しないが、いったん燃え始めると (D：○) ガソリンより消火困難な場合がある。大量に燃えている火災の消火には (E：×) 棒状注水が適する。」
○ 1. A　　○ 2. B　　○ 3. C　　○ 4. D　　× 5. E

問 33 〈第2石油類（灯油）〉　p.70　問33 キーレッスン参照　　**解答④**
× 1. 灯油の引火点は40℃以上なので常温（20℃）では、引火するために必要な蒸気の濃度まで達していないので引火しない。
× 2. 灯油を始め石油類は非水溶性危険物なので、水に溶けない。
× 3. ぼろ布などにしみこんでいても、灯油が自然発火することはない。自然発火する物品は、動植物油類のアマニ油とキリ油のみである。
○ 4. 第4類の危険物の蒸気（比重）は、空気よりも重い。
× 5. 発火点は220℃である。

問 34 〈第1石油類（ベンゼン）〉
　　　　p.129　実力テスト（第2回）問35 キーレッスン　　**解答②**

> ココが重要　1項の無色透明、芳香性があるの判断には、簡便法（p.151　実力テスト（第3回）問33）を使う。

○ 1. ベンゼンは無色透明で芳香性があると出れば、○でOKである。
× 2. ベンゼンは非水溶性で水に溶けないが、多くの有機溶剤（ジエチルエーテル、アルコール等）によく溶ける。
○ 3. ベンゼンは有機溶媒（ペンキのうすめ液等）であり、一般に樹脂、油脂等をよく溶かす。

? 4. 融点が 5.5℃ であるため、冬季には固化することがある。
○ 5. 蒸気は毒性が強いため吸入すると危険である。

問 35 〈アルコール類〉
　　　p.100　実力テスト（第1回）問 32 キーレッスン参照　　　**解答 ④**

○ 1. メタノールの蒸気は有毒である。
○ 2. メタノール、エタノール共に沸点が低く揮発性で、無色透明の液体である。
○ 3. メタノールの引火点は 11℃、エタノールは 13℃ で、いずれも常温（20℃）以下である。
× 4. メタノールとエタノールはいずれも水溶性で、水で薄めて濃度が低くなる（薄くなる）ほど引火点が高くなり引火しにくくなる。
○ 5. いずれも水溶性危険物で一般の泡消火剤は効果がないので、水溶性液体用泡消火剤を用いる。

実力テスト (第7回)

【危険物に関する法令】

問1 法別表に、品名として掲げられていないものは、次のうちどれか。

1. 塩素酸塩類
2. 硫化りん
3. アルキルリチウム
4. アルコール類
5. クロルスルホン酸

問2 法令上、予防規程を定めなければならない製造所等の組合せで、次のうち正しいものはどれか。

1. 簡易タンク貯蔵所　　　屋内貯蔵所
2. 一般取扱所　　　　　　屋内タンク貯蔵所
3. 屋外貯蔵所　　　　　　販売取扱所
4. 地下タンク貯蔵所　　　給油取扱所
5. 製造所　　　　　　　　屋外タンク貯蔵所

問3 第4類の危険物であるメタノールを100ℓ貯蔵している同一の場所に次の危険物を貯蔵した場合、法令上、指定数量以上となるものはどれか。

1. アセトアルデヒド　　　20ℓ
2. トルエン　　　　　　　90ℓ
3. 酢酸　　　　　　　　　200ℓ
4. アセトン　　　　　　　300ℓ
5. グリセリン　　　　　　500ℓ

問4 法令上、製造所等の周囲に保有しなければならない空地（以下「保有空地」という）について、次のうち誤っているものはどれか。

1. 貯蔵し、又は取り扱う指定数量の倍数に応じて保有空地の幅が定められている。
2. 保有空地には、物品等を置いてはならない。
3. 学校、病院等から一定の距離（保安距離）を保たなくてはならない施設は、保有空地を必要としない。
4. 製造所と一般取扱所は、保有空地の幅は同じである。
5. 保有空地を必要としない施設もある。

問 5 法令上、製造所等を設置する場合の手続きとして、次のうち正しいものはどれか。

1. 市町村長等に届け出る。
2. 市町村長等の許可を受ける。
3. 消防長又は消防署長の許可を受ける。
4. 消防長又は消防署長に届け出る。
5. 都道府県知事に届け出る。

問 6 法令上、指定数量の倍数が10倍以上の製造所等では警報設備が必要であるが、次のうち必要としない施設はどれか。

1. 一般取扱所　　2. 屋内貯蔵所　　3. 簡易タンク貯蔵所
4. 移動タンク貯蔵所　　5. 給油取扱所

問 7 法令上、製造所等に設置する消火設備の区分について、次のうち誤っているものはどれか。

1. 乾燥砂は、第5種の消火設備である。
2. 泡を放射する消火器で大型のものは、第4種の消火設備である。
3. 粉末消火設備は、第3種の消火設備である。
4. 二酸化炭素消火設備は、第2種の消火設備である。
5. 屋外消火栓は、第1種の消火設備である。

問 8 法令上、製造所等の所有者等に対する使用停止命令の対象となる事項として、次のうち誤っているものはどれか。

1. 危険物の貯蔵、取扱いの技術上の基準の遵守命令に違反した。
2. 危険物保安監督者を定めていたが、市町村長等への届出を怠った。
3. 仮使用の承認を受けないで製造所等を使用した。
4. 危険物保安監督者の解任命令に従わなかった。
5. 定期点検を行わなければならない製造所等において、それを期限内に実施していない。

問 9 法令上、製造所等の定期点検について、次のうち正しいものはどれか。

1. すべての製造所等が対象となる。
2. 原則として、1年に1回以上行わなければならない。
3. 危険物取扱者でなければ行うことができない。

4. 特定の製造所等に対して、市町村長等が行うものである。
5. 定期点検の記録は、1年間保存しなければならない。

問10 法令上、危険物保安監督者について、次のうち正しいものはどれか。

1. 危険物保安監督者を定める必要のある製造所等においては、危険物保安統括管理者も定めなければならない。
2. 屋外タンク貯蔵所には、指定数量に関係なく危険物保安監督者を定めなければならない。
3. 危険物保安監督者を定めるには、知事の許可が必要である。
4. 危険物保安監督者は、甲種、乙種又は丙種危険物取扱者の中から選任しなければならない。
5. 危険物保安監督者は、危険物施設保安員の指示に従い、保安の監督をしなければならない。

問11 法令上、危険物の取扱作業の保安に関する講習(以下「講習」という)の受講義務について、次のうち正しいものはどれか。

1. 危険物施設保安員は、講習を受けなければならない。
2. 製造所等で危険物の取扱作業に従事しているすべての者は、講習を受けなければならない。
3. 丙種危険物取扱者は、講習を受けなくてもよい。
4. 危険物取扱者のうち、製造所等で危険物の取扱作業に従事している者は、講習を受けなければならない。
5. すべての危険物取扱者は、講習を受けなければならない。

問12 法令上、移動タンク貯蔵所による危険物の移送について、次のうち正しいものはどれか。

1. 移動タンク貯蔵所における危険物の移送は、当該移動タンク貯蔵所の所有者等が甲種の免状を所有していれば、危険物取扱者が乗車していなくても行うことができる。
2. 移動タンク貯蔵所で危険物を移送する場合、免状を携帯していなくてもよい。
3. 移動タンク貯蔵所の完成検査済証は、紛失を避けるため事務所に保管しておく。
4. 消防吏員又は警察官は、火災の防止のため特に必要と認める場合であっても、移動タンク貯蔵所の停止を求めることはできない。
5. 移動タンク貯蔵所によるガソリンの移送は、丙種危険物取扱者を乗車させてこれを行うことができる。

問 13 法令上、次のうち誤っているものはどれか。

1. 指定数量未満の危険物の貯蔵又は取扱いの技術上の基準は、市町村の火災予防条例で定められている。
2. 製造所等の位置、構造、設備を変更しないで品名、数量又は指定数量の倍数を変更したときは、速やかに所轄消防署長の認可を受けなければならない。
3. 製造所等を廃止したときは、遅滞なくその旨を市町村長等に届け出なければならない。
4. 消防職員が市町村の定める証票を示して、指定数量以上の危険物を貯蔵し又は取り扱っている場所に立ち入り、検査や質問をしたときは、関係者はこれに応じなければならない。
5. 製造所等の所有者等は、危険物保安監督者を定めたとき又は解任したときは、遅滞なくその旨を市町村長等に届け出なければならない。

問 14 法令上、危険物を運搬する運搬容器の外部には、危険等級Ⅰ、危険等級Ⅱ及び危険等級Ⅲの表示をしなければならないが、危険等級Ⅱを表示する危険物は次のうちどれか。

1. ガソリン　　2. 灯油　　3. 軽油　　4. 重油　　5. シリンダー油

問 15 法令上、危険物貯蔵の技術上の基準として、次のうち誤っているものはどれか。

1. 貯蔵所においては、原則として危険物以外の物品を貯蔵しないこと。
2. 屋内貯蔵所においては、容器に収納して貯蔵する危険物の温度が60℃を超えないように必要な措置を講ずること。
3. 移動貯蔵タンクには、当該タンクが貯蔵し、又は取り扱う危険物の類、品名及び最大数量を表示すること。
4. 屋外貯蔵タンクの周囲に防油堤がある場合は、その水抜口を通常閉鎖しておくとともに、当該防油堤の内部に滞油し、又は滞水した場合は、遅滞なくこれを排出すること。
5. 移動タンク貯蔵所には、「完成検査済証」、定期点検の「点検記録」及び変更した場合には、「危険物貯蔵所譲渡引渡届出書」、「危険物貯蔵品名、数量又は指定数量の倍数変更届出書」を備え付けること。

【基礎的な物理学・化学】

問16 次の燃焼に関する記述で、正しい組合せはどれか。

「物質が酸素と反応して（　A　）を生成する反応のうち、（　B　）の発生を伴うものを燃焼という。有機物が完全燃焼する場合は、反応によって安定な（　A　）に変わるが、酸素の供給が不足すると生成物に（　C　）、アルデヒド、すすなどが多く発生する。」

	〈A〉	〈B〉	〈C〉
1.	酸化物	熱と光	二酸化炭素
2.	還元物	熱と光	一酸化炭素
3.	酸化物	煙と炎	二酸化炭素
4.	酸化物	熱と光	一酸化炭素
5.	還元物	煙と炎	二酸化炭素

問17 可燃物の一般的な燃焼の難易として、次のうち誤っているものはどれか。

1. 水分の含水量が少ないほど燃焼しやすい。
2. 空気との接触面積が大きいほど燃焼しやすい。
3. 周囲の温度が高いほど燃焼しやすい。
4. 熱伝導率が大きい物質ほど燃焼しやすい。
5. 蒸発しやすいものほど燃焼しやすい。

問18 炭素と水素でできている有機化合物が、完全燃焼したときの生成物のみを掲げている組合せで、正しいものはどれか。

1. 有機過酸化物、二酸化炭素
2. 過酸化水素、二酸化炭素
3. 飽和炭化水素、水
4. 二酸化炭素、水
5. 有機過酸化物、水

問19 消火方法と主な消火効果との組合せとして、次のうち正しいものはどれか。

1. ガス栓をしめて、ガスコンロの火を消した。……窒息効果
2. アルコールランプの蓋をして、火を消した。……除去効果
3. 燃焼している木材に、注水して消火した。………除去効果

4. 油火災に、泡消火剤を放射して消火した。………窒息効果
5. ろうそくの炎に息を吹きかけて火を消した。……冷却効果

問20 引火点に関する次のA～Eの説明で、正しいものはいくつあるか。

A. 可燃性液体が、爆発（燃焼）下限界の濃度の蒸気を発生するときの液体の温度を引火点という。
B. 引火点の液温に達すると、点火源がなくとも発火するものがある。
C. 引火点より低い液体の温度では、燃焼するのに必要な濃度の可燃性蒸気は発生しない。
D. 引火点は物質によって異なる値を示す。
E. 引火点に達すると液体表面から蒸気が発生し、液体内部からも気化が起こり始める。

1. 1つ　　2. 2つ　　3. 3つ　　4. 4つ　　5. 5つ

問21 物質の摩擦時における静電気発生の防止及び抑制は、材料の特性、性能及び工程上の制約等から現実的には困難な場合が多いが、一般的な対策として誤っている組合せはどれか。

A. 接触面積を大きくする。
B. 接触する回数を減らす。
C. 接触圧力を低くする。
D. 接触状態にあるものを急激にはがす。

1. AB　　2. BC　　3. CD　　4. AD　　5. BD

問22 潮解の説明として、次のうち正しいものはどれか。

1. 物質が空気中の水蒸気と反応して、固化する現象。
2. 物質の中に含まれている水分が放出されて、粉末になる現象。
3. 固体が空気中の水分を吸収して、その水に溶ける現象。
4. 物質が空気中の水蒸気と反応して、性質の異なった2つ以上の物質になる現象。
5. 水溶液の水分が蒸発して、溶質が析出する現象。

問23 酸化について、次のうち誤っているものはどれか。

1. 物質が酸素と化合すること。

2. 他の物質から酸素を奪うこと。
3. 物質が水素を失うこと。
4. 酸化と還元は同時に起こる。
5. 物がさびるのは、酸化反応である。

問24 次のエタノールの燃焼反応式のうち、正しいものはどれか。

1. $2C_2H_5OH + 2O_2 \longrightarrow 3CO_2 + H_2O$
2. $2C_2H_5OH + 3O_2 \longrightarrow CO_2 + 2H_2O$
3. $C_2H_5OH + 3O_2 \longrightarrow 2CO_2 + 3H_2O$
4. $C_2H_5OH + O_2 \longrightarrow CO_2 + H_2O$
5. $3C_2H_5OH + 2O_2 \longrightarrow 2CO_2 + H_2O$

問25 30℃のなたね油10gに2 100Jの熱量を与えたら、なたね油の温度は何℃になるか。ただし、なたね油の比熱は2.1J/(g・K)とする。

1. 75℃ 2. 90℃ 3. 100℃ 4. 115℃ 5. 130℃

【性質・火災予防・消火の方法】

問26 危険物の類ごとの性状について、次のうち正しいものはどれか。

1. 第1類の危険物は、強力な還元性である。
2. 第2類の危険物は不燃性で、加熱すると酸素を放出する。
3. 第3類の危険物は不燃性であるが、水と反応して発火する。
4. 第5類の危険物は可燃性で酸素含有物質であり、その燃焼速度は極めて速いものが多い。
5. 第6類の危険物は、可燃性の強酸化剤である。

問27 第4類の危険物の一般的な性状として、次のうち誤っているものはどれか。

1. 液体の比重は1より小さいものが多い。
2. 引火性である。
3. 静電気の火花により引火するものがある。
4. 発火点は100℃以下である。
5. 常温（20℃）において、ほとんどのものが液状である。

問28　移動タンク貯蔵所から給油取扱所の専用タンク（計量口を有するもの）に危険物を荷おろしする場合に伴う安全対策として、次のうち適切でないものはどれか。
1. 移動タンク貯蔵所に設置された接地導線を、給油取扱所に設置された接地端子に取り付ける。
2. 注入口の近くで風上となる場所を選んで消火器を配置する。
3. 地下貯蔵タンクの残油量を計量口を開けて確認し、注入が終了するまで計量口の蓋を閉めないないままにしておく。
4. 注入作業中に緊急事態が生じた場合、直ぐに対応できるように移動タンク貯蔵所の付近から離れないようにする。
5. 給油取扱所の責任者と専用タンクに注入する危険物の品名、数量等を確認してから作業を行う。

問29　危険物を取り扱う地下埋設配管（鋼管）が腐食することにより、危険物が漏洩する事故がたびたび発生した。この腐食の原因として、最も考えにくいものは、次のうちどれか。
1. 地下水位が高いため、常時配管の上部が乾燥し、下部が湿っていた。
2. 配管を埋設するとき工具が落下し、配管の被覆がはがれたのに気づかず埋設した。
3. コンクリートの中に配管を埋設した。
4. 電気設備を設置するため、銅の棒を地中に打ち込んだとき、埋設した配管と銅の棒が接触した。
5. 配管を埋設した場所の近くに、直流の電気設備を設置したため、迷走電流が大きく影響した。

問30　メタノールやアセトンが大量に燃えているときの消火方法で、次のうち最も適切なものはどれか。
1. 乾燥砂を散布する。
2. 水溶性液体用泡消火剤を放射する。
3. 膨張ひる石を散布する。
4. 棒状注水をする。
5. 一般のたん白泡消火剤を放射する。

問31　自動車ガソリンの一般性状で、次のうち正しいものはどれか。

1. 液体の比重は、1以下である。

2. 蒸気の比重（空気＝1）は、2以下である。
3. 燃焼範囲の上限値は、10 vol％以上である。
4. 引火点は－35℃以上である。
5. 発火点は250℃以下である。

問32 灯油及び軽油に共通する性状について、次のうち誤っているものはどれか。

1. 水より軽い。
2. 引火点は、常温（20℃）より高い。
3. 蒸気は、空気より重い。
4. 発火点は、100℃より低い。
5. 水に溶けない。

問33 布や紙等に染み込んで大量に放置されていると、自然発火する危険性が最も高い危険物は、次のうちどれか。

1. 第4石油類のうちギヤー油
2. 動植物油類のうち半乾性油
3. 動植物油類のうち不乾性油
4. 動植物油類のうち乾性油
5. 第3石油類のうちクレオソート油

問34 空気に接触したり日光の下で、激しい爆発性の過酸化物を生成するものは、次のうちどれか。

1. ジエチルエーテル　2. 二硫化炭素　3. ベンゼン
4. ピリジン　　　　　5. エチルメチルケトン

問35 次のA～Dは、引火点の低いものから高いものへと、順に並べたものである。正しいものを掲げているものはどれか。

A. 軽油　　　　　→アセトン　→シリンダー油
B. クレオソート油→重油　　　→ジエチルエーテル
C. 自動車ガソリン→灯油　　　→グリセリン
D. 二硫化炭素　　→メタノール→ギヤー油

1. A、B　2. B、C　3. C、D　4. A、B、C　5. A、C、D

実力テスト（第7回） 解答と解説

【危険物に関する法令】

問 1 〈消防法上の危険物〉 p.12 問1 キーレッスン1 参照　　**解答 ⑤**

- ○ 1. 塩素酸塩類→第1類の危険物
- ○ 2. 硫化りん→第2類の危険物
- ○ 3. アルキルリチウム→第3類の危険物
- ○ 4. アルコール類→第4類の危険物
- × 5. クロルスルホン酸→危険物でない

問 2 〈予防規程〉 p.14 問2 キーレッスン2 参照　　**解答 ⑤**

> **ここが重要**
> 予防規程の必要な危険物施設の覚え方（保安距離に似ている）
> 製造・一般・屋内・屋外・屋外タンク→指定数量の倍数に規制がある。
> ＋ 給油・移送→すべてに必要。

- × 1. 簡易タンク貯蔵所×　　屋内貯蔵所○
- × 2. 一般取扱所○　　　　屋内タンク貯蔵所×
- × 3. 屋外貯蔵所○　　　　販売取扱所×
- × 4. 地下タンク貯蔵所×　　給油取扱所○
- ○ 5. 製造所○　　　　　　屋外タンク貯蔵所○

問 3 〈指定数量〉 p.16 問3 キーレッスン参照　　**解答 ④**

> **ここが重要**
> 計算手順に従って計算をしてみよう！
> ① まず、貯蔵してあるメタノール $100 l$ の指定数量の倍数を計算する。
> $$\frac{メタノールの貯蔵量 (l)}{メタノールの指定数量 (l)} = \frac{100 l}{400 l} = 0.25 倍$$
> となる。
> ② 次に、1項のアセトアルデヒドから5項のグリセリンまで、指定数量の倍数を計算した数値にメタノールの0.25倍をプラスして、合計が1か1以上になる危険物が答えとなる。

〈①で計算したメタノールの指定数量の倍数〉

〈貯蔵量〉〈指定数量〉〈倍数〉　↓　〈合計〉

- × 1. アセトアルデヒド　　$20 l$ ÷ $50 l$ ＝ 0.4 ＋ 0.25 ＝ 0.65
- × 2. トルエン　　　　　　$90 l$ ÷ $200 l$ ＝ 0.45 ＋ 0.25 ＝ 0.70
- × 3. 酢酸　　　　　　　　$200 l$ ÷ $2000 l$ ＝ 0.1 ＋ 0.25 ＝ 0.35
- ○ 4. アセトン　　　　　　**$300 l$ ÷ $400 l$ ＝ 0.75** ＋ 0.25 ＝ **1.00** ○

× 5. グリセリン　　　500 l ÷ 4 000 l = 0.125 ＋ 0.25 ＝ 0.375
注意：合計した数値が 1.00 倍と、指定数量の 1 倍の 4 項のアセトンが答えである。

問 4　〈保安距離・保有空地〉　p.18　問 4 キーレッスン参照　　**解答 ③**

> **ココが重要**
> 保有空地について
> ①　保有空地とは、消火活動及び延焼防止のために製造所の周囲に確保する空地である。空地内には、消火器を始めどのような物品であっても置くことはできない。
> ②　保有空地の幅
> 　　指定数量の倍数が 10 以下の製造所は 3 m 以上、10 を超える製造所は 5 m 以上と定められている。

○ 1. 保有空地の幅は、指定数量の倍数が 10 以下の製造所は 3 m 以上、10 を超える製造所は 5 m 以上と定められている。
○ 2. 消火活動及び延焼防止のために必要な保有空地には、物品等を置いてはならない。
× 3. 保安距離を保たなくてはならない 5 施設は、保有空地も必要なので誤っている。
? 4. 製造所と一般取扱所は、保有空地の幅は同じである。
○ 5. 給油取扱所（ガソリンスタンド）や移動タンク貯蔵所（タンクローリー）は、法令上、保有空地を必要としない。

問 5　〈各種申請手続き（設置許可）〉　p.23　問 7 キーレッスン 1 参照　　**解答 ②**

> **ココが重要**
> 製造所等を設置又は変更するときは、工事着工前に市町村長等の許可を受ける必要がある。

注意：点線の部分が誤っている。
× 1. 市町村長等に届け出る。
○ 2. 市町村長等の許可を受ける。
× 3. 消防長又は消防署長の許可を受ける。
× 4. 消防長又は消防署長に届け出る。
× 5. 都道府県知事に届け出る。

問 6　〈消火設備・警報設備〉　p.20　問 5 キーレッスン 3 参照　　**解答 ④**

> **ココが重要**
> 警報設備は、指定数量が 10 倍以上の製造所等に必要である。
> 　（除く：移動タンク貯蔵所）

○ 1. 一般取扱所　　　○ 2. 屋内貯蔵所　　　○ 3. 簡易タンク貯蔵所
× 4. 移動タンク貯蔵所　○ 5. 給油取扱所

問 7　〈消火設備〉　p.19　問5ポイント参照　　　　　　　　　　**解答 ④**
○ 1.　乾燥砂は、第5種の消火設備である。
○ 2.　泡を放射する消火器で大型のものは、第4種の消火設備である。
○ 3.　粉末消火設備は、第3種の消火設備である。
× 4.　二酸化炭素消火設備は、第2種の消火設備である。→**第3種の消火設備**
○ 5.　屋外消火栓は、第1種の消火設備である。

問 8　〈法令違反に対する措置〉　p.25　問8キーレッスン2、3、4参照　**解答 ②**

> **ここが重要**
> 使用停止命令が出せない事項（最近の出題傾向より）
> ①　免状関連→●免状の返納命令を受けた
> 　　　　　　　●免状の書換えをしていない
> 　　　　　　　●保安講習を受けていない
> ②　届出関連→●危険物保安監督者の届出がしてない
> 　　　　　　　●危険物施設の譲渡、休止等の届出をしていない

○ 1.　危険物の貯蔵、取扱いの技術上の基準の遵守命令に違反した。→3の①項の違反である。
× 2.　危険物保安監督者を定めていたが、市町村長等への届出を怠ったときは、**使用停止命令の対象とはならない**。→4の④項に相当する。
○ 3.　仮使用の承認を受けないで製造所等を使用した。→2の②項の違反である。
○ 4.　危険物保安監督者の解任命令に従わなかった。→3の④項の違反である。
○ 5.　定期点検を期限内に実施していない。→2の⑤項の違反である。

問 9　〈定期点検〉　p.26　問9キーレッスン参照　　　　　　　　**解答 ②**
× 1.　定期点検は、12箇所ある危険物施設のうち9箇所に必要である。
○ 2.　原則として、1年に1回以上行わなければならないと定められている。
× 3.　定期点検は危険物取扱者以外にも、危険物施設保安員、危険物取扱者の立ち会いを受けた危険物取扱者以外の者等が点検できる。
× 4.　特定の製造所等に対して、市町村長等ではなく所有者等が行うものである。
× 5.　定期点検の記録は、原則として3年間保存しなければならない。

問 10　〈危険物保安監督者〉　p.28　問10キーレッスン参照　　　**解答 ②**

> **ここが重要**
> 危険物保安監督者を必ず選任する必要のある施設の覚え方
> 製造・一般・給油・移送で・外タンクと覚える。
> 製造とは製造所、外タンクとは屋外タンク貯蔵所である。

× 1.　危険物保安監督者を定める必要のある施設は**11箇所**あり、危険物保安統括管理

実力テスト（第7回）　解答と解説　**233**

者を定めなければならない施設は 3 箇所と同じではないので、誤っている。
○ 2. 屋外タンク貯蔵所には、指定数量に関係なく危険物保安監督者を選任しなければならないと定められている。
× 3. 危険物保安監督者を定めるには、資格（甲種又は乙種危険物取扱者で 6 か月以上の実務経験）があれば市町村長等に届け出ればよいと定められている。
× 4. 丙種危険物取扱者は、危険物保安監督者になることはできないので誤っている。
× 5. 危険物施設保安員は、危険物保安監督者の指示に従い、保安の業務をしなければならないと定められている。設問は立場が逆で誤っている。

問 11 〈保安講習〉 p.34 問 13 キーレッスン参照　　**解答 ④**

> **ここが重要**　保安講習の受講の義務がある者は、危険物取扱作業に従事している危険物取扱者と定められている。

× 1. 危険物施設保安員の選任資格は特にないので、危険物取扱者でない者は講習を受ける必要はない。
× 2. すべての者には、危険物施設保安員や危険物取扱者でない者も含まれるので誤っている。
× 3. 丙種危険物取扱者は、講習を受けなければならない。
○ 4. 危険物取扱者のうち、製造所等で危険物の取扱作業に従事している者は、講習を受けなければならない。
× 5. すべての危険物取扱者には、免状はあるが危険物の取扱作業に就いていない本社勤務者や定年退職者等も含まれるので誤っている。

問 12 〈移送の基準〉 p.92 実力テスト（第 1 回） 問 13 キーレッスン参照　**解答 ⑤**

> **ここが重要**　移送とは、移動タンク貯蔵所（タンクローリー）で危険物を運ぶことをいう。移送時には、移送する危険物を取り扱える資格を持った危険物取扱者が乗車し、危険物取扱者免状を携帯することと定められている。

× 1. 所有者等が甲種の免状を所有していても、危険物の移送は、移送する危険物を取り扱える資格を持った危険物取扱者が乗車していなければならない。
× 2. 危険物を移送する場合は、免状の携帯が義務づけられている。
× 3. 完成検査済証は、移動タンク貯蔵所に備え付けておくように定められている。
× 4. 消防吏員又は警察官は、移動タンク貯蔵所の停止を求めることができる。
○ 5. 丙種危険物取扱者は、ガソリンの取扱いができるので、移動タンク貯蔵所によるガソリンの移送も OK である。

問 13 〈法令全般より〉　　　　　　　　　　　　　　　　　　　**解答②**

○1. 指定数量未満の危険物の貯蔵又は取扱いの技術上の基準は、<u>市町村の火災予防条例</u>で定められている。
×2. 製造所等を変更しないで品名、数量又は指定数量の倍数を**変更するときは、<u>10日前までに</u>市町村長等に届け出なければならない**と定められている。
○3. 製造所等を廃止したときは、遅滞なくその旨を市町村長等に届け出なければならないと定められている。
○4. 消防職員が市町村の定める証票を示して、検査や質問をしたときは、関係者はこれに応じなければならないと定められている。
○5. 製造所等の所有者等は、危険物保安監督者を定めたとき又は解任したときは、遅滞なくその旨を市町村長等に届け出なければならない。

問 14 〈運搬の基準〉　p.36　問14 キーレッスン1参照　　**解答①**

> **ココが重要** ガソリンからシリンダー油までの石油製品の中で、**危険性はガソリンが一番大きい**。

○1. ガソリン→危険等級Ⅱ（第1石油類）
×2. 灯油→危険等級Ⅲ（第2石油類）
×3. 軽油→危険等級Ⅲ（第2石油類）
×4. 重油→危険等級Ⅲ（第3石油類）
×5. シリンダー油→危険等級Ⅲ（第4石油類）

問 15 〈貯蔵・取扱いの基準〉　p.38　問15 キーレッスン参照　　**解答②**

○1. 貯蔵所においては、危険物以外の物品を貯蔵した場合の発火危険や延焼拡大危険があることから、原則として同時貯蔵しないことと定められている。
×2. 屋内貯蔵所においては、容器に収納して貯蔵する危険物の温度が **60℃ではなく55℃**を超えないように必要な措置を講ずることと定められている。
○3. 移動貯蔵タンクには、当該タンクが貯蔵し、又は取り扱う危険物の類、品名及び最大数量を表示すること。
○4. 屋外貯蔵タンクの周囲に防油堤がある場合は、その水抜口を通常閉鎖しておくとともに、内部に滞油し、又は滞水した場合は、遅滞なくこれを排出すること。
○5. 移動タンク貯蔵所には、「完成検査済証」、「定期点検記録」、「譲渡・引渡届出書」及び「品名、数量又は指定数量の倍数変更届出書」を備え付けること。

【基礎的な物理学・化学】

問 16　〈燃焼の基礎知識、完全燃焼・不完全燃焼〉
　　　p.119　実力テスト（第2回）問16 キーレッスン参照　　　**解答 ④**

「物質が酸素と反応して（A：**酸化物**）を生成する反応のうち、（B：**熱と光**）の発生を伴うものを燃焼という。有機物が完全燃焼する場合は、反応によって安定な（A：**酸化物**）に変わるが、酸素の供給が不足すると生成物に（C：**一酸化炭素**）、アルデヒド、すすなどが多く発生する。」

	〈A〉	〈B〉	〈C〉
×1.	酸化物○	熱と光○	二酸化炭素×
×2.	還元物×	熱と光○	一酸化炭素○
×3.	酸化物○	煙と炎×	二酸化炭素×
○4.	**酸化物**○	**熱と光**○	**一酸化炭素**○
×5.	還元物×	煙と炎×	二酸化炭素×

問 17　〈燃焼の難易〉　p.49　問20 キーレッスン1 参照　　　**解答 ④**

○1. 水分の含水量が多く湿った物は燃焼しにくいが、少ないほど燃焼しやすい。
○2. 空気との接触面積が大きいほど、酸素が充分に供給されるので燃焼しやすい。
○3. 周囲の温度が高いほど可燃物の温度も上がり、可燃性蒸気の蒸発量が多くなるので燃焼しやすくなる。
×4. 熱伝導率が<u>大きいではなく小さい</u>物質は熱が伝わりにくいので、加熱された部分の温度が上がりやすく燃焼しやすい。
○5. 沸点の低い特殊引火物や第1石油類は、蒸発（揮発）しやすく引火点も低いので燃焼しやすい（裏表紙の第4種危険物の特性一覧表参照）。

問 18　〈完全燃焼・不完全燃焼〉
　　　p.119　実力テスト（第2回）問16 キーレッスン参照　　　**解答 ④**

> **ここが重要**　炭素と水素でできている有機化合物が完全燃焼したときは、二酸化炭素と水ができる。

×1. 有機過酸化物×、二酸化炭素○
×2. 過酸化水素×、二酸化炭素○
×3. 飽和炭化水素×、水○
○4. 二酸化炭素○、水○
×5. 有機過酸化物×、水○

[問 19] 〈消火の基礎知識〉 p.45 問19 キーレッスン参照　　[解答 ④]

ここが重要 このような消火方法と消火効果との組合せの問題は、まず始めに窒息効果の項（1項と4項）の確認が大切である。（最近の出題傾向より）

× 1. ガス栓をしめて、ガスコンロの火を消した。……窒息効果→除去効果
× 2. アルコールランプの蓋をして、火を消した。……除去効果→窒息効果
× 3. 燃焼している木材に、注水して消火した。………除去効果→冷却効果
〇 4. 油火災に、泡消火剤を放射して消火した。………窒息効果
× 5. ろうそくの炎に息を吹きかけて火を消した。……冷却効果→除去効果

[問 20] 〈引火点〉 p.43 問18 キーレッスン参照　　[解答 ③]

〇 A. 可燃性液体が、爆発（燃焼）下限界の濃度の蒸気を発生するときの液体の温度を引火点という。→引火点の定義-2
× B. 発火点は必ず引火点より高いので、引火点の液温で発火するものはない。
〇 C. 引火点が40℃以上の灯油は、引火点より低い常温（20℃）では、燃焼するのに必要な濃度の可燃性蒸気は発生しない。
〇 D. ガソリンの引火点は−40℃以下、メタノールは11℃と、引火点は物質によって異なる値を示す。
× E. 引火点に達すると液体表面から蒸気は発生するが、**液体内部からも気化（沸騰という）が起こり始めることはない。**

× 1. 1つ　× 2. 2つ　〇 3. 3つ　× 4. 4つ　× 5. 5つ

[問 21] 〈静電気〉 p.50 問21 キーレッスン参照　　[解答 ④]

× A. 接触面積を大きくすると摩擦面が増えるので、**静電気の発生量は増加する。**
〇 B. 接触する回数を減らすと摩擦する回数が減るので、静電気の発生量は減少する。
〇 C. 接触圧力を低くすると摩擦圧力が弱くなるので、静電気の発生量は減少する。
× D. 接触状態にあるものを急激にはがすと摩擦が激しくなるので、**静電気の発生量は増加する。**

× 1. AB　× 2. BC　× 3. CD　〇 4. AD　× 5. BD

[問 22] 〈潮解・風解〉

p.147 実力テスト（第3回）問22 キーレッスン参照　　[解答 ③]

ここが重要 潮解とは固体が空気中の水分を吸収して、自ら溶ける現象をいう。

× 1. 物質が空気中の水蒸気と反応して、固化する現象ではない。
× 2. 物質の中に含まれている水分が放出されて、粉末になる現象を**風解**という。

第3章　実力テスト（第7回）

実力テスト（第7回）　解答と解説　237

○ 3. 潮解とは固体が空気中の水分を吸収して、その水に溶ける現象をいう。
× 4. 物質が空気中の水蒸気と反応して、性質の異なった2つ以上の物質になる現象ではない。
× 5. 水溶液の水分が蒸発して、溶質が析出する現象ではない。

問 23 〈酸化と還元〉 p.56 問 25 キーレッスン参照　　解答 ②

ここが重要　酸化と還元
① 酸化→物質が酸素と化合すること又は、水素化合物が水素を失うこと。
② 還元→酸化物が酸素を失うこと又は、物質が水素と化合すること。

○ 1. 酸化とは、物質が酸素と化合することである。$C + O_2 \longrightarrow CO_2$
× 2. 他の物質から酸素を奪う（物質が酸素を失うのと同じ意味）ことを還元という。
○ 3. 酸化とは、物質が水素を失うことをいう。
○ 4. 酸化と還元は同時に起こる。$CO_2 + C \longrightarrow CO + CO$
（二酸化炭素は炭素により還元されて一酸化炭素になり、炭素は酸化されて一酸化炭素になる）
○ 5. 鉄が空気中の酸素と反応してさびるのは、酸化反応である。

問 24 〈化学反応式・熱化学・他〉
p.123 実力テスト（第2回）問 23 キーレッスン 3 参照　　解答 ③

ここが重要　化学反応式の見方
① 化学反応式は、矢印を境にして同じ種類の原子の数は左右両辺で等しいのが基本。エタノール（エチルアルコール）は炭素（C）、水素（H）、酸素（O）の3つの元素で構成されているが、このような問題では簡単に答えを出すために炭素の数のみを確認すればよい。

× 1. $2C_2H_5OH + 2O_2 \longrightarrow 3CO_2 + H_2O$
$2C_2 = C_4$ となる。　　$3C = C_3$ となって、炭素の数は左右が同じでない。
× 2. $2C_2H_5OH + 3O_2 \longrightarrow CO_2 + 2H_2O$
$2C_2 = C_4$ となる。　　$C = C_1$ で、炭素の数は、左右が同じでない。
○ 3. $C_2H_5OH + 3O_2 \longrightarrow 2CO_2 + 3H_2O$
$C_2 = C_2$ である。　　$2C = C_2$ となって、左右が等しい。
× 4. $C_2H_5OH + O_2 \longrightarrow CO_2 + H_2O$
$C_2 = C_2$ である。　　$C = C_1$ で、炭素の数は、左右が同じでない。
× 5. $3C_2H_5OH + 2O_2 \longrightarrow 2CO_2 + H_2O$
$3C_2 = C_6$ となる。　　$2C = C_2$ となって、左右が同じでない。

問 25 〈熱量の計算〉 p.97 実力テスト（第1回）問24参照　　**解答 ⑤**

> **ここが重要**　熱量の計算式
> 　　　熱量〔J〕＝質量〔g〕×比熱×温度差〔℃〕

「30℃のなたね油 10 g に 2 100 J の熱量を与えたら、なたね油の温度は何℃になるか。ただし、なたね油の比熱は 2.1 J/(g・K) とする。」

① 熱量の計算→2 100 J の熱量で、なたね油は何℃上がるのか？
　　$2\,100\,\text{J} = 10\,\text{g} \times 2.1 \times x$ 〔℃〕
　　$2\,100 = 10 \times 2.1 \times x$
　　$10 \times 2.1 \times x = 2\,100$
　　$21x = 2\,100$　　　　$x = 100$　　　※　よって、100℃上がる。

② 30℃のなたね油は、何℃になるのか？
　　30℃ + 100℃ = 130℃　　　※　よって、130℃の5項が答えである。

× 1. 75℃　× 2. 90℃　× 3. 100℃　× 4. 115℃　〇 5. **130℃**

【性質・火災予防・消火の方法】

問 26 〈危険物の類ごとの性質〉 p.58 問26キーレッスン1参照　　**解答 ④**

× 1. 第1類の危険物は、強力な還元性である。→強力な酸化剤である。
× 2. 第2類の危険物は不燃性で、加熱すると酸素を放出する。→これは第2類ではなく、第1類危険物の特性である。
× 3. 第3類の危険物は不燃性であるが、水と反応して発火する。→自然発火性物質及び禁水性物質で、水と反応して発火するものもある。
〇 4. 第5類の危険物は可燃性で酸素含有物質であり、その燃焼速度は極めて速いものが多い。
× 5. 第6類の危険物は、可燃性の強酸化剤である。→不燃性の強酸化剤である。

問 27 〈第4類に共通する特性〉 p.60 問27キーレッスン参照　　**解答 ④**

〇 1. 第4類危険物の液体の比重は、1より小さいものが多い。
〇 2. 第4類の危険物は、すべて引火点を有する引火性の液体である。
〇 3. 引火点の低いものが多いので、静電気の火花により引火するものがある。
× 4. 第4類で発火点が 100℃以下のものは、二硫化炭素の 90℃のみである。
〇 5. 常温（20℃）において、ほとんどのものが液状である。

問 28 〈事故事例〉　　**解答 ③**

〇 1. 静電気事故防止のため移動タンク貯蔵所の接地導線を、給油取扱所の接地端子に取り付ける。

- ○ 2. 注入口の近くで風上となる場所を選んで消火器を配置する。
- × 3. タンクの残油量を計量口を開けて確認し、<u>計量口の蓋を閉めて次の作業をするのが正しい手順である</u>。計量口の蓋を閉めないままにしておくと、オーバーフローするおそれがある。
- ○ 4. 注入作業中に緊急事態が生じた場合、直ぐに対応できるように移動タンク貯蔵所の付近から離れないようにする。
- ○ 5. 誤注入等をさけるため、給油取扱所の責任者と専用タンクに注入する危険物の品名、数量等を確認してから作業を行う。

問 29 〈事故事例〉
p.124 実力テスト(第2回) 問24 キーレッスン2、3参照　　解答 ③

- × 1. 常時配管の上部が乾燥し下部が湿っていると、配管は腐食しやすい。
- × 2. 配管の被覆がはがれたままで埋設すると、その部分から腐食しやすい。
- ○ 3. コンクリートはアルカリ性なので、その中に配管を埋設すると腐食しにくい。
- × 4. 埋設した配管と銅の棒が接触していると、銅よりイオン化傾向の大きい配管が先に腐食する。
- × 5. 直流の電気設備からの迷走電流があると、配管は腐食しやすい。

問 30 〈第4類に共通する消火の方法〉 p.65 問29 キーレッスン3参照　　解答 ②

ここが重要　メタノールやアセトンは、水溶性の危険物である。

- × 1. メタノールやアセトンが<u>大量に燃えているとき</u>は、乾燥砂を散布しても効果が小さい。
- ○ 2. 水溶性危険物の火災なので、水溶性液体用泡消火剤を放射するのが最も効果的である。
- × 3. 大量の水溶性危険物の火災には、膨張ひる石を散布しても効果が小さい。
- × 4. 大量の水溶性危険物の火災には、棒状注水をしても効果がない。
- × 5. 水溶性危険物の火災には、<u>一般のたん白泡消火剤</u>を放射しても効果がない。

問 31 〈第1石油類(ガソリン)〉 p.68 問31 キーレッスン参照　　解答 ①

- ○ 1. 自動車ガソリンの比重が1以下と出れば、二硫化炭素以外はすべて○である。
- × 2. 自動車ガソリンの蒸気の比重(空気＝1)は、<u>2以下</u>である。→ 3〜4
- × 3. 燃焼範囲の上限値は、<u>10 vol%以上</u>である。→ 7.6 vol%
- × 4. 自動車ガソリンの引火点は、<u>－35℃以上</u>である。→ －40℃以下
- × 5. 発火点は<u>250℃以下</u>である。→ 約300℃

問 32 〈第2石油類（灯油・軽油）〉 p.70 問 33 キーレッスン参照　解答 ④

○ 1. 灯油及び軽油が水より軽いと出れば、二硫化炭素以外はすべて○で OK である。
○ 2. 灯油の引火点は 40℃ 以上、軽油は 45℃ 以上で、常温（20℃）より高い。
○ 3. 第 4 類の危険物の蒸気（比重）は、すべて空気より重い。
× 4. 第 4 類で発火点が **100℃ 以下のものは、二硫化炭素の 90℃ のみである。**
○ 5. 石油製品である灯油及び軽油は、非水溶性なので水に溶けない。

問 33 〈動植物油類〉 p.73 問 35 キーレッスン参照　解答 ④

× 1. 第 4 石油類のうちギヤー油は、石油製品であり、自然発火しない。
× 2. 動植物油類のうち半乾性油は、よう素価が 100〜130 で自然発火しない。
× 3. 動植物油類のうち不乾性油は、よう素価が 100 以下で自然発火しない。
○ 4. **動植物油類のうち乾性油**（アマニ油、キリ油でよう素価 130 以上）は、自然発火しやすい。第 4 類の危険物で自然発火するのは、アマニ油、キリ油のみである。
× 5. 第 3 石油類のうちクレオソート油は、自然発火しない。

問 34 〈特殊引火物〉 p.72 問 34 キーレッスン参照　解答 ①

○ 1. ジエチルエーテル　× 2. 二硫化炭素　× 3. ベンゼン
× 4. ピリジン　　　　× 5. エチルメチルケトン

問 35 〈第 4 類に共通する特性〉 裏表紙の第 4 類危険物の特性の一覧表参照　解答 ③

ココが重要 引火点の低いものから高いものへと順に並べた問題では、一番左側が特殊引火物か第 1 石油類のガソリンになっているものが答えになる確率が高い。

× A.	45 以上 軽油	−20 →アセトン	250 →シリンダー油
× B.	74 クレオソート油	60〜150 →重油	−45 →ジエチルエーテル
○ C.	−40 以下 自動車ガソリン	40 以上 →灯油	199 →グリセリン
○ D.	−30 以下 二硫化炭素	11 →メタノール	220 →ギヤー油

× 1. A、B　× 2. B、C　○ 3. C、D　× 4. A、B、C　× 5. A、C、D

注意：引火点の数値を問題集等で確認したときは、必ず数値を書くようにしよう！
　　　何度も書くと、よく出る危険物の引火点は自然と覚えられる。

実力テスト（第8回）

【危険物に関する法令】

問 1 法令上、次の文の（　）内のA～Bに当てはまる語句の組合せとして、正しいものはどれか。

「アルコール類とは、1分子を構成する炭素の原子の数が（　A　）までの飽和1価アルコール（変性アルコールを含む）をいい、その含有量が（　B　）未満の水溶液を除く。」

　　　　〈A〉　　　〈B〉
1. 　1～3個　　　60%
2. 　2～4個　　　60%
3. 　3～6個　　　50%
4. 　1～3個　　　50%
5. 　2～4個　　　50%

問 2 法令上、製造所等の区分について、次のうち正しいものはどれか。

1. 屋外貯蔵所…………屋外で特殊引火物及び金属ナトリウムを取り扱う貯蔵所
2. 給油取扱所…………自動車の燃料タンク、又は鋼板製ドラム等の運搬容器にガソリンを給油する取扱所
3. 移動タンク貯蔵所……鉄道の車両に固定されたタンクにおいて、危険物を貯蔵し、又は取り扱う貯蔵所
4. 地下タンク貯蔵所……地盤面下に埋設されているタンクにおいて、危険物を貯蔵し、又は取り扱う貯蔵所
5. 屋内貯蔵所…………屋内にあるタンクにおいて危険物を貯蔵し、又は取り扱う貯蔵所

問 3 法令上、同一の場所で同じ類の危険物A、B、Cを貯蔵する場合、指定数量の倍数が最も大きくなる組合せは、次のうちどれか。なお、（　）内の数値は指定数量を示す。

　　　　〈A〉　　　　〈B〉　　　　〈C〉
　　　(200 l)　　(1 000 l)　　(2 000 l)
1. 　100 l　　　1 000 l　　　1 800 l
2. 　200 l　　　　900 l　　　1 600 l
3. 　300 l　　　　700 l　　　1 400 l

| 4. | 400 l | 500 l | 1 200 l |
| 5. | 500 l | 200 l | 600 l |

問 4 法令上、製造所から、一定の距離を保たなければならない旨の規定が設けられていない建築物等は、次のうちどれか。

1. 住居（製造所の存する敷地内に存するものを除く）
2. 小学校
3. 重要文化財
4. 公会堂
5. 使用電圧 5 000 V 以下の高圧架空電線

問 5 法令上、製造所等に消火設備を設置する場合の所要単位を計算する方法として、次のうち誤っているものはどれか。

1. 外壁が耐火構造の製造所の建築物は、延べ面積 100 m^2 を 1 所要単位とする。
2. 外壁が耐火構造でない製造所の建築物は、延べ面積 50 m^2 を 1 所要単位とする。
3. 外壁が耐火構造の貯蔵所の建築物は、延べ面積 150 m^2 を 1 所要単位とする。
4. 外壁が耐火構造でない貯蔵所の建築物は、延べ面積 75 m^2 を 1 所要単位とする。
5. 危険物は、指定数量の 100 倍を 1 所要単位とする。

問 6 法令上、次の 4 基の屋外タンク貯蔵所（岩盤タンク及び特殊液体危険物以外のもの）を同一の防油堤内に設置する場合、この防油堤の必要最小限の容量として、正しいものはどれか。

1号タンク	重油	300 kl
2号タンク	軽油	500 kl
3号タンク	ガソリン	100 kl
4号タンク	灯油	200 kl

1. 100 kl　2. 500 kl　3. 550 kl　4. 800 kl　5. 1 100 kl

問 7 法令上、次の文章の（　）内の A～C に当てはまる語句の組合せのうち、正しいものはどれか。

「製造所等（移送取扱所を除く）を設置するためには、消防本部及び消防署を置く市町村の区域では当該（　A　）、その他の区域では当該区域を管轄する（　B　）の許可を受けなければならない。また、工事完了後には必ず（　C　）により、許可内容どおり設置されているかどうかの確認をうけなければならない。」

	〈A〉	〈B〉	〈C〉
1.	消防長又は消防署長	市町村長	機能検査
2.	市町村長	都道府県知事	完成検査
3.	市町村長	都道府県知事	機能検査
4.	消防長	市町村長	完成検査
5.	消防署長	都道府県知事	機能検査

問 8 法令上、製造所等又は危険物の所有者等に対し、市町村長等から発令される命令として、次のうち誤っているものはどれか。

1. 危険物の貯蔵・取扱基準遵守命令
2. 製造所等の使用停止命令
3. 危険物施設保安員の解任命令
4. 予防規程の変更命令
5. 無許可貯蔵等の危険物に対する除去命令

問 9 製造所等の定期点検について、次のうち法令に定められていないものはどれか。ただし、規則に定める漏れの点検及び固定式泡消火設備の点検に関するものについては除く。

1. 点検は原則として1年に1回以上行わなければならない。
2. 定期点検を実施した場合は、その結果を市町村長等に報告しなければならない。
3. 危険物施設保安員は、定期点検を行うことができる。
4. 危険物取扱者の立ち会いを受けた場合は、危険物取扱者以外の者でも定期点検を行うことができる。
5. 定期点検は、製造所等の位置、構造及び施設が技術上の基準に適合しているかどうかについて行う。

問 10 法令上、危険物取扱者について、次のうち正しいものはどれか。

1. 免状の交付を受けていても、製造所等の所有者等から選任されなければ、危険物取扱者ではない。
2. 甲種危険物取扱者だけが、危険物保安監督者になることができる。
3. 乙種第4類の免状を有する危険物取扱者は、特殊引火物を取り扱うことができない。
4. 丙種危険物取扱者が立ち会っても、危険物取扱者以外の者は、危険物を取り扱うことができない。
5. 危険物施設保安員を置いている製造所等は、危険物取扱者を置く必要がない。

問11 法令上、一定量以上の第4類の危険物を貯蔵し又は取り扱う製造所等で、危険物保安統括管理者を選任しなければならない旨の規定が設けられているものは、次のうちどれか。

1. 製造所　　2. 給油取扱所　　3. 屋外タンク貯蔵所
4. 第2種販売取扱所　　5. 屋内貯蔵所

問12 法令上、危険物取扱作業の保安に関する講習のA～Eの記述について、次のうち正しい組合せはどれか。

A. 製造所等において危険物の取扱作業に従事していない危険物取扱者は、受講の義務はない。
B. 講習の受講対象者に、危険物取扱者の免状を有していない危険物保安統括管理者も含まれる。
C. 講習の受講対象者は、危険物取扱者免状の交付地又は居住地の都道府県知事が行う講習を受講しなければならない。
D. 講習の受講対象者には、危険物保安監督者も含まれる。
E. 講習の受講対象者が受講しなかった場合は、免状の返納を命ぜられることがある。

1. ABC　　2. BCD　　3. CDE　　4. ABD　　5. ADE

問13 法令上、給油取扱所（航空機、船舶及び鉄道給油取扱所を除く）における危険物の取扱いの技術上の基準に適合しないものは、次のうちどれか。

1. 自動車に給油するときは、自動車の原動機を停止させなければならない。
2. 油分離装置にたまった油は、あふれないように随時くみ上げること。
3. 自動車に給油するときは、固定給油設備を使用し、直接給油すること。
4. 自動車の一部が給油空地からはみ出たままで給油するときは、防火上細心の注意を払わなければならない。
5. 自動車の洗浄を行う場合は、引火点を有する液体の洗剤を使用してはならない。

問14 法令上、危険物の運搬に関する技術上の基準に定められていないものは、次のうちどれか。

1. 指定数量以上の危険物を車両で運搬する場合は、車両に標識を掲げるほか、消火設備を備えなければならない。
2. 指定数量以上の危険物を車両で運搬する場合は、所轄消防長又は消防署長に届け出なければならない。
3. 第4類の危険物と第1類の危険物とは、指定数量の10分の1以下である場合を除き、混載して運搬してはならない。

4. 危険物を運搬する場合は、運搬容器の収納口を上方に向けて積載しなければならない。
5. 運搬容器の外部には、原則として危険物の品名、数量等を表示して積載しなければならない。

問15 法令上、危険物を収納した容器の貯蔵及び取扱いについて、基準に定められていないものはどれか。

1. 危険物を容器に収納して貯蔵し、又は取り扱うときは、その容器は当該危険物の性質に適応し、かつ、破損、腐食、さけめ等がないものでなければならない。
2. 屋内貯蔵所においては、容器に収納して貯蔵する危険物の温度が55℃を超えないように必要な措置を講じなければならない。
3. 屋内貯蔵所及び屋外貯蔵所においては、原則として危険物は法令基準に適合した容器に収納して貯蔵しなければならない。
4. 屋内貯蔵所及び屋外貯蔵所においては、危険物を収納した容器は絶対に積み重ねてはならない。
5. 危険物を収納した容器を貯蔵し、又は取り扱う場合は、みだりに転倒させ、落下させ、衝撃を加え、又は引きずる等粗暴な行為をしてはならない。

【基礎的な物理学・化学】

問16 可燃性液体の通常の燃焼の仕方として、次のうち正しいものはどれか。

1. 液体の表面から発生する蒸気が空気と混合して燃焼する。
2. 液体が蒸発しないで、液体そのものが空気と接触しながら燃焼する。
3. 液体の内部で燃焼が起こり、その燃焼生成物が炎となって液面上に現れる。
4. 液体が熱によって分解し、その際に発生する可燃性ガスが燃焼する。
5. 液体の内部に空気を吸収しながら燃焼する。

問17 燃焼に関する説明として、次のうち誤っているものはどれか。

1. 酸化反応のすべてが燃焼に相当するわけではない。
2. 可燃物は、どんな場合であっても、空気がないと燃焼しない。
3. 空気は酸素の供給源である。
4. 分解して多量の酸素を発生しやすい可燃物は、内部（自己）燃焼を起こしやすい。
5. 可燃物、酸素供給源及び点火源を燃焼の三要素という。

問18 引火点と発火点に関する記述で、次のうち正しい組合せはどれか。

A. 引火点とは、空気中で可燃性液体に小さな炎を近づけたとき、引火するのに最低の濃度の蒸気を液面上に発生する最低の液温をいう。
B. 発火点とは、可燃性物質を加熱した場合、火源がなくても自ら発火する最低の液温をいう。
C. 一般に引火点は、発火点より高い。
D. 発火点は、測定方法、測定機器の形、大きさ、材質、加熱の方法、試料の量などにかかわらず、物質固有の数値である。

1. A、B　　2. A、C　　3. B、C　　4. B、D　　5. C、D

問19 二酸化炭素消火剤に関する説明で、次のうち正しいものはどれか。

1. 化学的に不安定である……………二酸化炭素は火炎で熱せられると一酸化炭素となり、消火中、突然爆発することがある。
2. 消火後の汚損が少ない……………粉末消火剤や泡消火剤のように機器類を汚損することがない。
3. 電気絶縁性が悪い…………………電気絶縁性が悪いので、電気火災には使用できない。
4. 長期貯蔵ができない………………固体や液体で貯蔵できないためガスの状態で貯蔵するが、経年で変質しやすいため長期間貯蔵できない。
5. 人体への影響はほとんどない……化学的に分解して有毒なガスを発生することがなく、また、二酸化炭素そのものは無害で密閉された場所で使用しても、人体に対する影響はほとんどない。

問20 「ガソリンの燃焼範囲の下限値は、1.4 vol％である。」このことについて、正しく説明しているものはどれか。

1. 空気 100 l にガソリン蒸気 1.4 l 混合した場合は、点火すると燃焼する。
2. 空気 100 l にガソリン蒸気 1.4 l 混合した場合は、長時間放置すれば自然発火する。
3. 内容量 100 l の容器中に空気 1.4 l とガソリン蒸気 98.6 l の混合気体が入っている場合は、点火すると燃焼する。
4. 内容量 100 l の容器中にガソリン蒸気 1.4 l と空気 98.6 l の混合気体が入っている場合は、点火すると燃焼する。
5. ガソリン蒸気 100 l に空気 1.4 l 混合した場合は、点火すると燃焼する。

問21 引火性液体を取り扱う場合、静電気に起因する火災等の事故防止策として、次のうち誤っているものはどれか。
1. 流速を制御するなどして、静電気の発生を抑制する。
2. 人体が帯電しないように絶縁性の大きい靴を使用する。
3. 水蒸気を放出するなどして室内の湿度を高める。
4. 除電器の使用などにより積極的に除電する。
5. 電荷緩和までの静置時間を確保する。

問22 鋼製の危険物配管を埋設する場合、最も腐食が起こりにくいものは次のうちどれか。
1. 土壌埋設管がコンクリート中の鉄筋に接触しているとき。
2. 直流電気鉄道の軌条（レール）に接近した土壌に埋設されているとき。
3. エポキシ樹脂塗料で完全に被覆され土壌に埋設されているとき。
4. 砂層と粘土層の土壌にまたがって埋設されているとき。
5. 土壌中とコンクリート中にまたがって埋設されているとき。

問23 次のA～Eに掲げる物質の化学変化と物理変化について、正しく分類したものはどれか。
A. 弾性限界を超えて、バネが伸びきった。
B. 鉄がさびて酸化鉄になった。
C. ニクロム線に電気を通したら発熱した。
D. プロパンガスが燃焼して、二酸化炭素と水が発生した。
E. 灯油をポリ容器に入れ搬送中に静電気が発生した。

〈化学変化〉　〈物理変化〉
1. ABC　　　DE
2. ACE　　　BD
3. CD　　　　ABE
4. BD　　　　ACE
5. DE　　　　ABC

問24 次の文章の（　）内のA～Dに当てはまる語句の組合せとして、正しいものはどれか。

「HCl、HNO_3などのように、水に溶けてH^+を生じる物質を（　A　）といい、NaOH、$Ca(OH)_2$のようにOH^-を生じる物質を（　B　）という。酸は（　C　）のリトマス紙を（　D　）に変えるが、塩基はその逆である。」

	〈A〉	〈B〉	〈C〉	〈D〉
1.	塩基	酸	黄色	赤色
2.	酸	塩基	黄色	赤色
3.	塩基	酸	赤色	青色
4.	酸	塩基	青色	赤色
5.	塩基	酸	青色	黄色

問25 比熱が c で質量が m の物体の熱容量 C を表す式として、次のうち正しいものはどれか。

1. $C = mc$　2. $C = mc^2$　3. $C = m^2c$　4. $C = m/c^2$　5. $C = c/m^2$

【性質・火災予防・消火の方法】

問26 危険物の類と共通する性状との組合せについて、次のうち正しいものはどれか。

1. 第1類……気体または液体
2. 第2類……液体
3. 第3類……液体
4. 第5類……固体または液体
5. 第6類……固体

問27 第4類の危険物の一般的性状について、次のうち誤っているものはどれか。

1. 引火点を有する液体である。
2. 液温が−40℃以下で引火するものがある。
3. 水に溶けるものがある。
4. 蒸気は燃焼範囲を有し、この下限値が低いものほど引火の危険性が低い。
5. 発火点以上の液温になると、火源がなくとも発火する。

問28 第1石油類の貯蔵タンクを修理・清掃する場合の火災予防上の注意事項として、次のうち誤っているものはどれか。

1. 洗浄のため水蒸気をタンク内に噴出させるときは、静電気の発生を防止するため、高圧で短時間に導入する。
2. 残油等をタンクから取り出すときは、静電気の蓄積を防止するため、タンク及び容器等を接地する。
3. タンク内に残っている可燃性ガスを排出する。

4. タンク内の作業に入る前に、タンク内の可燃性ガス濃度を測定機器で確認してから修理等を開始する。
5. タンク内の置換用ガスには、窒素等が用いられる。

問29 引火性液体の危険物を取り扱う場合、静電気による火災を防止するための措置として、次のうち適切でないものはどれか。

1. 容器等に小分け作業をする場合は、蒸気およびミストを発散させないようにする。
2. 水を散布するなどして周囲の湿度を高める。
3. タンク、容器、配管、ノズル等は、できるかぎり導電性のものを使用し、これらの導体部分を接地する。
4. 取扱いに従事する作業者の靴及び着衣などは、できる限り絶縁性のある合成繊維のものを着用する。
5. 取り扱う場所は十分な通風換気を行い、可燃性蒸気の滞留を防止する。

問30 泡消火剤の中には、水溶性液体用の泡消火剤とその他の一般の泡消火剤とがある。次の危険物の火災を泡で消火する場合、一般の泡消火剤では適切でないものはどれか。

1. キシレン　2. トルエン　3. ジェット燃料油　4. アセトン　5. ベンゼン

問31 ガソリンの性状について、次のうち誤っているものはどれか。

1. 工業ガソリンは無色の液体であるが、自動車ガソリンはオレンジ系色に着色されている。
2. 各種のガソリンは、炭化水素の混合物である。
3. 発火点は、おおむね100℃以下で第4類危険物の中では最も低い。
4. 自動車ガソリンの燃焼範囲は、おおむね1〜8vol%である。
5. 蒸気比重は、空気より重い。

問32 灯油の性状について、次のうち誤っているものはどれか。

1. 電気の不導体である。
2. 引火点はトルエンより高い。
3. 水より軽い。
4. 発火点は約100℃である。
5. 水に溶けない。

問 33 エチルメチルケトンの貯蔵または取扱いの注意事項として、次のうち不適切なものはどれか。

1. 換気をよくする。
2. 貯蔵容器は、通気口つきのものを使用する。
3. 火気に近づけない。
4. 日光の直射を避ける。
5. 冷所に貯蔵する。

問 34 危険物の性状について、次のうちすべて有するものはどれか。

A. 引火点は 0℃ 以下である。
B. 水より軽い。
C. 水によく溶ける。

1. 二硫化炭素
2. 酢酸
3. ベンゼン
4. トルエン
5. アセトアルデヒド

問 35 酢酸、酢酸エチルについて、次のうち正しいものはどれか。

1. いずれも、芳香を有する無色透明の液体である。
2. いずれも、引火点は常温（20℃）より高い。
3. いずれも、水溶性の液体である。
4. いずれも、有機溶媒に溶けない。
5. いずれも、蒸気比重は 1 より大きい。

実力テスト（第 8 回） 解答と解説

【危険物に関する法令】

問 1 〈消防法上の危険物〉 p.13 問 1 キーレッスン 2 参照　　**解答 ①**

「アルコール類とは、1分子を構成する炭素の原子の数が（A：**1 ～ 3 個**）までの飽和 1 価アルコール（変性アルコールを含む）をいい、その含有量が（B：**60％**）未満の水溶液を除く。」

	〈A〉	〈B〉
○ 1.	1～3個○	60％○
× 2.	2～4個×	60％○
× 3.	3～6個×	50％×
× 4.	1～3個○	50％×
× 5.	2～4個×	50％×

問 2 〈製造所等の区分〉

p.140 実力テスト（第3回）問2 キーレッスン参照　　**解答④**

> **ココが重要** 製造所等の区分の問題では、地下タンク貯蔵所、販売取扱所を答えとする問題が多い（最近の出題傾向より）。

× 1. 屋外貯蔵所…………屋外貯蔵所では、特殊引火物及び金属ナトリウムを取り扱うことはできない。
× 2. 給油取扱所…………鋼板製ドラム等の運搬容器にガソリンを給油することはできない。自動車等の燃料タンクへの給油のみ OK である。
× 3. 移動タンク貯蔵所……車両に固定されたタンクにおいて、危険物を貯蔵し、又は取り扱う貯蔵所が正しい。鉄道の車両は誤っている。
○ 4. 地下タンク貯蔵所……地盤面下に埋設されているタンクにおいて、危険物を貯蔵し、又は取り扱う貯蔵所である。
× 5. 屋内貯蔵所…………屋内にあるタンクにおいて危険物を貯蔵し、又は取り扱う貯蔵所を、屋内タンク貯蔵所というので誤っている。

問 3 〈指定数量〉 p.16 問3 キーレッスン参照　　**解答④**

	〈A〉(200l)	〈B〉(1 000l)	〈C〉(2 000l)	合計
× 1.	$\frac{100 l}{200 l}=0.5$	$\frac{1000 l}{1000 l}=1.0$	$\frac{1800 l}{2000 l}=0.9$	$=2.4$
× 2.	$\frac{200 l}{200 l}=1.0$	$\frac{900 l}{1000 l}=0.9$	$\frac{1600 l}{2000 l}=0.8$	$=2.7$
× 3.	$\frac{300 l}{200 l}=1.5$	$\frac{700 l}{1000 l}=0.7$	$\frac{1400 l}{2000 l}=0.7$	$=2.9$
○ 4.	$\frac{400 l}{200 l}=\mathbf{2.0}$	$\frac{500 l}{1000 l}=\mathbf{0.5}$	$\frac{1200 l}{2000 l}=\mathbf{0.6}$	$=\mathbf{3.1}$○
× 5.	$\frac{500 l}{200 l}=2.5$	$\frac{200 l}{1000 l}=0.2$	$\frac{600 l}{2000 l}=0.3$	$=3.0$

問 4 〈保安距離・保有空地〉 p.18 問4 キーレッスン2参照　　**解答 ⑤**
○ 1. 住居（製造所の存する敷地内に存するものを除く）→ 10 m 以上必要
○ 2. 小学校→ 30 m 以上必要
○ 3. 重要文化財→ 50 m 以上必要
○ 4. 公会堂→ 30 m 以上必要
× 5. 使用電圧 5 000 V 以下の高圧架空電線→必要なし。7 000 V 以上には必要

問 5 〈消火設備〉 p.19 問5 キーレッスン1参照　　**解答 ⑤**

> **ここが重要**
> 所要単位の問題では、次の2点が大切である。（最近の出題傾向より）
> ○危険物は、指定数量の **10 倍**を1所要単位とする。→正しい。
> ×危険物は、指定数量の **100 倍**を1所要単位とする。→誤っている。

? 1. 外壁が耐火構造の製造所の建築物は、延べ面積 100 m² を1所要単位とする。
? 2. 外壁が耐火構造でない製造所の建築物は、延べ面積 50 m² を1所要単位とする。
? 3. 外壁が耐火構造の貯蔵所の建築物は、延べ面積 150 m² を1所要単位とする。
? 4. 外壁が耐火構造でない貯蔵所の建築物は、延べ面積 75 m² を1所要単位とする。
× 5. 危険物は、指定数量の <u>100 倍</u>ではなく <u>10 倍</u>を1所要単位とする。
注意：所要単位の問題で、1〜4項が答えになったことは一度もありません。

問 6 〈屋外タンク貯蔵所〉　　**解答 ③**

> **ここが重要**
> 下記キーレッスン2の①を参考にして計算をする。

1号タンク	重油	300 k*l*
2号タンク	軽油	500 k*l* × 110%（1.1 倍）= **550 k*l***
3号タンク	ガソリン	100 k*l*
4号タンク	灯油	200 k*l*

× 1. 100 k*l*　× 2. 500 k*l*　○ 3. **550 k*l***　× 4. 800 k*l*　× 5. 1 100 k*l*

キーレッスン　屋外タンク貯蔵所

1. 設備
① 液体の危険物を入れる屋外貯蔵タンクには、危険物の量を自動的に表示する装置を設けること。
② 液体の危険物（二硫化炭素を除く）の屋外貯蔵タンクの周囲には、<u>防油堤を設けること</u>。

2. **防油堤の主な基準**
① 防油堤の容量はタンク容量の <u>110％（1.1倍）以上</u> とし、2つ以上のタンクがある場合には、<u>最大タンクの110％以上</u>であること。
② 防油堤には、その内部の滞水を外部に排水するための水抜口を設けること。
③ <u>防油堤の水抜口は通常閉鎖</u>しておき、堤内に滞油、滞水した場合は弁を開き速やかに排出すること。

問 7 〈各種申請手続き（設置許可）〉　p.23　問7キーレッスン1の①　　解答②

ここが重要 　製造所等を設置するための申請先として、その他の区域（<u>消防本部及び消防署を置いていない市町村の区域</u>）では、当該区域を管轄する<u>都道府県知事の許可</u>を受けなければならない。

「製造所等（移送取扱所を除く）を設置するためには、消防本部及び消防署を置く市町村の区域では当該（A：**市町村長**）、その他の区域では当該区域を管轄する（B：**都道府県知事**）の許可を受けなければならない。また、工事完了後には必ず（C：**完成検査**）により、許可内容どおり設置されているかどうかの確認をうけなければならない。」

	〈A〉	〈B〉	〈C〉
×1.	消防長又は消防署長×	市町村長×	機能検査×
○2.	市町村長○	都道府県知事○	完成検査○
×3.	市町村長○	都道府県知事○	機能検査×
×4.	消防長×	市町村長×	完成検査○
×5.	消防署長×	都道府県知事○	機能検査×

問 8 〈法令違反に対する措置〉　p.24　問8キーレッスン、他参照　　解答③

ここが重要 　危険物施設保安員は届出義務がないので、氏名が分からない者への解任命令を発令することはできない。

○1. 危険物の貯蔵・取扱基準遵守命令→危険物の貯蔵・取扱いが技術上の基準に違反しているときに発令される（1の①に該当する）。
○2. 製造所等の使用停止命令→製造所等の無許可変更等9種類の違反に対して発令される。
×3. 危険物施設保安員の解任命令→このような命令はない。
○4. 予防規程の変更命令→市町村長等は火災の予防のために必要があるときは、予防規程の変更を命じることができると定められている。
○5. 無許可貯蔵等の危険物に対する除去命令→製造所等の許可を受けないで危険物を貯蔵し、又は取り扱っている者に対して発令される。

問 9 〈定期点検〉 p.26 問9 キーレッスン参照　　解答②

- ○ 1. 点検は原則として1年に1回以上行わなければならないと定められている。
- × 2. 定期点検を実施しても、その結果を市町村長等に報告する義務はない。
- ○ 3. 危険物施設保安員は、定期点検を行うことができると定められている。
- ○ 4. 危険物取扱者の立ち会いを受けた場合は、危険物取扱者以外の者でも定期点検を行うことができると定められている。
- ○ 5. 定期点検は、製造所等の位置、構造及び施設が技術上の基準に適合しているかどうかについて行う。

問 10 〈危険物取扱者〉 p.31 問11 キーレッスン参照　　解答④

ここが重要 丙種危険物取扱者は、ガソリン、灯油、軽油を始め指定された危険物の取扱いはできるが、立ち合いはできない。

- × 1. <u>免状の交付を受けていれば、危険物取扱者である</u>。製造所等の所有者等からの選任は必要ない。
- × 2. 甲種だけでなく<u>乙種危険物取扱者</u>も、危険物保安監督者になる資格がある。
- × 3. 乙種第4類の免状を有する危険物取扱者は、第4類の危険物である<u>特殊引火物</u>を取り扱うことができる。
- ○ 4. 丙種危険物取扱者が立ち会っても、危険物取扱者以外の者は、危険物を取り扱うことができない。→丙種だけが立ち会いはできない。
- × 5. 危険物施設保安員を置いている製造所等であっても、危険物取扱者を置く必要がある。

問 11 〈危険物保安統括管理者〉　　解答①

- ○ 1. 製造所
- × 2. 給油取扱所
- × 3. 屋外タンク貯蔵所
- × 4. 第2種販売取扱所
- × 5. 屋内貯蔵所

キーレッスン　危険物保安統括管理者

1. **資格・必要施設・その他**
   ① 資格は必要としない（危険物取扱者免状はなくてもよい）。
   ② 選任の必要な危険物施設
   ● 製造所　　● 一般取扱所　　● 移送取扱所
   ③ 選任、解任にあたっては、遅滞なく市町村長等に届け出る必要がある。

問 12 〈保安講習〉 p.34 問13 キーレッスン参照　　**解答⑤**
- ○ A. 法令ではこの場合、受講の義務はないと定められている。
- × B. 役職に関係なく、危険物取扱者の免状を有していない危険物保安統括管理者は、講習の受講対象者に含まれない。
- × C. 講習の対象者は、全国どこの都道府県で行う保安講習であっても受講できる。
- ○ D. 講習の受講対象者には、危険物保安監督者も含まれる。
- ○ E. 講習の対象者が受講しなかった場合は、免状の返納を命ぜられることがある。

× 1. ABC　× 2. BCD　× 3. CDE　× 4. ABD　○ 5. ADE

問 13 〈給油取扱所〉 p.88 実力テスト（第1回）問6 キーレッスン参照　　**解答④**

> **ココが重要** 自動車に給油するときは、給油空地（間口 10 m 以上、奥行 6 m 以上）からはみ出たままで給油しないことと定められている。

- ○ 1. 自動車に給油するときは、自動車の原動機を停止させなければならない。
- ○ 2. 油分離装置にたまった油は、あふれないように随時くみ上げること。
- ○ 3. 自動車に給油するときは、固定給油設備を使用し、直接給油すること。
- × 4. 給油空地からはみ出たままで給油しないことと定められている。防火上細心の注意を払っても、危険であると同時に法令に違反していることに変わりはない。
- ○ 5. 自動車の洗浄を行う場合は、引火点を有する液体の洗剤を使用してはならない。

問 14 〈運搬の基準〉 p.36 問14 キーレッスン参照　　**解答②**
- ○ 1. 指定数量以上の危険物を車両で運搬する場合は、車両に標識を掲げるほか、消火設備を備えなければならないと定められている。
- × 2. 指定数量に関係なく危険物を車両で運搬する場合に、所轄消防長又は消防署長に届け出る必要はない。
- ○ 3. 第4類の危険物（可燃性液体）と第1類の危険物（酸化性固体）とは、指定数量の10分の1以下である場合を除き、混載して運搬してはならない。
- ○ 4. 運搬容器は、万が一の蓋の緩み等を考慮して、収納口を上方に向けて積載しなければならないと定められている。
- ○ 5. 運搬容器の外部には、原則として危険物の品名、数量等を表示して積載しなければならない。

問 15 〈貯蔵・取扱いの基準〉 p.38 問15 キーレッスン参照　　**解答④**

> **ココが重要** 屋内貯蔵所及び屋外貯蔵所においては、危険物を収納した容器の積み重ね高さは 3 m 以下（第3、第4石油類及び動植物油類は 4 m 以下、機械により荷役する構造を有する場合は 6 m 以下）と定められている。

- ○ 1. 危険物を収納した容器は、当該危険物の性質に適応し、かつ、破損、腐食、さけめ等がないものでなければならないと定められている。
- ○ 2. 屋内貯蔵所においては、容器に収納して貯蔵する危険物の温度が <u>55℃ を超えない</u>ように必要な措置を講じなければならない。
- ○ 3. 屋内貯蔵所及び屋外貯蔵所においては、原則として危険物は法令基準に適合した容器に収納して貯蔵しなければならない。
- × 4. 屋内貯蔵所及び屋外貯蔵所においては、**危険物を収納した容器の積み重ね高さは 3 m 以下**（他に特例がある）と定められている（積み重ねは OK である）。
- ○ 5. 危険物を収納した容器は、みだりに転倒させ、落下させ、衝撃を加え、又は引きずる等粗暴な行為をしてはならない。

【基礎的な物理学・化学】

問 16 〈燃焼の仕方〉 p.39 問 16 キーレッスン参照　　**解答①**

- ○ 1. ガソリン等の第 4 類危険物は、液体の表面から発生する蒸気が空気と混合して燃焼する。
- × 2. 液体そのものが空気と接触しながら燃焼することはない。
- × 3. 第 4 類の可燃性液体は、液体の内部で燃焼が起こることはない。
- × 4. 熱によって分解し、その際に発生する可燃性ガスが燃焼するのは、<u>木材、プラスチック等</u>である。
- × 5. 液体の内部に空気を吸収しながら燃焼するようなことはない。

問 17 〈燃焼の基礎知識〉 p.41 問 17 キーレッスン参照　　**解答②**

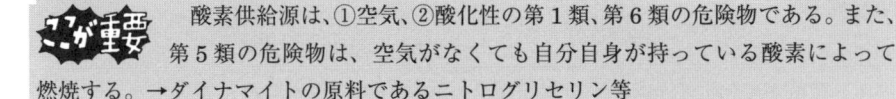

> **ここが重要** 酸素供給源は、①空気、②酸化性の第 1 類、第 6 類の危険物である。また、第 5 類の危険物は、空気がなくても自分自身が持っている酸素によって燃焼する。→ダイナマイトの原料であるニトログリセリン等

- ○ 1. 鉄がさびるのも酸化反応なので、酸化反応のすべてが燃焼に相当するわけではない。
- × 2. **可燃物は空気がなくても、第 1 類や第 6 類の危険物が酸素供給源となり燃焼する**。
- ○ 3. 空気は酸素の供給源である。
- ○ 4. 分解して多量の酸素を発生しやすい可燃物は、その酸素で内部（自己）燃焼を起こしやすい。→<u>第 5 類の危険物の燃焼の仕方である。</u>
- ○ 5. 可燃物、酸素供給源及び点火源を燃焼の三要素という。

問 18 〈引火点〉**p.43** 問 18、
〈発火点〉**p.121** 実力テスト（第 2 回）問 20 キーレッスン参照　　**解答①**

○ A. 引火点とは、空気中で可燃性液体に小さな炎を近づけたとき、引火するのに最低の濃度の蒸気を液面上に発生する最低の液温をいう。→引火点の定義-1
○ B. 発火点とは、可燃性物質を加熱した場合、火源がなくても自ら発火する最低の液温をいう。→発火点の定義
× C. 引火点は、発火点より必ず低い。
× D. 発火点は、測定方法等が異なれば数値は変わる。
○ 1. A、B　　× 2. A、C　　× 3. B、C　　× 4. B、D　　× 5. C、D

問 19 〈消火の基礎知識〉**p.47** 問 19 キーレッスン 3 の（4）参照　　**解答②**

× 1. 化学的に安定している……二酸化炭素は空気と反応して燃焼することはなく、化学的に安定している。
○ 2. 消火後の汚損が少ない……二酸化炭素は気体なので、粉末消火剤や泡消火剤のように機器類を汚損することがない。
× 3. 電気絶縁性がよい…………電気絶縁性がよいので、電気火災に使用できる。
× 4. 長期貯蔵ができる…………一般に液体の状態で貯蔵し、長期間貯蔵ができる。
× 5. 人体への影響がある………気体自体に一酸化炭素ほどの毒性はないが、密閉された地下駐車場等で使用すると、酸欠による人体への影響がある。

問 20 〈燃焼範囲〉**p.192** 実力テスト（第 5 回）問 20 キーレッスン参照　　**解答④**

ココが重要　燃焼範囲の計算
可燃性蒸気の濃度 $[\text{vol}\%] = \dfrac{\text{可燃性蒸気の量}[l]}{\text{可燃性蒸気の量}[l] + \text{空気の量}[l]} \times 100$

× 1. 空気 100 l にガソリン蒸気 1.4 l 混合した場合は、点火すると燃焼する。→可燃性蒸気の濃度の計算式を使って計算すると 1.38 vol%となり、1.4 vol%より薄く点火しても燃焼しないので誤っている。
× 2. 計算すると 1 項と同じ 1.38 vol%となるが、この数値は自然発火とは全く関係がない。
× 3. 内容量 100 l の容器中に空気 1.4 l とガソリン蒸気 98.6 l の混合気体が入っている場合は、点火すると燃焼する。→可燃性蒸気の濃度は 98.6 vol%となり、濃すぎて燃焼しない。
○ 4. 内容量 100 l の容器中にガソリン蒸気 1.4 l と空気 98.6 l の混合気体が入っている場合は、点火すると燃焼する。→可燃性蒸気の濃度は **1.4 vol%** となり点火すると燃焼するので、燃焼範囲の下限値の説明として正しい。

× 5. ガソリン蒸気 100 l に空気 1.4 l 混合した場合は、点火すると燃焼する。→可燃性蒸気の濃度は 98.62 vol％となり、点火しても濃すぎて燃焼しない。

問 21 〈静電気〉　p.50　問 21 キーレッスン参照　　　　　　　　**解答②**

○ 1. 流速を制御して遅くすれば、静電気の発生を少なくできるので正しい。
× 2. 絶縁性の大きい靴を使用すると静電気が逃げにくくなるので、人体には余計に蓄積し危険である。
○ 3. 水蒸気を放出すれば、室内の湿度は高くなり静電気が漏れやすくなる（逃げやすくなる）。
○ 4. 静電気の電荷力を除電器を使って積極的に除電すれば、静電気の事故防止策になる。
○ 5. 詰替えの終わった危険物を長時間静置し静電気を逃がしてやれば、静電気の事故防止策になる。

問 22 〈金属・腐食・他〉
　　　　p.124　実力テスト（第 2 回）問 24 キーレッスン 2、3 参照　　**解答③**

× 1. 土壌埋設管がコンクリート中の鉄筋に接触していると、イオン化傾向により腐食が起こるおそれがある。
× 2. 直流電気鉄道の軌条（レール）に接近した場所は、迷走電流により土壌に埋設されている鋼製の危険物配管は腐食が起こりやすい。
○ 3. エポキシ樹脂塗料で完全に被覆され土壌に埋設されている鋼製の危険物配管は、土中の水分等の影響がないので腐食しにくい。
× 4. 砂層と粘土層の土壌にまたがって埋設されていると、鋼製の危険物配管は腐食の影響を受けやすい。
× 5. 土壌中とコンクリート中にまたがって埋設されていると、腐食の影響を受けやすい。

問 23 〈物理変化・化学変化〉　p.55　問 24 キーレッスン参照　　**解答④**

> 物理変化・化学変化の特長
> ① 物理変化→形や大きさが変化するだけで、本質は変化していない。
> ② 化学変化→性質の異なるまったく別な物質になること。

A. 弾性限界を超えて、バネが伸びきった。→物理変化
B. 鉄がさびて酸化鉄になった。→化学変化
C. ニクロム線に電気を通したら発熱した。→物理変化
D. プロパンガスが燃焼して、二酸化炭素と水が発生した。→化学変化
E. 灯油をポリ容器に入れ搬送中に静電気が発生した。→物理変化

	〈化学変化〉	〈物理変化〉
× 1.	ABC ×	DE ×
× 2.	ACE ×	BD ×
× 3.	CD ×	ABE ×
○ 4.	BD ○	ACE ○
× 5.	DE ×	ABC ×

問 24 〈酸・塩基・pH〉
p.97 実力テスト（第1回）問23 キーレッスン参照　　　　解答④

ココが重要　この問題では、リトマス試験紙の色の変わり方をキッチリと覚えることが大切である。
- 酸の性質：青色リトマス試験紙を赤変させる。
　　学校での"成績は3"と覚える。→青（セイ）赤（セキ）は酸（サン）
注意：HCl、HNO₃等が何か分からなくても、〈C〉〈D〉項のリトマス試験紙の色の変わり方（学校での"成績は3"と覚える。→青赤は酸）だけを覚えておけば答えが出る問題である。

「HCl、HNO₃などのように、水に溶けてH⁺を生じる物質を（A：酸）といい、NaOH、Ca(OH)₂のようにOH⁻を生じる物質を（B：塩基）という。酸は（C：青色）のリトマス紙を（D：赤色）に変えるが、塩基はその逆である。」

	〈A〉	〈B〉	〈C〉	〈D〉
× 1.	塩基×	酸×	黄色×	赤色○
× 2.	酸○	塩基○	黄色×	赤色○
× 3.	塩基×	酸×	赤色×	青色×
○ 4.	酸○	塩基○	青色○	赤色○
× 5.	塩基×	酸×	青色○	黄色×

問 25 〈比熱と熱容量〉
　　　p.171　実力テスト（第4回）問23 キーレッスン2参照　　　解答①

○ 1.　$C = mc$　　× 2.　$C = mc^2$　　× 3.　$C = m^2c$
× 4.　$C = m/c^2$　　× 5.　$C = c/m^2$

【性質・火災予防・消火の方法】
問 26 〈危険物の類ごとの性質〉　p.58　問26 キーレッスン1参照　　解答④

ココが重要　第2類と第5類危険物の性質の概要を簡単に覚える方法
- 2固可燃性→2類は固体で可燃性と読む。

●5自己固液→5類は自己反応性物質で固体と液体があると読む。
- × 1. 第1類……気体または液体→固体
- × 2. 第2類……液体→固体
- × 3. 第3類……液体→固体または液体
- ○ 4. 第5類……固体または液体であり正しい。
- × 5. 第6類……固体→液体

問 27 〈第4類に共通する特性〉 p.60 問27キーレッスン参照　**解答④**

ここが重要
ガソリンの燃焼範囲
下限値↓　↓上限値
1.4 ～ 7.6 vol%
下限値の濃度の蒸気（1.4 vol%）を発生しているときの液温が引火点である。
ガソリンの場合は、−40℃（以下）である。下限値が低いものは、引火点も低いので危険性は高い。

- ○ 1. 第4類は「引火性液体」なので、すべて引火点を有している液体である。
- ○ 2. ジエチルエーテル、ガソリン等は、液温が−40℃以下でも引火する。
- ○ 3. アルコール類、アセトン等水溶性液体は、水に溶ける。
- × 4. 第4類の危険物の蒸気は燃焼範囲（ガソリン1.4 ～ 7.6 vol%）を有し、この下限値が低いものほど引火の危険性が低いではなく高い。
- ○ 5. 灯油（発火点220℃）は220℃以上の液温になると、火源がなくとも発火する。

問 28 〈第4類に共通する火災予防の方法〉 p.63 問28キーレッスン参照　**解答①**

ここが重要
静電気は、固体、液体、気体（水蒸気等）、人体にも発生する。

- × 1. 洗浄のため水蒸気をタンク内に噴出させるときは、静電気の発生を防止するため、低圧で導入する。水蒸気でも、高圧で噴出すると静電気が発生して危険である。
- ○ 2. 残油等をタンクから取り出すときは、静電気の蓄積を防止するため、タンク及び容器等を接地（アース）する。
- ○ 3. タンク内に残っている可燃性ガスを、窒素等の置換用ガスを使って排出する。
- ○ 4. タンク内の作業に入る前に、タンク内の可燃性ガス濃度が安全濃度かどうかを測定機器で確認してから修理等を開始する。
- ○ 5. タンク内の置換用ガス（安全作業のために可燃性蒸気をタンク外に追い出すためのガス）には、不燃性である窒素等が用いられる。

(問 29) 〈第4類に共通する火災予防の方法〉 p.63 問28 キーレッスン参照　解答④

○1. 容器等に小分け作業をする場合は、安全のため蒸気およびミストを発散させないようにする。
○2. 水を散布するなどして周囲の湿度を高め、静電気の蓄積を防止する。
○3. タンク、容器、配管、ノズル等は、できるかぎり導電性のものを使用し、これらの導体部分を接地（アース）して静電気の蓄積を防止する。
×4. 取扱いに従事する作業者の靴及び着衣などは、帯電防止をしたユニフォーム等を着用する。絶縁性のある合成繊維のものは、静電気が蓄積して危険である。
○5. 取り扱う場所は十分な通風換気を行い、可燃性蒸気の滞留を防止する。

(問 30) 〈第4類に共通する消火の方法〉 p.65 問29 キーレッスン3 参照　解答④

ココが重要　一般の泡消火剤では適切でない危険物→水溶性液体（アルコール類、アセトン、アセトアルデヒド等）

○1. キシレン　○2. トルエン　○3. ジェット燃料油
×4. アセトン　○5. ベンゼン

(問 31) 〈第1石油類（ガソリン）〉 p.68 問31 キーレッスン参照　解答③

○1. 工業ガソリンは無色であるが、自動車ガソリンは灯油、軽油との識別を容易にするためオレンジ系色に着色されている。
○2. 石油製品は、すべて炭化水素の混合物である。
×3. 発火点が100℃以下の危険物は、特殊引火物の二硫化炭素だけなので誤っている。
○4. 自動車ガソリンの燃焼範囲は、おおむね1〜8vol%である。
○5. 第4類の危険物の蒸気比重は、すべて空気より重い。

(問 32) 〈第2石油類（灯油）〉 p.70 問33 キーレッスン参照　解答④

○1. 石油製品はすべて非水溶性で、電気の不導体である。
○2. 灯油の引火点（40℃以上）は、トルエン（4℃）より高い。
○3. 水より軽いと出れば、すべて○でOKである。p.151 実力テスト（第3回）問33の簡便法を活用。
×4. 灯油の発火点は220℃であり、約100℃は誤っている。
○5. 石油製品はすべて非水溶性で、水に溶けない。

(問 33) 〈第1石油類（エチルメチルケトン）〉
　　　　p.129 実力テスト（第2回）問35 キーレッスン参照　解答②

○1. 換気をよくする。

×2. 貯蔵容器に通気口つきのものを使用すると、エチルメチルケトン（第1石油類）の蒸発により内部の圧力が高くなったとき、可燃性蒸気が漏れて危険である。通気口つきの容器は、第6類危険物の過酸化水素の貯蔵に使用される。
○3. 引火の危険性を避けるため、火気に近づけない。
○4. 液温が上がると引火の危険性が生じるため、日光の直射を避ける。
○5. 液温が上がると引火の危険性が生じるため、冷所に貯蔵する。

問 34 〈第4類の危険物〉裏表紙の第4類危険物の特性の一覧表参照　**解答⑤**

> **ここが重要**
> 1〜5項の後にA.B.Cを記入して、そこに○×印を付ければ間違う事なくできる。水溶性危険物（水によく溶ける危険物）の覚え方を活用する。
> 　　　　　　　　　　　　　　　①　　②　　③
> 水によく溶ける危険物→ゴルフの<u>プロ</u>は<u>アセ</u>をかく。<u>アルコール</u>飲んでよい気分。
> ① プロ→酸化プロピレン
> ② アセ→アセトン、アセトアルデヒド
> ③ アルコール→メタノール、エタノール

A. 引火点は0℃以下である。→特殊引火物と第1石油類の一部が○。
B. 水より軽い。→簡便法（p.151　問33「ここが重要」参照）では二硫化炭素は×、その他はすべて○。（酢酸はA項で×であるので、簡便法では無視する。）
C. 水によく溶ける。→上記「ここが重要」を参照。

			〈A〉	〈B〉	〈C〉
×1. 二硫化炭素	→特殊引火物……	−30℃以下	○	×	
×2. 酢酸	→第2石油類……	39℃	×		
×3. ベンゼン	→第1石油類……	−11℃	○	○	×
×4. トルエン	→第1石油類……	4℃	×		
○5. アセトアルデヒド	→特殊引火物……	−39℃	○	○	○

問 35 〈酢酸、酢酸エチル〉裏表紙の第4類危険物の特性の一覧表参照　**解答⑤**

		酢酸	酢酸エチル
×1.	いずれも、芳香を有する無色透明の液体である。	×刺激臭	○芳香
×2.	いずれも、引火点は常温（20℃）より高い。	○39℃	×−4℃
×3.	いずれも、水溶性の液体である。	○	△（非水溶性）
×4.	いずれも、有機溶媒に溶けない。	×	×
○5.	いずれも、蒸気比重は1より大きい。	○	○

注意：1項に簡便法を用いると、芳香を有する無色透明の液体は両方とも○印になるので使えない。（p.101　問33 キーレッスン参照）

出題分野早見表

苦手分野の問題の克服に役立てよう！

　同じ分野の問題をまとめました。苦手な分野は、基本テスト、実力テストの問題を何度も行って自信を持って試験に臨むようにして下さい。

1. 危険物に関する法令

	出題分野	出題分野の内訳	基本テスト問題番号	実力テスト問題番号
1	消防法上の危険物		1	1-1, 2-1, 3-1, 4-1, 5-1, 6-1, 7-1, 8-1
2	指定数量		3	1-3, 4-3, 6-3
		指定数量の計算		2-3, 3-3, 5-3, 7-3, 8-3
3	指定数量未満の危険物			5-5
4	製造所等の区分			3-2, 8-2
5	各種申請手続き	設置許可・変更許可	7	5-6, 7-5, 8-7
		仮貯蔵・仮取扱		1-2
		仮使用		4-7, 6-7
		届出		1-7, 3-7
6	危険物取扱者		11	5-10, 8-10
	危険物取扱者免状の交付・書換え・再交付等		12	1-10, 2-11, 3-10, 4-11, 5-11, 6-14
7	保安講習		13	1-12, 2-13, 3-12, 6-12, 7-11, 8-12
8	危険物保安監督者		10	2-10, 3-11, 6-10, 7-10
9	危険物施設保安員			1-11
10	危険物保安統括管理者・危険物保安監督者・危険物施設保安員等の総合問題、その他			4-10, 8-11
11	予防規程		2	2-2, 4-2, 5-2, 7-2
12	定期点検		9	1-9, 2-8, 3-9, 4-9, 5-9, 6-9, 7-9, 8-9
13	所有者・管理者等の責務			5-12
14	保安距離・保有空地	保安距離	4	1-4, 2-4, 4-4, 5-4, 6-4, 8-4
		保有空地		3-4, 7-4

	出題分野	出題分野の内訳	基本テスト問題番号	実力テスト問題番号
15	製造所の基準			5-7
16	地下タンク貯蔵所の基準			3-6
17	屋外タンク貯蔵所の基準			8-6
18	移動タンク貯蔵所の基準		6	2-12, 3-13, 5-13
19	屋外貯蔵所の基準			6-2
20	給油取扱所の基準			1-6, 8-13
		セルフ型スタンド		2-6
21	販売取扱所の基準			4-6
22	標識・掲示板			6-6
23	消火設備	第1種〜第5種消火設備	5	1-5, 2-5, 4-5, 7-7
		その他		3-5, 6-5
		所要単位・警報設備		7-6, 8-5
24	貯蔵・取扱いの基準		15	1-15, 2-14, 3-15, 4-12, 4-15, 5-15, 6-13, 6-15, 7-15, 8-15
25	運搬の基準	運搬の基準	14	1-14, 2-15, 3-14, 4-14, 5-14, 6-11, 7-14, 8-14
		移送の基準		1-13, 4-13, 7-12
26	法令違反に対する措置命令		8	1-8, 2-9, 3-8, 4-8, 5-8, 6-8, 7-8, 8-8
27	危険物の規制・その他			2-7, 7-13

2. 基礎的な物理学及び基礎的な化学

	出題分野	出題分野の内訳	基本テスト問題番号	実力テスト問題番号
1	物質の三態			5-24
2	比重と密度		23	
3	沸騰	沸点		(3-24)
4	潮解・風解			7-22
5	比熱・熱容量・他			4-23, 8-25
6	熱量計算			1-24, 7-25
7	熱の移動（伝導・対流・放射）			2-25, 6-23
8	ガソリンの膨張計算	液体・ガソリン		5-22

出題分野早見表 265

	出題分野	出題分野の内訳	基本テスト問題番号	実力テスト問題番号
9	静電気		21	1-21, 2-21, 3-21, 4-21, 5-21, 6-21, 7-21, 8-21
10	物理の総合問題	沸点		3-24
11	物理変化・化学変化		24	1-22, 8-23
12	単体・化合物・混合物		22	3-23, 4-24, 6-25
13	化学式・化学反応式・熱化学			2-23, 7-24
14	酸・塩基・pH			1-23, 4-25, 8-24
15	酸化・還元		25	2-22, 3-25, 5-25, 7-23
16	金属			2-24
		腐食		8-22
17	有機化合物			5-23, 6-22
18	物理・化学の総合問題・他	潮解・風解		3-22
		反応の速さと化学平衡		6-24
19	燃焼の基礎知識	燃焼の定義	17	
		燃焼の三要素・他		1-16, 1-18, 1-25, 4-17, 4-22, 8-17
		完全燃焼・不完全燃焼		2-16, 5-17, 6-17, 7-16
20	燃焼の仕方		16	2-17, 3-16, 4-20, 8-16
		完全燃焼・不完全燃焼		5-16, 7-18
21	燃焼の難易		20	3-17, 6-16, 7-17
22	引火点		18	7-20
		引火点・発火点		8-18
23	燃焼範囲			8-20
		引火点・燃焼範囲		5-20, 6-20
24	発火点			2-20
25	自然発火			1-17, 4-16
26	燃焼の総合問題			1-20, 2-18, 3-18, 3-20, 4-18, 5-18, 6-18
27	消火の基礎知識	消火理論		1-19, 5-19, 6-19, 7-19
		消火器・消化薬剤・他	19	2-19, 3-19, 4-19, 8-19

3. 危険物の性質並びにその火災予防及び消火の方法

	出題分野	出題分野の内訳	基本テスト問題番号	実力テスト問題番号
1	危険物の類ごとの性質	類ごとに共通する性状		1-26, 2-26, 6-26
		1類～6類の性状	26	3-26, 4-26, 5-26, 7-26, 8-26
2	第4類に共通する特性		27	1-27, 2-27, 3-27, 4-27, 5-27, 7-27, 8-27
		引火点		6-27, 7-35
3	第4類に共通する火災予防の方法		28	3-28, 4-28, 5-33, 8-28, 8-33
		静電気事故の防止		1-28, 8-29
		水没貯蔵		6-29
4	事故事例		30	1-29, 3-30, 7-29
		事故防止		2-30, 6-28, 7-28
5	第4類に共通する消火の方法		29	3-29, 4-29, 4-30, 5-28, 5-30, 6-30
		水溶性液体の消火		1-30, 2-28, 2-29, 5-29, 7-30, 8-30
6	特殊引火物		34	1-34
		ジエチルエーテル		2-34, 7-34
		アセトアルデヒド		3-34, 5-34
7	第1石油類			4-35
		ガソリン	31	1-31, 2-31, 3-31, 4-31, 5-31, 6-31, 7-31, 8-31
		ベンゼン		6-34
		トルエン		2-35
		アセトン		1-35
8	アルコール類			1-32, 5-35, 6-35
		メチルアルコール		3-35
9	第2石油類	灯油		6-33, 8-32
		軽油		3-32
		灯油・軽油	33	7-32
		キシレン		3-33
		酢酸		1-33, 5-32
		n-ブタノール		4-32
10	第3石油類	重油	32	2-33, 6-32
11	動植物油類		35	2-32, 4-33, 7-33
12	第4類危険物の性質	全般問題		4-34, 8-34, 8-35

解答用紙

130％に拡大コピーして下さい。

	問題【 】	答	問題【 】	答	問題【 】	答	問題【 】	答	問題【 】	答	問題【 】	答
1	1 2 3 4 5		1 2 3 4 5		1 2 3 4 5		1 2 3 4 5		1 2 3 4 5		1 2 3 4 5	
2	1 2 3 4 5		1 2 3 4 5		1 2 3 4 5		1 2 3 4 5		1 2 3 4 5		1 2 3 4 5	
3	1 2 3 4 5		1 2 3 4 5		1 2 3 4 5		1 2 3 4 5		1 2 3 4 5		1 2 3 4 5	
4	1 2 3 4 5		1 2 3 4 5		1 2 3 4 5		1 2 3 4 5		1 2 3 4 5		1 2 3 4 5	
5	1 2 3 4 5		1 2 3 4 5		1 2 3 4 5		1 2 3 4 5		1 2 3 4 5		1 2 3 4 5	
6	1 2 3 4 5		1 2 3 4 5		1 2 3 4 5		1 2 3 4 5		1 2 3 4 5		1 2 3 4 5	
7	1 2 3 4 5		1 2 3 4 5		1 2 3 4 5		1 2 3 4 5		1 2 3 4 5		1 2 3 4 5	
8	1 2 3 4 5		1 2 3 4 5		1 2 3 4 5		1 2 3 4 5		1 2 3 4 5		1 2 3 4 5	
9	1 2 3 4 5		1 2 3 4 5		1 2 3 4 5		1 2 3 4 5		1 2 3 4 5		1 2 3 4 5	
10	1 2 3 4 5		1 2 3 4 5		1 2 3 4 5		1 2 3 4 5		1 2 3 4 5		1 2 3 4 5	
11	1 2 3 4 5		1 2 3 4 5		1 2 3 4 5		1 2 3 4 5		1 2 3 4 5		1 2 3 4 5	
12	1 2 3 4 5		1 2 3 4 5		1 2 3 4 5		1 2 3 4 5		1 2 3 4 5		1 2 3 4 5	
13	1 2 3 4 5		1 2 3 4 5		1 2 3 4 5		1 2 3 4 5		1 2 3 4 5		1 2 3 4 5	
14	1 2 3 4 5		1 2 3 4 5		1 2 3 4 5		1 2 3 4 5		1 2 3 4 5		1 2 3 4 5	
15	1 2 3 4 5		1 2 3 4 5		1 2 3 4 5		1 2 3 4 5		1 2 3 4 5		1 2 3 4 5	
計												
16	1 2 3 4 5		1 2 3 4 5		1 2 3 4 5		1 2 3 4 5		1 2 3 4 5		1 2 3 4 5	
17	1 2 3 4 5		1 2 3 4 5		1 2 3 4 5		1 2 3 4 5		1 2 3 4 5		1 2 3 4 5	
18	1 2 3 4 5		1 2 3 4 5		1 2 3 4 5		1 2 3 4 5		1 2 3 4 5		1 2 3 4 5	
19	1 2 3 4 5		1 2 3 4 5		1 2 3 4 5		1 2 3 4 5		1 2 3 4 5		1 2 3 4 5	
20	1 2 3 4 5		1 2 3 4 5		1 2 3 4 5		1 2 3 4 5		1 2 3 4 5		1 2 3 4 5	
21	1 2 3 4 5		1 2 3 4 5		1 2 3 4 5		1 2 3 4 5		1 2 3 4 5		1 2 3 4 5	
22	1 2 3 4 5		1 2 3 4 5		1 2 3 4 5		1 2 3 4 5		1 2 3 4 5		1 2 3 4 5	
23	1 2 3 4 5		1 2 3 4 5		1 2 3 4 5		1 2 3 4 5		1 2 3 4 5		1 2 3 4 5	
24	1 2 3 4 5		1 2 3 4 5		1 2 3 4 5		1 2 3 4 5		1 2 3 4 5		1 2 3 4 5	
25	1 2 3 4 5		1 2 3 4 5		1 2 3 4 5		1 2 3 4 5		1 2 3 4 5		1 2 3 4 5	
計												
26	1 2 3 4 5		1 2 3 4 5		1 2 3 4 5		1 2 3 4 5		1 2 3 4 5		1 2 3 4 5	
27	1 2 3 4 5		1 2 3 4 5		1 2 3 4 5		1 2 3 4 5		1 2 3 4 5		1 2 3 4 5	
28	1 2 3 4 5		1 2 3 4 5		1 2 3 4 5		1 2 3 4 5		1 2 3 4 5		1 2 3 4 5	
29	1 2 3 4 5		1 2 3 4 5		1 2 3 4 5		1 2 3 4 5		1 2 3 4 5		1 2 3 4 5	
30	1 2 3 4 5		1 2 3 4 5		1 2 3 4 5		1 2 3 4 5		1 2 3 4 5		1 2 3 4 5	
31	1 2 3 4 5		1 2 3 4 5		1 2 3 4 5		1 2 3 4 5		1 2 3 4 5		1 2 3 4 5	
32	1 2 3 4 5		1 2 3 4 5		1 2 3 4 5		1 2 3 4 5		1 2 3 4 5		1 2 3 4 5	
33	1 2 3 4 5		1 2 3 4 5		1 2 3 4 5		1 2 3 4 5		1 2 3 4 5		1 2 3 4 5	
34	1 2 3 4 5		1 2 3 4 5		1 2 3 4 5		1 2 3 4 5		1 2 3 4 5		1 2 3 4 5	
35	1 2 3 4 5		1 2 3 4 5		1 2 3 4 5		1 2 3 4 5		1 2 3 4 5		1 2 3 4 5	
計												
合否	合格	不合格	合格	不合格	合格	不合格	合格	不合格	合格	不合格	合格	不合格

※ 各問の1～5項に○、×印をして使ってください。

- 本書の内容に関する質問は、オーム社ホームページの「サポート」から、「お問合せ」の「書籍に関するお問合せ」をご参照いただくか、または書状にてオーム社編集局宛にお願いします。お受けできる質問は本書の内容に限らせていただきます。なお、電話での質問にはお答えできませんので、あらかじめご了承ください。
- 万一、落丁・乱丁の場合は、送料当社負担でお取替えいたします。当社販売課宛にお送りください。
- 本書の一部の複写複製を希望される場合、本書扉裏を参照してください。

JCOPY <出版者著作権管理機構委託出版物>

ホントによく出る
乙4類危険物試験　問題集

2012 年 2 月 20 日　　第 1 版第 1 刷発行
2025 年 5 月 15 日　　第 1 版第 17 刷発行

著　　者　鈴木幸男
発 行 者　髙田光明
発 行 所　株式会社オーム社
　　　　　郵便番号　101-8460
　　　　　東京都千代田区神田錦町 3-1
　　　　　電　話　03(3233)0641(代表)
　　　　　URL　https://www.ohmsha.co.jp/

© 鈴木幸男 2012

印刷・製本　広済堂ネクスト
ISBN978-4-274-21166-9　Printed in Japan